Biblioteca Eduardo Galeano

EDUARDO GALEANO

MEMORIA DEL FUEGO
1. LOS NACIMIENTOS

 siglo veintiuno editores

siglo veintiuno editores argentina, s.a.
Guatemala 4824 (c1425BUP), Buenos Aires, Argentina

siglo veintiuno editores, s.a. de c.v.
Cerro del Agua 248, Delegación Coyoacán (04310), D.F., México

siglo veintiuno de españa editores, s.a.
Sector Foresta n° 1, Tres Cantos (28760), Madrid, España

Eduardo Galeano
Memoria del fuego 1: los nacimientos. - 1ª ed. 1ª reimp. - Buenos Aires: Siglo Veintiuno Editores, 2010.
368 p. ; 21x14 cm. - (Biblioteca Eduardo Galeano)

ISBN 978-987-629-112-5

1. Ensayo. I. Título
CDD U864

Primera edición: 1982

© 2010, Siglo Veintiuno Editores Argentina S.A.
© Eduardo Galeano

Diseño de portada: Peter Tjebbes

ISBN 978-987-629-112-5

Impreso en: Grafinor // Lamadrid 1576, Villa Ballester
en el mes de septiembre de 2010

Hecho el depósito que marca la ley 11.723
Impreso en Argentina // Made in Argentina

ÍNDICE

	Pág.
Umbral	XV
Este libro	XVI
El autor	XVI
Gratitudes	XVII
Dedicatoria	XVII

PRIMERAS VOCES

La creación	3
El tiempo	4
El sol y la luna	4
Las nubes	6
El viento	6
La lluvia	7
El arcoíris	8
El día	9
La noche	9
Las estrellas	10
La vía láctea	11
El lucero	12
El lenguaje	12
El fuego	13
La selva	14
El cedro	14
El guayacán	15
Los colores	15
El amor	16
Los ríos y la mar	16
Las mareas	17
La nieve	18
El diluvio	18

Pág.

La tortuga	19
El papagayo	20
El colibrí	21
El urutaú	22
El hornero	22
El cuervo	23
El cóndor	24
El jaguar	24
El oso	25
El caimán	26
El tatú	27
El conejo	28
La serpiente	29
La rana	29
El murciélago	30
Los mosquitos	31
La miel	31
Las semillas	32
El maíz	32
El tabaco	33
La yerba mate	34
La yuca	35
La papa	36
La cocina	36
La música	37
La muerte	38
La resurrección	39
La magia	40
La risa	40
El miedo	41
La autoridad	41
El poder	42
La guerra	43
La fiesta	44
La conciencia	44
La ciudad sagrada	45
Los peregrinos	46
La tierra prometida	47
Los peligros	47
La telaraña	48
El profeta	48

Índice

VII

Pág.

VIEJO NUEVO MUNDO

1492/La mar océana La ruta del sol hacia las Indias	53
1492/Guanahaní Colón	54
1493/Barcelona Día de gloria	55
1493/Roma El testamento de Adán	56
1493/Huexotzingo ¿Dónde está lo verdadero, lo que tiene raíz?	57
1493/Pasto Todos son contribuyentes	57
1493/Isla de Santa Cruz Una experiencia de Miquele de Cuneo, natural de Savona	58
1495/Salamanca La primera palabra venida de América	59
1495/La Isabela Caonabó	59
1496/La Concepción El sacrilegio	60
1498/Santo Domingo El Paraíso Terrenal	61
La lengua del Paraíso	62
1499/Granada ¿Quiénes son españoles?	62
1500/Florencia Leonardo	63
1506/Valladolid El quinto viaje	63
1506/Tenochtitlán El Dios universal	64
1511/Río Guauravo Agüeynaba	65
1511/Aymaco Becerrillo	66
1511/Yara Hatuey	67
1511/Santo Domingo La primera protesta	68
1513/Cuareca Leoncico	69
1513/Golfo de San Miguel Balboa	69
1514/Río Sinú El requerimiento	70
1514/Santa María del Darién Por amor de las frutas	71
1515/Amberes Utopía	72
1519/Fráncfort Carlos V	72
1519/Acla Pedrarias	73
1519/Tenochtitlán Presagios del fuego, el agua, la tierra y el aire.	75
1519/Cempoala Cortés	76
1519/Tenochtitlán Moctezuma	77
1519/Tenochtitlán La capital de los aztecas	79
Canto azteca del escudo	80
1520/Teocalhueyacan «La Noche Triste»	80
1520/Segura de la Frontera La distribución de la riqueza	81
1520/Bruselas Durero	81
1520/Tlaxcala Hacia la reconquista de Tenochtitlán	82
1521/Tlatelolco La espada de fuego	83
1521/Tenochtitlán El mundo está callado y llueve	83

	Pág.
1521/*La Florida* Ponce de León	84
1522/*Caminos de Santo Domingo* Pies	85
1522/*Sevilla* El más largo viaje jamás realizado	85
1523/*Cuzco* Huaina Cápac	87
1523/*Cuauhcapolca* Las preguntas del cacique	88
1523/*Painala* La Malinche	89
1524/*Quetzaltenango* El poeta contará a los niños la historia de esta batalla	90
1524/*Utatlán* La venganza del vencido	91
1524/*Islas de los Alacranes* Ceremonia de comunión	92
1525/*Tuxkahá* Cuauhtémoc	93
1526/*Toledo* El tigre americano	94
1528/*Madrid* Para que abran la bolsa	94
1528/*Tumbes* Día de asombros	95
1528/*Isla del Mal Hado* «Gente muy partida de lo que tiene...».	96
1531/*Río Orinoco* Diego de Ordaz	97
Canción sobre el hombre blanco, del pueblo piaroa	97
1531/*Ciudad de México* La Virgen de Guadalupe	98
1531/*Santo Domingo* Una carta	98
1531/*Isla Serrana* El náufrago y el otro	99
1532/*Cajamarca* Pizarro	101
1533/*Cajamarca* El rescate	103
1533/*Cajamarca* Atahualpa	104
1533/*Xaquixaguana* El secreto	105
1533/*Cuzco* Entran los conquistadores en la ciudad sagrada	106
1533/*Riobamba* Alvarado	106
1533/*Quito* Esta ciudad se suicida	107
1533/*Barcelona* Las guerras santas	108
1533/*Sevilla* El tesoro de los incas	108
1534/*Riobamba* La inflación	109
1535/*Cuzco* El trono de latón	110
1536/*Ciudad de México* Motolinía	110
1536/*Machu Picchu* Manco Inca	112
1536/*Valle de Ulúa* Gonzalo Guerrero	112
1536/*Culiacán* Cabeza de Vaca	113
1537/*Roma* El papa dice que son como nosotros	114
1538/*Santo Domingo* El espejo	114
1538/*Valle de Bogotá* Barbanegra, Barbarroja, Barbablanca	115
1538/*Volcán Masaya* Vulcano, dios del dinero	117
1541/*Santiago de Chile* Inés Suárez	118
1541/*Peñón de Nochistlán* Nunca	119

Índice

	Pág.
1541/Ciudad Vieja de Guatemala Beatriz	120
1541/Cabo Frío Al amanecer, el grillo cantó	121
1542/Quito El Dorado	122
1542/Conlapayara Las amazonas	122
1542/Río Iguazú A plena luz	123
1543/Cubagua Los pescadores de perlas	124
1544/Machu Picchu El trono de piedra	124
Canción de guerra de los incas	125
1544/Campeche Las Casas	125
1544/Lima Carvajal	126
1545/Ciudad Real de Chiapas Desde Valladolid llega la mala noticia	128
1546/Potosí La plata de Potosí	128
1547/Valparaíso La despedida	129
Canción de la nostalgia, del cancionero español	130
1548/Xaquixaguana La batalla de Xaquixaguana ha concluido...	131
1548/Xaquixaguana El verdugo	132
1548/Xaquixaguana Sobre el canibalismo en América	133
1548/Guanajuato Nacen las minas de Guanajuato	134
1549/La Serena El regreso	134
Última vez	135
1552/Valladolid Ya está mandando el que siempre sirvió	136
1553/Orillas del río San Pedro Miguel	136
Un sueño de Pedro de Valdivia	137
1553/Tucapel Lautaro	138
1553/Tucapel Valdivia	139
1553/Potosí El alcalde y la bella	139
Al son del organito, canta un ciego a la que duerme sola	140
1553/Potosí El alcalde y el galán	141
1554/Cuzco El alcalde y las orejas	141
1554/Lima El alcalde y el cobrador	142
1554/Ciudad de México Sepúlveda	143
1556/Asunción del Paraguay Las conquistadoras	144
1556/Asunción del Paraguay «El Paraíso de Mahoma»	145
Coplas del mujeriego, del cancionero español	145
1556/La Imperial Mariño de Lobera	146
1558/Cañete La guerra continúa	147
Canción araucana del jinete fantasma	148
1558/Michmaloyan Los tzitzime	148
1558/Yuste ¿Quién soy, quién habré sido?	149

	Pág.
1559/*Ciudad de México* Los dolientes	150
Consejos de los viejos sabios aztecas	150
1560/*Huexotzingo* La recompensa	151
1560/*Michoacán* Vasco de Quiroga	152
1561/*Villa de los Bergantines* La primera independencia de América	153
1561/*Nueva Valencia del Rey* Aguirre	154
1561/*Nueva Valencia del Rey* De la carta de Lope de Aguirre al rey Felipe II	156
1561/*Barquisimeto* Restablecen el orden	157
1562/*Maní* Se equivoca el fuego	157
1563/*Fortín de Arauco* La historia que será	158
1564/*Plymouth* Hawkins	159
1564/*Bogotá* Desventuras de la vida conyugal	160
1565/*Camino de Lima* La espía	161
1565/*Yauyos* Esa piedra soy yo	162
Oración de los incas, en busca de Dios	163
1565/*Ciudad de México* Ceremonia	164
1566/*Madrid* El fanático de la dignidad humana	164
1566/*Madrid* Aunque pierdas, vale la pena	165
1568/*Los Teques* Guaicaipuro	166
1568/*Ciudad de México* Los hijos de Cortés	166
1569/*La Habana* San Simón contra las hormigas	167
1571/*Ciudad de México* Delatarás al prójimo	168
1571/*Madrid* ¿La culpa es del criminal o del testigo?	169
1572/*Cuzco* Túpac Amaru I	169
Creen los vencidos:	170
1574/*Ciudad de México* El primer auto de fe en México	171
1576/*Guanajuato* Dicen los frailes:	172
1576/*Xochimilco* El apóstol Santiago contra la peste	173
1577/*Xochimilco* San Sebastián contra la peste	174
1579/*Quito* El hijo de Atahualpa	174
1580/*Buenos Aires* Los fundadores	175
1580/*Londres* Drake	176
1582/*Ciudad de México* ¿De qué color es la piel de los leprosos?	177
1583/*Copacabana* La madre aymara de Dios	177
1583/*Santiago de Chile* Fue libre por un rato	178
1583/*Tlatelolco* Sahagún	179
1583/*Ácoma* El pedregoso reino de Cíbola	180
Canto nocturno, del pueblo navajo	181
1586/*Cauri* La peste	182

Índice

	Pág.
1588/Quito El nieto de Atahualpa	182
1588/La Habana San Marcial contra las hormigas	183
1589/Cuzco Dice que tuvo el sol	184
1592/Lima Un auto de fe en Lima	184
1593/Guarapari Anchieta	185
1596/Londres Raleigh	186
1597/Sevilla En un lugar de la cárcel	187
1598/Potosí Historia de Floriana Rosales, virtuosa mujer de Potosí (en versión abreviada de la crónica de Bartolomé Arzáns de Orsúa y Vela)	188
Coplas españolas de cantar y bailar	190
1598/Ciudad de Panamá Horas de sueño y suerte	191
1599/Quito Los zambos de Esmeraldas	192
1599/Río Chagres No hablan los sabios	193
1599/La Imperial Las flechas llameantes	193
1599/Santa Marta Hacen la guerra para hacer el amor	194
1600/Santa Marta Ellos tenían una patria	195
Técnica de la caza y de la pesca	196
1600/Potosí La octava maravilla del mundo	197
Profecías	198
Cantar del Cuzco	198
1600/Ciudad de México Las carrozas	199
1601/Valladolid Quevedo	199
1602/Recife La primera expedición contra Palmares	200
1603/Roma Las cuatro partes del mundo	201
1603/Santiago de Chile La jauría	202
1605/Lima La noche del Juicio Final	202
1607/Sevilla La fresa	204
1608/Puerto Príncipe Silvestre de Balboa	204
1608/Sevilla Mateo Alemán	205
1608/Córdoba El Inca Garcilaso	206
1609/Santiago de Chile Las reglas de la mesa	207
1611/Yarutini El extirpador de idolatrías	207
1612/San Pedro de Omapacha El golpeado golpea	208
1613/Londres Shakespeare	209
1614/Lima Actas del cabildo de Lima: nace la censura teatral	210
1614/Lima Se prohíben las danzas de los indios del Perú	210
1615/Lima Guamán Poma	211
1616/Madrid Cervantes	212
1616/Potosí Retratos de una procesión	214

Pág.

1616/*Santiago Papasquiaro* El Dios de los amos, ¿es el Dios de los siervos? 216
1617/*Londres* Humos de Virginia en la niebla de Londres 217
1618/*Lima* Mundo poco 220
1618/*Luanda* El embarque 220
1618/*Lima* Un portero de color oscuro 222
1620/*Madrid* Las danzas del Diablo vienen de América 223
1622/*Sevilla* Las ratas 225
1624/*Lima* Se vende gente 226
1624/*Lima* El negro azota al negro 227
1624/*Lima* «La endiablada» 228
1624/*Sevilla* El último capítulo de la «Vida del Buscón» 229
1624/*Ciudad de México* El río de la cólera 231
1625/*Ciudad de México* ¿Qué le parece esta ciudad? 232
1625/*Samayac* Se prohíben las danzas de los indios de Guatemala . 233
1626/*Potosí* Un Dios castigador 234
1628/*Chiapas* El obispo y el chocolate 235
1628/*Madrid* Hidalguías se ofrecen 236
Coplas del que fue a las Indias, cantadas en España 237
1629/*Las Cangrejeras* Bascuñán 238
1629/*Orillas del río Bío-Bío* Putapichun 239
1629/*Orillas del río Imperial* Maulicán 240
1629/*Comarca de Repocura* Para decir adiós 241
1630/*Motocintle* No traicionan a sus muertos 242
1630/*Lima* María, matrona de la farándula 243
1631/*Guatemala Antigua* Una tarde de música en el convento de la Concepción 244
Coplas populares del que ama callando 246
1633/*Pinola* Gloria in excelsis Deo 246
1634/*Madrid* ¿Quién se escondía bajo la cuna de tu esposa? 247
1636/*Quito* La tercera mitad 248
1637/*Boca del río de Sucre* Dieguillo 249
1637/*Bahía de Massachusetts* «Dios es inglés», ... 251
1637/*Mystic Fort* Del testimonio de John Underhill, puritano de Connecticut, sobre una matanza de indios pequot 252
1639/*Lima* Martín de Porres 253
1639/*San Miguel de Tucumán* De una denuncia contra el obispo de Tucumán, enviada al Tribunal de la Inquisición en Lima 254
1639/*Potosí* El testamento del mercader 255
Dicen los indios: 256
1640/*San Salvador de Bahía* Vieira 256

Índice   XIII

Pág.

1641/*Lima*   Ávila 257
1641/*Mbororé*   Las misiones 258
1641/*Madrid*   La eternidad contra la historia 259
1644/*Jamestown*   Opechancanough 259
1645/*Quito*   Mariana de Jesús 260
1645/*Potosí*   Historia de Estefanía, pecadora mujer de Potosí (en versión abreviada de la crónica de Bartolomé Arzáns de Orsúa y Vela) 261
1647/*Santiago de Chile*   Se prohíbe el juego de los indios de Chile . 263
1648/*Olinda*   Excelencias de la carne de cañón 264
1649/*Sainte Marie des Hurons*   El lenguaje de los sueños 265
   Una historia iroquesa 266
   Canto del canto de los iroqueses 267
1650/*Ciudad de México*   Los vencedores y los vencidos 268
   Del canto náhuatl sobre la vida efímera 269
1654/*Oaxaca*   Medicina y brujería 269
1655/*San Miguel de Nepantla*   Juana a los cuatro 270
1656/*Santiago de la Vega*   Gage 271
1658/*San Miguel de Nepantla*   Juana a los siete 271
   Un sueño de Juana 272
1663/*Guatemala Antigua*   Llega la imprenta 272
1663/*Orillas del río Paraíba*   La libertad 273
   Canción de Palmares 274
1663/*Serra da Barriga*   Palmares 274
1665/*Madrid*   Carlos II 276
1666/*Nueva Amsterdam*   Nueva York 276
1666/*Londres*   Los sirvientes blancos 277
1666/*Isla Tortuga*   Retablo de los piratas 278
1667/*Ciudad de México*   Juana a los dieciséis 279
1668/*Isla Tortuga*   Los perros 280
1669/*Villa de Gibraltar*   Toda la riqueza del mundo 280
1669/*Maracaibo*   Reventazón 281
1670/*Lima*   «Duélete de nosotros», ... 282
1670/*San Juan Atitlán*   Un intruso en el altar 283
1670/*Masaya*   «El Güegüence» 284
1670/*Cuzco*   El Lunarejo 284
1671/*Ciudad de Panamá*   Sobre la puntualidad en las citas 285
1672/*Londres*   La carga del hombre blanco 286
   Canción del pájaro del amor, del pueblo mandinga 287
1674/*Port Royal*   Morgan 288

	Pág.
1674/*Potosí* Claudia, la hechicera	288
1674/*Yorktown* Los corceles del Olimpo	289
1676/*Valle de Connecticut* El hacha de la guerra	290
1676/*Plymouth* Metacom	291
1677/*Old Road Town* Mueren acá, renacen allá	291
1677/*Pôrto Calvo* El capitán promete tierras, esclavos y honores	292
1678/*Recife* Ganga Zumba	293
Sortilegio yoruba contra el enemigo	293
1680/*Santa Fe de Nuevo México* La cruz roja y la cruz blanca	294
1681/*Ciudad de México* Juana a los treinta	295
1681/*Ciudad de México* Sigüenza y Góngora	296
1682/*Accra* Toda Europa vende carne humana	297
1682/*Remedios* Por orden del Diablo	298
1682/*Remedios* Pero se quedan	299
1682/*Remedios* Por orden de Dios	300
1688/*La Habana* Por orden del rey	301
1691/*Remedios* Pero de aquí no se mueven	302
1691/*Ciudad de México* Juana a los cuarenta	303
1691/*Placentia* Adario, jefe de los indios hurones, habla al barón de Lahontan, colonizador francés de Terranova	305
1692/*Salem Village* Las brujas de Salem	306
1692/*Guápulo* La nacionalización del arte colonial	307
1693/*Ciudad de México* Juana a los cuarenta y dos	308
1693/*Santa Fe de Nuevo México* Trece años duró la independencia	308
Canto a la imagen que se va de la arena, de los indios de Nuevo México	309
1694/*Macacos* La última expedición contra Palmares	310
Lamento del pueblo azande	311
1695/*Serra Dois Irmãos* Zumbí	311
1695/*San Salvador de Bahía* La capital del Brasil	312
1696/*Regla* Virgen negra, diosa negra	313
1697/*Cap Français* Ducasse	314
1699/*Madrid* El Hechizado	315
1699/*Macouba* Una demostración práctica	316
1700/*Ouro Preto* Todo el Brasil hacia el sur	316
1700/*Isla de Santo Tomás* El que hace hablar a las cosas	317
Canto del fuego, del pueblo bantú	318
1700/*Madrid* Penumbra de otoño	319
Las fuentes	321
Índice de nombres	331

Umbral

Yo fui un pésimo estudiante de historia. Las clases de historia eran como visitas al Museo de Cera o a la Región de los Muertos. El pasado estaba quieto, hueco, mudo. Nos enseñaban el tiempo pasado para que nos resignáramos, conciencias vaciadas, al tiempo presente: no para hacer la historia, que ya estaba hecha, sino para aceptarla. La pobre historia había dejado de respirar: traicionada en los textos académicos, mentida en las aulas, dormida en los discursos de efemérides, la habían encarcelado en los museos y la habían sepultado, con ofrendas florales, bajo el bronce de las estatuas y el mármol de los monumentos.

Ojalá *Memoria del fuego* pueda ayudar a devolver a la historia el aliento, la libertad y la palabra. A lo largo de los siglos, América Latina no sólo ha sufrido el despojo del oro y de la plata, del salitre y del caucho, del cobre y del petróleo: también ha sufrido la usurpación de la memoria. Desde temprano ha sido condenada a la amnesia por quienes le han impedido ser. La historia oficial latinoamericana se reduce a un desfile militar de próceres con uniformes recién salidos de la tintorería. Yo no soy historiador. Soy un escritor que quisiera contribuir al rescate de la memoria secuestrada de toda América, pero sobre todo de América Latina, tierra despreciada y entrañable: quisiera conversar con ella, compartirle los secretos, preguntarle de qué diversos barros fue nacida, de qué actos de amor y violaciones viene.

Ignoro a qué género literario pertenece esta voz de voces. *Memoria del fuego* no es una antología, claro que no; pero no sé si es novela o ensayo o poesía épica o testimonio o crónica o... Averiguarlo no me quita el sueño. No creo en las fronteras que, según los aduaneros de la literatura, separan a los géneros.

Yo no quise escribir una obra objetiva. Ni quise ni podría. Nada tiene de neutral este relato de la historia. Incapaz de distancia, tomo partido: lo confieso y no me arrepiento. Sin embargo, cada fragmento de este vasto mosaico se apoya sobre una sólida base documental. Cuanto aquí cuento ha ocurrido, aunque yo lo cuento a mi modo y manera.

EG

Este libro
inicia una trilogía. Está dividido en dos partes: en una, la América precolombina se despliega a través de los mitos indígenas de fundación; en la otra, ocurre la historia de América desde fines del siglo XV hasta el año 1700. El volumen siguiente de *Memoria del fuego* abarcará los siglos XVIII y XIX. El tercer volumen llegará hasta nuestros días.

Al pie de cada texto, entre paréntesis, los números señalan las principales obras que el autor ha consultado en busca de información y marcos de referencia. La lista de las fuentes documentales se ofrece al final.

A la cabeza de cada episodio histórico se indica el año y el lugar en que ha ocurrido.

Las transcripciones literales se distinguen en letra bastardilla. El autor ha modernizado la ortografía de las fuentes antiguas que cita.

El autor
nació en Montevideo, Uruguay, en 1940. Eduardo Hughes Galeano es su nombre completo. Se inició en periodismo en el semanario socialista *El Sol,* publicando dibujos y caricaturas políticas que firmaba *Gius,* por la dificultosa pronunciación castellana de su primer apellido. Luego fue jefe de redacción del semanario *Marcha* y director del diario *Época* y de algunos semanarios en Montevideo. En 1973 se exilió en la Argentina, donde fundó y dirigió la revista *Crisis.* Desde 1977, vivió en España. En 1985, regresó a su país.

Publicó varios libros. Entre ellos, *Las venas abiertas de América Latina,* editado por Siglo XXI en 1971, y los premios de Casa de las Américas *La canción de nosotros* (1975) y *Días y noches de amor y de guerra* (1978).

Los nacimientos

Gratitudes

A Jorge Enrique Adoum, Ángel Berenguer, Hortensia Campanella, Juan Gelman, Ernesto González Bermejo, Carlos María Gutiérrez, Mercedes López-Baralt, Guy Prim, Fernando Rodríguez, Nicole Rouan, César Salsamendi, Héctor Tizón, José María Valverde y Federico Vogelius, que leyeron los borradores de este libro y formularon valiosos comentarios y sugerencias;
 a Federico Álvarez, Ricardo Bada, José Fernando Balbi, Álvaro Barros-Lémez, Borja y José María Calzado, Ernesto Cardenal, Rosa del Olmo, Jorge Ferrer, Eduardo Heras León, Juana Martínez, Augusto Monterroso, Dámaso Murúa, Manuel Pereira, Pedro Saad, Nicole Vaisse, Rosita y Alberto Villagra, Ricardo Willson y Sheila Wilson-Serfaty, que facilitaron el acceso del autor a la bibliografía necesaria;
 a José Juan Arrom, Ramón Carande, Álvaro Jara, Magnus Mörner, Augusto Roa Bastos, Laurette Sejourné y Eric R. Wolf, que respondieron consultas;
 a la Fundación AGKED, de Alemania Federal, que contribuyó a la realización de este proyecto;
 y especialmente a Helena Villagra, que fue la crítica implacable y entrañable de estos textos, página tras página, a medida que nacían.

Este libro
está dedicado a la Abuela Ester. Ella lo supo antes de morir.

La hierba seca incendiará la hierba húmeda

(Proverbio africano que los esclavos trajeron a las Américas)

Primeras voces

La creación

La mujer y el hombre soñaban que Dios los estaba soñando.
Dios los soñaba mientras cantaba y agitaba sus maracas, envuelto en humo de tabaco, y se sentía feliz y también estremecido por la duda y el misterio.
Los indios makiritare saben que si Dios sueña con comida, fructifica y da de comer. Si Dios sueña con la vida, nace y da nacimiento.
La mujer y el hombre soñaban que en el sueño de Dios aparecía un gran huevo brillante. Dentro del huevo, ellos cantaban y bailaban y armaban mucho alboroto, porque estaban locos de ganas de nacer. Soñaban que en el sueño de Dios la alegría era más fuerte que la duda y el misterio; y Dios, soñando, los creaba, y cantando decía:
—Rompo este huevo y nace la mujer y nace el hombre. Y juntos vivirán y morirán. Pero nacerán nuevamente. Nacerán y volverán a morir y otra vez nacerán. Y nunca dejarán de nacer, porque la muerte es mentira.

(48) *

---

* Este número indica la fuente que el autor ha consultado y remite a la lista que se publica en las páginas 321-330.

El tiempo

El tiempo de los mayas nació y tuvo nombre cuando no existía el cielo ni había despertado todavía la tierra.
 Los días partieron del oriente y se echaron a caminar.
 El primer día sacó de sus entrañas al cielo y a la tierra.
 El segundo día hizo la escalera por donde baja la lluvia.
 Obras del tercero fueron los ciclos de la mar y de la tierra y la muchedumbre de las cosas.
 Por voluntad del cuarto día, la tierra y el cielo se inclinaron y pudieron encontrarse.
 El quinto día decidió que todos trabajaran.
 Del sexto salió la primera luz.
 En los lugares donde no había nada, el séptimo día puso tierra. El octavo clavó en la tierra sus manos y sus pies.
 El noveno día creó los mundos inferiores. El décimo día destinó los mundos inferiores a quienes tienen veneno en el alma.
 Dentro del sol, el undécimo día modeló la piedra y el árbol.
 Fue el duodécimo quien hizo el viento. Sopló viento y lo llamó espíritu, porque no había muerte dentro de él.
 El decimotercer día mojó la tierra y con barro amasó un cuerpo como el nuestro.
 Así se recuerda en Yucatán.

(208)

El sol y la luna

Al primer sol, el sol de agua, se lo llevó la inundación. Todos los que en el mundo moraban se convirtieron en peces.
 Al segundo sol lo devoraron los tigres.
 Al tercero lo arrasó una lluvia de fuego, que incendió a las gentes.

Al cuarto sol, el sol de viento, lo borró la tempestad. Las personas se volvieron monos y por los montes se esparcieron.
  Pensativos, los dioses se reunieron en Teotihuacán.
  —¿Quién se ocupará de traer el alba?
  El Señor de los Caracoles, famoso por su fuerza y su hermosura, dio un paso adelante.
  —Yo seré el sol —dijo.
  —¿Quién más?
  Silencio.
  Todos miraron al Pequeño Dios Purulento, el más feo y desgraciado de los dioses, y decidieron:
  —Tú.
  El Señor de los Caracoles y el Pequeño Dios Purulento se retiraron a los cerros que ahora son las pirámides del sol y de la luna. Allí, en ayunas, meditaron.
  Después los dioses juntaron leña, armaron una hoguera enorme y los llamaron.
  El Pequeño Dios Purulento tomó impulso y se arrojó a las llamas. En seguida emergió, incandescente, en el cielo.
  El Señor de los Caracoles miró la fogata con el ceño fruncido. Avanzó, retrocedió, se detuvo. Dio un par de vueltas. Como no se decidía, tuvieron que empujarlo. Con mucha demora se alzó en el cielo. Los dioses, furiosos, lo abofetearon. Le golpearon la cara con un conejo, una y otra vez, hasta que le mataron el brillo. Así, el arrogante Señor de los Caracoles se convirtió en la luna. Las manchas de la luna son las cicatrices de aquel castigo.
  Pero el sol resplandeciente no se movía. El gavilán de obsidiana voló hacia el Pequeño Dios Purulento:
  —¿Por qué no andas?
  Y respondió el despreciado, el maloliente, el jorobado, el cojo:
  —Porque quiero la sangre y el reino.
  Este quinto sol, el sol del movimiento, alumbró a los toltecas y alumbra a los aztecas. Tiene garras y se alimenta de corazones humanos.

(108)

Las nubes

Nube dejó caer una gota de lluvia sobre el cuerpo de una mujer. A los nueve meses, ella tuvo mellizos.
　Cuando crecieron, quisieron saber quién era su padre.
　—Mañana por la mañana —dijo ella—, miren hacia el oriente. Allá lo verán, erguido en el cielo como una torre.
　A través de la tierra y del cielo, los mellizos caminaron en busca de su padre.
　Nube desconfió y exigió:
　—Demuestren que son mis hijos.
　Uno de los mellizos envió a la tierra un relámpago. El otro, un trueno. Como Nube todavía dudaba, atravesaron una inundación y salieron intactos.
　Entonces Nube les hizo un lugar a su lado, entre sus muchos hermanos y sobrinos.

(174)

El viento

Cuando Dios hizo al primero de los indios wawenock, quedaron algunos restos de barro sobre el suelo del mundo. Con esas sobras, Gluskabe se hizo a sí mismo.
　—Y tú, ¿de dónde has salido? —preguntó Dios, atónito, desde las alturas.
　—Yo soy maravilloso —dijo Gluskabe—. Nadie me hizo.
　Dios se paró a su lado y tendió su mano hacia el universo.
　—Mira mi obra —desafió—. Ya que eres maravilloso, muéstrame qué cosas has inventado.
　—Puedo hacer el viento, si quiero.
　Y Gluskabe sopló a todo pulmón.
　El viento nació y murió en seguida.

—Yo puedo hacer el viento —reconoció Gluskabe, avergonzado—, pero no puedo hacer que el viento dure.

Y entonces sopló Dios, tan poderosamente que Gluskabe se cayó y perdió todos los cabellos.

(174)

La lluvia

En la región de los grandes lagos del norte, una niña descubrió de pronto que estaba viva. El asombro del mundo le abrió los ojos, y partió a la ventura.

Persiguiendo las huellas de los cazadores y los leñadores de la nación menomini, llegó a una gran cabaña de troncos. Allí vivían diez hermanos, los pájaros del trueno, que le ofrecieron abrigo y comida.

Una mala mañana, mientras la niña recogía agua del manantial, una serpiente peluda la atrapó y se la llevó a las profundidades de una montaña de roca. Las serpientes estaban a punto de devorarla cuando la niña cantó.

Desde muy lejos, los pájaros del trueno escucharon el llamado. Atacaron con el rayo la montaña rocosa, rescataron a la prisionera y mataron a las serpientes.

Los pájaros del trueno dejaron a la niña en la horqueta de un árbol.

—Aquí vivirás —le dijeron—. Vendremos cada vez que cantes.

Cuando llama la ranita verde desde el árbol, acuden los truenos y llueve sobre el mundo.

(113)

El arcoíris

Los enanos de la selva habían sorprendido a Yobuënahuaboshka en una emboscada y le habían cortado la cabeza.

A los tumbos, la cabeza regresó a la región de los cashinahua.

Aunque había aprendido a brincar y balancearse con gracia, nadie quería una cabeza sin cuerpo.

—Madre, hermanos míos, paisanos —se lamentaba—. ¿Por qué me rechazan? ¿Por qué se avergüenzan de mí?

Para acabar con aquella letanía y sacarse la cabeza de encima, la madre le propuso que se transformara en algo, pero la cabeza se negaba a convertirse en lo que ya existía. La cabeza pensó, soñó, inventó. La luna no existía. El arcoíris no existía.

Pidió siete ovillos de hilo, de todos los colores.

Tomó puntería y lanzó los ovillos al cielo, uno tras otro. Los ovillos quedaron enganchados más allá de las nubes; se desenrollaron los hilos, suavemente, hacia la tierra.

Antes de subir, la cabeza advirtió:

—Quien no me reconozca será castigado. Cuando me vean allá arriba, digan: «¡Allá está el alto y hermoso Yobuënahuaboshka!»

Entonces trenzó los siete hilos que colgaban y trepó por la cuerda hacia el cielo.

Esa noche, un blanco tajo apareció por primera vez entre las estrellas. Una muchacha alzó los ojos y preguntó, maravillada: «¿Qué es eso?»

De inmediato un guacamayo rojo se abalanzó sobre ella, dio una súbita vuelta y la picó entre las piernas con su cola puntiaguda. La muchacha sangró. Desde ese momento, las mujeres sangran cuando la luna quiere.

A la mañana siguiente, resplandeció en el cielo la cuerda de los siete colores.

Un hombre la señaló con el dedo:

—¡Miren, miren! ¡Qué raro!

Dijo eso y cayó.

Y ésa fue la primera vez que murió alguien.

(59)

Los nacimientos

El día

Kr àhe

El cuervo, que reina ahora desde lo alto del tótem de la nación haida, era nieto del gran jefe divino que hizo al mundo.

Cuando el cuervo lloró pidiendo la luna, que colgaba de la pared de troncos, el abuelo se la entregó. El cuervo la lanzó al cielo, por el agujero de la chimenea; y nuevamente se echó a llorar, reclamando las estrellas. Cuando las consiguió, las diseminó alrededor de la luna.

Entonces lloró y pataleó y chilló hasta que el abuelo le entregó la caja de madera labrada donde guardaba la luz del día. El gran jefe divino le prohibió que sacara esa caja de la casa. Él había decidido que el mundo viviera a oscuras.

El cuervo jugueteaba con la caja, haciéndose el distraído, y con el rabillo del ojo espiaba a los guardianes que lo estaban vigilando.

Aprovechando un descuido, huyó con la caja en el pico. La punta del pico se le partió al pasar por la chimenea y se le quemaron las plumas, que quedaron negras para siempre.

Llegó el cuervo a las islas de la costa del Canadá. Escuchó voces humanas y pidió comida. Se la negaron. Amenazó con romper la caja de madera:

—Si se escapa el día, que tengo aquí guardado, jamás se apagará el cielo —advirtió—. Nadie podrá dormir, ni guardar secretos, y se sabrá quién es gente, quién es pájaro y quién bestia del bosque.

Se rieron. El cuervo rompió la caja y estalló la luz en el universo.

(87)

La noche

El sol nunca cesaba de alumbrar y los indios cashinahua no conocían la dulzura del descanso.

Muy necesitados de paz, exhaustos de tanta luz, pidieron prestada la noche al ratón.
Se hizo oscuro, pero la noche del ratón alcanzó apenas para comer y fumar un rato frente al fuego. El amanecer llegó no bien los indios se acomodaron en las hamacas.
Probaron entonces la noche del tapir. Con la noche del tapir, pudieron dormir a pierna suelta y disfrutaron el largo sueño tan esperado. Pero cuando despertaron, había pasado tanto tiempo que las malezas del monte habían invadido sus cultivos y aplastado sus casas.
Después de mucho buscar, se quedaron con la noche del tatú. Se la pidieron prestada y no se la devolvieron jamás.
El tatú, despojado de la noche, duerme durante el día.

(59)

Las estrellas

Tocando la flauta se declara el amor o se anuncia el regreso de los cazadores. Al son de la flauta, los indios waiwai convocan a sus invitados. Para los tukano, la flauta llora; y para los kalina habla, porque es la trompeta la que grita.
A orillas del río Negro, la flauta asegura el poder de los varones. Están escondidas las flautas sagradas y la mujer que se asoma merece la muerte.
En muy remotos tiempos, cuando las mujeres poseían las flautas sagradas, los hombres acarreaban la leña y el agua y preparaban el pan de mandioca.
Cuentan los hombres que el sol se indignó al ver que las mujeres reinaban en el mundo. El sol bajó a la selva y fecundó a una virgen, deslizándole jugos de hojas entre las piernas. Así nació Jurupari.
Jurupari robó las flautas sagradas y las entregó a los hombres. Les enseñó a ocultarlas y a defenderlas y a celebrar fiestas rituales sin mu-

jeres. Les contó, además, los secretos que debían trasmitir al oído de sus hijos varones.
  Cuando la madre de Jurupari descubrió el escondite de las flautas sagradas, él la condenó a muerte; y de sus pedacitos hizo las estrellas del cielo.

(91 y 112)

La vía láctea

El gusano, no más grande que un dedo meñique, comía corazones de pájaros. Su padre era el mejor cazador del pueblo de los mosetenes. El gusano crecía. Pronto tuvo el tamaño de un brazo. Cada vez exigía más corazones. El cazador pasaba el día entero en la selva, matando para su hijo.
  Cuando la serpiente ya no cabía en la choza, la selva se había vaciado de pájaros. El padre, flecha certera, le ofreció corazones de jaguar.
  La serpiente devoraba y crecía. Ya no había jaguares en la selva.
  —Quiero corazones humanos —dijo la serpiente.
  El cazador dejó sin gente a su aldea y a las comarcas vecinas hasta que un día, en una aldea lejana, lo sorprendieron en la rama de un árbol y lo mataron.
  Acosada por el hambre y la nostalgia, la serpiente fue a buscarlo.
  Enroscó su cuerpo en torno a la aldea culpable, para que nadie pudiera escapar. Los hombres lanzaron todas sus flechas contra aquel anillo gigante que les había puesto sitio. Mientras tanto, la serpiente no cesaba de crecer.
  Nadie se salvó. La serpiente rescató el cuerpo de su padre y creció hacia arriba.

Allá se la ve, ondulante, erizada de flechas luminosas, atravesando la noche.

(174)

El lucero

La luna, madre encorvada, pidió a su hijo:
—No sé dónde anda tu padre. Llévale noticias de mí.

Partió el hijo en busca del más intenso de los fuegos.

No lo encontró en el mediodía, donde el sol bebe su vino y baila con sus mujeres al son de los atabales. Lo buscó en los horizontes y en la región de los muertos. En ninguna de sus cuatro casas estaba el sol de los pueblos tarascos.

El lucero continúa persiguiendo a su padre por el cielo. Siempre llega demasiado temprano o demasiado tarde.

(52)

El lenguaje

El Padre Primero de los guaraníes se irguió en la oscuridad, iluminado por los reflejos de su propio corazón, y creó las llamas y la tenue neblina. Creó el amor, y no tenía a quién dárselo. Creó el lenguaje, pero no había quién lo escuchara.

Entonces encomendó a las divinidades que construyeran el mundo y que se hicieran cargo del fuego, la niebla, la lluvia y el viento. Y les entregó la música y las palabras del himno sagrado, para que dieran vida a las mujeres y a los hombres.

Los nacimientos

Así el amor se hizo comunión, el lenguaje cobró vida y el Padre Primero redimió su soledad. Él acompaña a los hombres y las mujeres que caminan y cantan:

Ya estamos pisando esta tierra,
ya estamos pisando esta tierra reluciente.

(40 y 192)

El fuego

Las noches eran de hielo y los dioses se habían llevado el fuego. El frío cortaba la carne y las palabras de los hombres. Ellos suplicaban, tiritando, con voz rota; y los dioses se hacían los sordos.

Una vez les devolvieron el fuego. Los hombres danzaron de alegría y alzaron cánticos de gratitud. Pero pronto los dioses enviaron lluvia y granizo y apagaron las hogueras.

Los dioses hablaron y exigieron: para merecer el fuego, los hombres debían abrirse el pecho con el puñal de obsidiana y entregar su corazón.

Los indios quichés ofrecieron la sangre de sus prisioneros y se salvaron del frío.

Los cakchiqueles no aceptaron el precio. Los cakchiqueles, primos de los quichés y también herederos de los mayas, se deslizaron con pies de pluma a través del humo y robaron el fuego y lo escondieron en las cuevas de sus montañas.

(188)

La selva

En medio de un sueño, el Padre de los indios uitotos vislumbró una neblina fulgurante. En aquellos vapores palpitaban musgos y líquenes y resonaban silbidos de vientos, pájaros y serpientes.
El Padre pudo atrapar la neblina y la retuvo con el hilo de su aliento. La sacó del sueño y la mezcló con tierra.
Escupió varias veces sobre la tierra neblinosa. En el torbellino de espuma se alzó la selva, desplegaron los árboles sus copas enormes y brotaron las frutas y las flores. Cobraron cuerpo y voz, en la tierra empapada, el grillo, el mono, el tapir, el jabalí, el tatú, el ciervo, el jaguar y el oso hormiguero. Surgieron en el aire el águila real, el guacamayo, el buitre, el colibrí, la garza blanca, el pato, el murciélago...
La avispa llegó con mucho ímpetu. Dejó sin rabo a los sapos y a los hombres y después se cansó.

(174)

El cedro

El Padre Primero hizo nacer a la tierra de la punta de su vara y la cubrió de pelusa.
En la pelusa se alzó el cedro, el árbol sagrado del que fluye la palabra. Entonces el Padre Primero dijo a los mby'a-guaraníes que excavaran el tronco de ese árbol para escuchar lo que contiene. Dijo que quienes supieran escuchar al cedro, cofre de las palabras, conocerían el futuro asiento de sus fogones. Quienes no supieran escucharlo volverían a ser no más que tierra despreciada.

(192)

Los nacimientos

El guayacán

Andaba en busca de agua una muchacha del pueblo de los nivakle, cuando se encontró con un árbol fornido, Nasuk, el guayacán, y se sintió llamada. Se abrazó a su firme tronco, apretándose con todo el cuerpo, y clavó sus uñas en la corteza. El árbol sangró. Al despedirse, ella dijo:

—¡Cómo quisiera, Nasuk, que fueras hombre!

Y el guayacán se hizo hombre y fue a buscarla. Cuando la encontró, le mostró la espalda arañada y se tendió a su lado.

(192)

Los colores

Eran blancas las plumas de los pájaros y blanca la piel de los animales. Azules son, ahora, los que se bañaron en un lago donde no desembocaba ningún río, ni ningún río nacía. Rojos, los que se sumergieron en el lago de la sangre derramada por un niño de la tribu kadiueu. Tienen el color de la tierra los que se revolcaron en el barro, y el de la ceniza los que buscaron calor en los fogones apagados. Verdes son los que frotaron sus cuerpos en el follaje y blancos los que se quedaron quietos.

(174)

El amor

En la selva amazónica, la primera mujer y el primer hombre se miraron con curiosidad. Era raro lo que tenían entre las piernas.
—¿Te han cortado? —preguntó el hombre.
—No —dijo ella—. Siempre he sido así.
Él la examinó de cerca. Se rascó la cabeza. Allí había una llaga abierta. Dijo:
—No comas yuca, ni guanábanas, ni ninguna fruta que se raje al madurar. Yo te curaré. Échate en la hamaca y descansa.
Ella obedeció. Con paciencia tragó los menjunjes de hierbas y se dejó aplicar las pomadas y los ungüentos. Tenía que apretar los dientes para no reírse, cuando él le decía:
—No te preocupes.
El juego le gustaba, aunque ya empezaba a cansarse de vivir en ayunas y tendida en una hamaca. La memoria de las frutas le hacía agua la boca.
Una tarde, el hombre llegó corriendo a través de la floresta. Daba saltos de euforia y gritaba:
—¡Lo encontré! ¡Lo encontré!
Acababa de ver al mono curando a la mona en la copa de un árbol.
—Es así —dijo el hombre, aproximándose a la mujer.
Cuando terminó el largo abrazo, un aroma espeso, de flores y frutas, invadió el aire. De los cuerpos, que yacían juntos, se desprendían vapores y fulgores jamás vistos, y era tanta su hermosura que se morían de vergüenza los soles y los dioses.

(59)

Los ríos y la mar

No había agua en la selva de los chocoes. Dios supo que la hormiga tenía, y se la pidió. Ella no quiso escucharlo. Dios le apretó la cintu-

ra, que quedó finita para siempre, y la hormiga echó el agua que guardaba en el buche.
—Ahora me dirás de dónde la sacaste.
La hormiga condujo a Dios hacia un árbol que no tenía nada de raro.
Cuatro días y cuatro noches estuvieron trabajando las ranas y los hombres, a golpes de hacha, pero el árbol no caía del todo. Una liana impedía que tocara la tierra.
Dios mandó al tucán:
—Córtala.
El tucán no pudo, y por eso fue condenado a comer los frutos enteros.
El guacamayo cortó la liana, con su pico duro y afilado.
Cuando el árbol del agua se desplomó, del tronco nació la mar y de las ramas, los ríos.
Toda el agua era dulce. Fue el Diablo quien anduvo echando puñados de sal.

(174)

Las mareas

Antes, los vientos soplaban sin cesar sobre la isla de Vancouver. No existía el buen tiempo ni había marea baja.
Los hombres decidieron matar a los vientos.
Enviaron espías. El mirlo de invierno fracasó; y también la sardina. A pesar de su mala vista y sus brazos rotos, fue la gaviota quien pudo eludir a los huracanes que montaban guardia ante la casa de los vientos.
Los hombres mandaron entonces un ejército de peces, que la gaviota condujo. Los peces se echaron junto a la puerta. Al salir, los vientos los pisaron, resbalaron y cayeron, uno tras otro, sobre la raya, que los ensartó con la cola y los devoró.
El viento del oeste fue atrapado con vida. Prisionero de los hombres, prometió que no soplaría continuamente, que habría aire suave

y brisas ligeras y que las aguas dejarían la orilla un par de veces por día, para que se pudiese pescar moluscos en la bajamar. Le perdonaron la vida.
El viento del oeste ha cumplido su palabra.

(114)

La nieve

—¡Quiero que vueles! —dijo el amo de la casa, y la casa se echó a volar. Anduvo a oscuras por los aires, silbando a su paso, hasta que el amo ordenó:
  —¡Quiero que te detengas aquí!
Y la casa se paró, suspendida en medio de la noche y la nieve que caía.
No había esperma de ballena para encender las lámparas, de modo que el amo de la casa recogió un puñado de nieve fresca y la nieve le dio luz.
La casa aterrizó en una aldea iglulik. Alguien vino a saludar, y al ver las lámparas encendidas con nieve, exclamó:
  —¡La nieve arde!,
y las lámparas se apagaron.

(174)

El diluvio

Al pie de la cordillera de los Andes, se reunieron los jefes de las comunidades.

Los nacimientos

Fumaron y discutieron.

El árbol de la abundancia alzaba su plenitud hasta más allá del techo del mundo. Desde abajo se veían las altas ramas curvadas por el peso de los racimos, frondosas de piñas, cocos, mamones y guanábanas, maíz, yuca, frijoles...

Los ratones y los pájaros disfrutaban los manjares. La gente, no. El zorro, que subía y bajaba dándose banquetes, no convidaba. Los hombres que habían intentado trepar se habían estrellado contra el suelo.

—¿Qué haremos?

Uno de los jefes convocó un hacha en sueños. Despertó con un sapo en la mano. Golpeó con el sapo el inmenso tronco del árbol de la abundancia, pero el animalito echó el hígado por la boca.

—Ese sueño ha mentido.

Otro jefe soñó. Pidió un hacha al Padre de todos. El Padre advirtió que el árbol se vengaría, pero envió un papagayo rojo.

Empuñando el papagayo, ese jefe abatió el árbol de la abundancia. Una lluvia de alimentos cayó sobre la tierra y quedó la tierra sorda por el estrépito. Entonces, la más descomunal de las tormentas estalló en el fondo de los ríos. Se alzaron las aguas, cubrieron el mundo.

De los hombres, solamente uno sobrevivió. Nadó y nadó, días y noches, hasta que pudo aferrarse a la copa de una palmera que sobresalía de las aguas.

(174)

La tortuga

Cuando bajaron las aguas del Diluvio, era un lodazal el valle de Oaxaca.

Un puñado de barro cobró vida y caminó. Muy despacito caminó la tortuga. Iba con el cuello estirado y los ojos muy abiertos, descubriendo el mundo que el sol hacía renacer.

En un lugar que apestaba, la tortuga vio al zopilote devorando cadáveres.

—Llévame al cielo —le rogó—. Quiero conocer a Dios.

Mucho se hizo pedir el zopilote. Estaban sabrosos los muertos. La cabeza de la tortuga asomaba para suplicar y volvía a meterse bajo el caparazón, porque no soportaba el hedor.

—Tú, que tienes alas, llévame —mendigaba.

Harto de la pedigüeña, el zopilote abrió sus enormes alas negras y emprendió vuelo con la tortuga a la espalda.

Iban atravesando nubes y la tortuga, escondida la cabeza, se quejaba:

—¡Qué feo hueles!

El zopilote se hacía el sordo.

—¡Qué olor a podrido! —repetía la tortuga.

Y así hasta que el pajarraco perdió su última paciencia, se inclinó bruscamente y la arrojó a tierra.

Dios bajó del cielo y juntó sus pedacitos.

En el caparazón se le ven los remiendos.

(92)

El papagayo

Después del Diluvio, la selva estaba verde pero vacía. El sobreviviente arrojaba sus flechas a través de los árboles y las flechas atravesaban nada más que sombras y follajes.

Un anochecer, al cabo de mucho caminar buscando, el sobreviviente regresó a su refugio y encontró carne asada y tortas de mandioca. Lo mismo ocurrió al día siguiente, y al otro. El que había desesperado de hambre y soledad se preguntó a quién debía agradecer la buena suerte. Al amanecer, se escondió y esperó.

Los nacimientos

Dos papagayos llegaron desde el cielo. No bien se posaron en tierra, se convirtieron en mujeres. Encendieron fuego y se pusieron a cocinar.

El único hombre eligió a la que tenía los cabellos más largos y lucía las plumas más altas y coloridas. La otra mujer, desdeñada, se alejó volando.

Los indios maynas, descendientes de aquella pareja, maldicen a su antepasado cuando sus mujeres andan haraganas y gruñonas. Dicen que él tiene la culpa, porque eligió a la inútil. La otra fue la madre y el padre de todos los papagayos que viven en la selva.

(191)

El colibrí

Al alba, saluda al sol. Cae la noche y trabaja todavía. Anda zumbando de rama en rama, de flor en flor, veloz y necesario como la luz. A veces duda, y queda inmóvil en el aire, suspendido; a veces vuela hacia atrás, como nadie puede. A veces anda borrachito, de tanto beber las mieles de las corolas. Al volar, lanza relámpagos de colores.

Él trae los mensajes de los dioses, se hace rayo para ejecutar sus venganzas y sopla las profecías al oído de los augures. Cuando muere un niño guaraní, le rescata el alma, que yace en el cáliz de una flor, y la lleva, en su largo pico de aguja, hacia la Tierra sin Mal. Conoce ese camino desde el principio de los tiempos. Antes de que naciera el mundo, él ya existía: refrescaba la boca del Padre Primero con gotas de rocío y le calmaba el hambre con el néctar de las flores.

Él condujo la larga peregrinación de los toltecas hacia la ciudad sagrada de Tula, antes de llevar el calor del sol a los aztecas.

Como capitán de los chontales, planea sobre los campamentos enemigos, les mide la fuerza, cae en picada y da muerte al jefe mientras duerme. Como sol de los kekchíes, vuela hacia la luna, la sorprende en su aposento y le hace el amor.

Su cuerpo tiene el tamaño de una almendra. Nace de un huevo no más grande que un frijol, dentro de un nido que cabe en una nuez. Duerme al abrigo de una hojita.

(40, 206 y 210)

El urutaú

«Soy hija de la desgracia», dijo Ñeambiú, la hija del jefe, cuando su padre le prohibió los amores con un hombre de una comunidad enemiga.
Dijo eso y huyó.
Al tiempo la encontraron, en los montes del Iguazú. Encontraron una estatua. Ñeambiú miraba sin ver; estaba muda su boca y dormido su corazón.
El jefe mandó llamar al que descifra los misterios y cura las enfermedades. Toda la comunidad acudió a presenciar la resurrección.
El chamán pidió consejo a la yerba mate y al vino de mandioca. Se acercó a Ñeambiú y le mintió al oído:
—El hombre que amas acaba de morir.
El grito de Ñeambiú convirtió a todos los indios en sauces llorones. Ella voló, hecha pájaro.
Los alaridos del urutaú, que en plena noche estremecen los montes, se escuchan a más de media legua. Es difícil ver al urutaú. Darle caza, imposible. No hay quien alcance al pájaro fantasma.

(86)

El hornero

Cuando cumplió la edad de las tres pruebas, aquel muchacho corrió y nadó mejor que nadie y estuvo nueve días sin comer, estirado por cueros, sin moverse ni quejarse. Durante las pruebas escuchaba una voz de mujer que cantaba para él, desde muy lejos, y lo ayudaba a aguantar.

El jefe de la comunidad decidió que debía casarse con su hija, pero él alzó vuelo y se perdió en los bosques del río Paraguay, buscando a la cantora.

Por allá anda todavía el hornero. Aletea fuerte y proclama alegrías cuando cree que viene, volando, la voz buscada. Esperando a la que no llega, ha construido una casa de barro, con puerta abierta a la brisa del norte, en un lugar que está a salvo de los rayos.

Todos lo respetan. Quien mata al hornero o rompe su casa, atrae la tormenta.

(144)

El cuervo

Estaban secos los lagos y vacíos los cauces de los ríos. Los indios takelma, muertos de sed, enviaron al cuervo y a la corneja en busca de agua.

El cuervo se cansó en seguida. Meó en un cuenco y dijo que ésa era el agua que traía de una lejana comarca.

La corneja, en cambio, continuó volando. Regresó mucho después, cargada de agua fresca, y salvó de la sequía al pueblo de los takelma.

En castigo, el cuervo fue condenado a sufrir sed durante los veranos. Como no puede mojarse el gaznate, habla con voz muy ronca mientras duran los calores.

(114)

El cóndor

Cauillaca estaba tejiendo una manta, bajo la copa de un árbol, y por encima volaba Coniraya, convertido en pájaro. La muchacha no prestaba la menor atención a sus trinos y revoloteos.

Coniraya sabía que otros dioses más antiguos y principales ardían de deseo por Cauillaca. Sin embargo, le envió su semilla, desde allá arriba, en forma de fruta madura. Cuando ella vio la pulposa fruta a sus pies, la alzó y la mordió. Sintió un placer desconocido y quedó embarazada.

Después, él se convirtió en persona, hombre rotoso, pura lástima, y la persiguió por todo el Perú. Cauillaca huía rumbo a la mar con su hijito a la espalda y atrás andaba Coniraya, desesperado, buscándola.

Preguntó por ella a un zorrino. El zorrino, viendo sus pies sangrantes y tanto desamparo, le respondió: «Tonto. ¿No ves que no vale la pena seguir?» Entonces Coniraya lo maldijo:

—Vagarás por las noches. Dejarás mal olor por donde pases. Cuando mueras, nadie te levantará del suelo.

En cambio, el cóndor dio ánimo al perseguidor. «¡Corre!», le gritó. «¡Corre y la alcanzarás!» Y Coniraya lo bendijo:

—Volarás por donde quieras. No habrá sitio del cielo o la tierra en que no puedas penetrar. Nadie llegará a donde tengas tu nido. Nunca te faltará comida; y el que te mate morirá.

Al cabo de mucha montaña, Coniraya llegó a la costa. Tarde llegó. La muchacha y su hijo ya eran una isla, tallados en roca, en medio de la mar.

(100)

El jaguar

Andaba el jaguar cazando, armado de arco y flechas, cuando encontró una sombra. Quiso atraparla y no pudo. Alzó la cabeza. El dueño de la sombra era el joven Botoque, de la tribu kayapó, casi muerto de hambre en lo alto de una roca.

Botoque no tenía fuerzas para moverse y apenas si pudo balbucear unas palabras. El jaguar bajó el arco y lo invitó a comer carne asada en su casa. Aunque el muchacho no sabía lo que significaba la palabra «asada», aceptó el convite y se dejó caer sobre el lomo del cazador.

—Traes el hijo de otro —reprochó la mujer.

—Ahora es mi hijo —dijo el jaguar.

Botoque vio el fuego por primera vez. Conoció el horno de piedra y el sabor de la carne asada de tapir y venado. Supo que el fuego ilumina y calienta. El jaguar le regaló un arco y flechas y le enseñó a defenderse.

Un día, Botoque huyó. Había matado a la mujer del jaguar.

Largo tiempo corrió, desesperado, y no se detuvo hasta llegar a su pueblo. Allí contó su historia y mostró los secretos: el arma nueva y la carne asada. Los kayapó decidieron apoderarse del fuego y de las armas, y él los condujo a la casa remota.

Desde entonces, el jaguar odia a los hombres. Del fuego, no le quedó más que el reflejo que brilla en sus pupilas. Para cazar, sólo cuenta con los colmillos y las garras, y come cruda la carne de sus víctimas.

(111)

El oso

Los animales del día y los animales de la noche se reunieron para decidir qué harían con el sol, que por entonces llegaba y se iba cuando quería. Los animales resolvieron dejar el asunto en manos del azar. El

bando que venciera en el juego de las adivinanzas decidiría cuánto tiempo habría de durar, en lo sucesivo, la luz del sol sobre el mundo.
  Estaban en eso cuando el sol, intrigado, se aproximó. Tanto se acercó el sol que los animales de la noche tuvieron que huir a la disparada. El oso fue víctima de la urgencia. Metió su pie derecho en el mocasín izquierdo y el pie izquierdo en el mocasín derecho. Así salió corriendo, y corrió como pudo.
  Según los indios comanches, desde entonces el oso camina hamacándose.

(132)

El caimán

El sol de los macusi estaba preocupado. Cada vez había menos peces en sus estanques.
  Encargó la vigilancia al caimán. Los estanques se vaciaron. El caimán, guardián y ladrón, inventó una buena historia de asaltantes invisibles, pero el sol no la creyó. Empuñó el machete y le dejó el cuerpo todo cruzado de tajos.
  Para calmarle las furias, el caimán le ofreció a su hermosa hija en matrimonio.
  —La espero —dijo el sol.
  Como el caimán no tenía ninguna hija, esculpió una mujer en el tronco de un ciruelo silvestre.
  —Aquí está —anunció, y se metió en el agua, mirando de reojo como mira todavía.
  Fue el pájaro carpintero quien le salvó la vida. Antes de que el sol llegara, el pájaro carpintero picoteó a la muchacha de madera por de-

bajo del vientre. Así ella, que estaba incompleta, fue abierta para que el sol entrara.

(112)

El tatú

Se anunció una gran fiesta en el lago Titicaca, y el tatú, que era bicho muy principal, quiso deslumbrar a todos.

Con mucha anticipación, se puso a tejer la fina trama de un manto tan elegante que iba a ser un escándalo.

El zorro lo vio trabajando y metió la nariz:

—¿Estás de mal humor?

—No me distraigas. Estoy ocupado.

—¿Para qué es eso?

El tatú explicó.

—¡Ah! —dijo el zorro, paladeando palabras—. ¿Para la fiesta de esta noche?

—¿Cómo que esta noche?

Al tatú se le vino el alma a los pies. Nunca había sido muy certero en el cálculo del tiempo.

—¡Y yo con mi manto a medio hacer!

Mientras el zorro se alejaba riéndose entre dientes, el tatú terminó su abrigo a los apurones. Como el tiempo volaba, no pudo continuar con la misma delicadeza. Tuvo que utilizar hilos más gruesos y la trama, a todo tejer, quedó más extendida.

Por eso el caparazón del tatú es de urdimbre apretada en el cuello y muy abierta en la espalda.

(174)

El conejo

El conejo quería crecer.
Dios le prometió que lo aumentaría de tamaño si le traía una piel de tigre, una de mono, una de lagarto y una de serpiente.
El conejo fue a visitar al tigre.
—Dios me ha contado un secreto —comentó, confidencial.
El tigre quiso saber y el conejo anunció un huracán que se venía.
—Yo me salvaré, porque soy pequeño. Me esconderé en algún agujero. Pero tú, ¿qué harás? El huracán no te va a perdonar.
Una lágrima rodó por entre los bigotes del tigre.
—Sólo se me ocurre una manera de salvarte —ofreció el conejo—. Buscaremos un árbol de tronco muy fuerte. Yo te ataré al tronco por el cuello y por las manos y el huracán no te llevará.
Agradecido, el tigre se dejó atar. Entonces el conejo lo mató de un garrotazo y lo desnudó.
Y siguió camino, bosque adentro, por la comarca de los zapotecas.
Se detuvo bajo un árbol donde un mono estaba comiendo. Tomando un cuchillo del lado que no tiene filo, el conejo se puso a golpearse el cuello. A cada golpe, una carcajada. Después de mucho golpearse y reírse, dejó el cuchillo en el suelo y se retiró brincando.
Se escondió entre las ramas, al acecho. El mono no demoró en bajar. Miró esa cosa que hacía reír y se rascó la cabeza. Agarró el cuchillo y al primer golpe cayó degollado.
Faltaban dos pieles. El conejo invitó al largarto a jugar a la pelota. La pelota era de piedra: lo golpeó en el nacimiento de la cola y lo dejó tumbado.
Cerca de la serpiente, el conejo se hizo el dormido. Antes de que ella saltara, cuando estaba tomando impulso, de un santiamén le clavó las uñas en los ojos.
Llegó al cielo con las cuatro pieles.
—Ahora, créceme —exigió.
Y Dios pensó: «Siendo tan pequeñito, el conejo hizo lo que hizo. Si lo aumento de tamaño, ¿qué no hará? Si el conejo fuera grande, quizás yo no sería Dios».
El conejo esperaba. Dios se acercó dulcemente, le acarició el lomo y de golpe le atrapó las orejas, lo revoleó y lo arrojó a la tierra.

Los nacimientos   29

De aquella vez quedaron largas las orejas del conejo, cortas las patas delanteras, que extendió para parar la caída, y colorados los ojos, por el pánico.

(92)

La serpiente

Dios le dijo:
—Pasarán tres piraguas por el río. En dos de ellas, viajará la muerte. Si no te equivocas, te liberaré de la vida breve.

La serpiente dejó pasar a la primera piragua, que venía cargada con cestos de carne podrida. Tampoco hizo caso de la segunda, que estaba llena de gente. Cuando llegó la tercera, que parecía vacía, le dio la bienvenida.

Por eso es inmortal la serpiente en la región de los shipaiá.
Cada vez que envejece, Dios le regala una piel nueva.

(111)

La rana

De una cueva de Haití brotaron los primeros indios taínos.

El sol no les daba tregua. Dos por tres los secuestraba y los transformaba. Al que montaba guardia de noche, lo convirtió en piedra; de los pescadores hizo árboles, y al que salió a buscar hierbas lo atrapó por el camino y lo volvió pájaro que canta por la mañana.

Uno de los hombres huyó del sol. Al irse, se llevó a todas las mujeres.

No está hecho de risa el canto de las ranitas en las islas del Caribe. Ellas son los niños taínos de aquel entonces. Dicen: «toa, toa», que es su modo de llamar a las madres.

(126 y 168)

El murciélago

Cuando era el tiempo muy niño todavía, no había en el mundo bicho más feo que el murciélago.
El murciélago subió al cielo en busca de Dios. No le dijo:
—Estoy harto de ser horroroso. Dame plumas de colores.
No. Le dijo:
—Dame plumas, por favor, que me muero de frío.
A Dios no le había sobrado ninguna pluma.
—Cada ave te dará una pluma —decidió.
Así obtuvo el murciélago la pluma blanca de la paloma y la verde del papagayo, la tornasolada pluma del colibrí y la rosada del flamenco, la roja del penacho del cardenal y la pluma azul de la espalda del martín pescador, la pluma de arcilla del ala de águila y la pluma del sol que arde en el pecho del tucán.
El murciélago, frondoso de colores y suavidades, paseaba entre la tierra y las nubes. Por donde iba, quedaba alegre el aire y las aves mudas de admiración. Dicen los pueblos zapotecas que el arcoíris nació del eco de su vuelo.
La vanidad le hinchó el pecho. Miraba con desdén y comentaba ofendiendo.
Se reunieron las aves. Juntas volaron hacia Dios.
—El murciélago se burla de nosotras —se quejaron—. Y además, sentimos frío por las plumas que nos faltan.
Al día siguiente, cuando el murciélago agitó las alas en pleno vuelo, quedó súbitamente desnudo. Una lluvia de plumas cayó sobre la tierra.
Él anda buscándolas todavía. Ciego y feo, enemigo de la luz, vive escondido en las cuevas. Sale a perseguir las plumas perdidas cuan-

do ha caído la noche; y vuela muy veloz, sin detenerse nunca, porque le da vergüenza que lo vean.

(92)

Los mosquitos

Muchos eran los muertos en el pueblo de los nookta. En cada muerto había un agujero por donde le habían robado la sangre.

El asesino, un niño que mataba desde antes de aprender a caminar, recibió su sentencia riendo a las carcajadas. Lo atravesaron las lanzas y él, riendo, se las desprendió del cuerpo como espinas.

—Yo les enseñaré a matarme —dijo el niño.

Indicó a sus verdugos que armaran una gran fogata y que lo arrojaran adentro.

Sus cenizas se esparcieron por los aires, ansiosas de daño, y así se echaron a volar los primeros mosquitos.

(174)

La miel

Miel huía de sus dos cuñadas. Varias veces las había echado de la hamaca.

Ellas andaban tras él, noche y día; lo veían y se les hacía agua la boca. Sólo en sueños conseguían tocarlo, lamerlo, comerlo.

El despecho fue creciendo. Una mañana, cuando las cuñadas se estaban bañando, descubrieron a Miel en la orilla del río. Corrieron y lo salpicaron. Miel, mojado, se disolvió.

En el golfo de Paria, no es fácil encontrar la miel perdida. Hay que subir a los árboles, hacha en mano, abrir los troncos y hurgar mucho. La escasa miel se come con placer y con miedo, porque a veces mata.

(112)

Las semillas

Pachacamac, que era hijo del sol, hizo a un hombre y a una mujer en los arenales de Lurín.

No había nada que comer y el hombre se murió de hambre.

Estaba la mujer agachada, escarbando en busca de raíces, cuando el sol entró en ella y le hizo un hijo.

Pachacamac, celoso, atrapó al recién nacido y lo descuartizó. Pero en seguida se arrepintió, o tuvo miedo de la cólera de su padre el sol, y regó por el mundo los pedacitos de su hermano asesinado.

De los dientes del muerto, brotó entonces el maíz; y la yuca, de las costillas y los huesos. La sangre hizo fértiles las tierras y de la carne sembrada surgieron árboles de fruta y sombra.

Así encuentran comida las mujeres y los hombres que nacen en estas costas, donde no llueve nunca.

(53)

El maíz

Los dioses hicieron de barro a los primeros mayas-quichés. Poco duraron. Eran blandos, sin fuerza; se desmoronaron antes de caminar.

Luego probaron con la madera. Los muñecos de palo hablaron y anduvieron, pero eran secos: no tenían sangre ni sustancia, memoria ni rumbo. No sabían hablar con los dioses, o no encontraban nada que decirles.
Entonces los dioses hicieron de maíz a las madres y a los padres. Con maíz amarillo y maíz blanco amasaron su carne. Las mujeres y los hombres de maíz veían tanto como los dioses. Su mirada se extendía sobre el mundo entero.
Los dioses echaron un vaho y les dejaron los ojos nublados para siempre, porque no querían que las personas vieran más allá del horizonte.

(188)

El tabaco

Los indios cariri habían suplicado al Abuelo que les dejara probar la carne de los cerdos salvajes, que todavía no existían. El Abuelo, arquitecto del Universo, secuestró a los niños pequeños del pueblo cariri y los convirtió en cerdos salvajes. Hizo nacer un gran árbol para que huyeran hacia el cielo.

Los indios persiguieron a los jabalíes, tronco arriba, de rama en rama, y consiguieron matar a unos cuantos. El Abuelo ordenó a las hormigas que derribaran el árbol. Al caer, los indios se rompieron los huesos. Desde aquella caída, todos tenemos los huesos partidos, y por eso podemos doblar los dedos y las piernas o inclinar el cuerpo.

Con los cerdos salvajes muertos, se hizo en la aldea un gran banquete.

Los indios rogaron al Abuelo que bajara del cielo, donde cuidaba a los niños salvados de la cacería, pero él prefirió quedarse allá.

El Abuelo envió el tabaco, para que ocupara su lugar entre los hombres. Fumando, los indios conversan con Dios.

(111)

La yerba mate

La luna se moría de ganas de pisar la tierra. Quería probar las frutas y bañarse en algún río.

Gracias a las nubes, pudo bajar. Desde la puesta del sol hasta el alba, las nubes cubrieron el cielo para que nadie advirtiera que la luna faltaba.

Fue una maravilla la noche en la tierra. La luna paseó por la selva del alto Paraná, conoció misteriosos aromas y sabores y nadó largamente en el río. Un viejo labrador la salvó dos veces. Cuando el jaguar iba a clavar sus dientes en el cuello de la luna, el viejo degolló a la fiera con su cuchillo; y cuando la luna tuvo hambre, la llevó a su casa. «Te ofrecemos nuestra pobreza», dijo la mujer del labrador, y le dio unas tortillas de maíz.

A la noche siguiente, desde el cielo, la luna se asomó a la casa de sus amigos. El viejo labrador había construido su choza en un claro de la selva, muy lejos de las aldeas. Allí vivía, como en un exilio, con su mujer y su hija.

La luna descubrió que en aquella casa no quedaba nada que comer. Para ella habían sido las últimas tortillas de maíz. Entonces iluminó el lugar con la mejor de sus luces y pidió a las nubes que dejasen caer, alrededor de la choza, una llovizna muy especial.

Al amanecer, en esa tierra habían brotado unos árboles desconocidos. Entre el verde oscuro de las hojas, asomaban las flores blancas.

Jamás murió la hija del viejo labrador. Ella es la dueña de la yerba mate y anda por el mundo ofreciéndola a los demás. La yerba mate despierta a los dormidos, corrige a los haraganes y hace hermanas a las gentes que no se conocen.

(86 y 144)

La yuca

Ningún hombre la había tocado, pero un niño creció en el vientre de la hija del jefe.
Lo llamaron Mani. Pocos días después de nacer, ya corría y conversaba. Desde los más remotos rincones de la selva, venían a conocer al prodigioso Mani.
No sufrió ninguna enfermedad, pero al cumplir un año dijo: «Me voy a morir»; y murió.
Pasó un tiempito y una planta jamás vista brotó en la sepultura de Mani, que la madre regaba cada mañana. La planta creció, floreció, dio frutos. Los pájaros que la picoteaban andaban luego a los tumbos por el aire, aleteando en espirales locas y cantando como nunca.
Un día la tierra se abrió donde Mani yacía.
El jefe hundió la mano y arrancó una raíz grande y carnosa. La ralló con una piedra, hizo una pasta, la exprimió y al amor del fuego coció pan para todos.
Nombraron *mani oca* a esa raíz, «casa de Mani», y mandioca es el nombre que tiene la yuca en la cuenca amazónica y otros lugares.

(174)

La papa

Un cacique de la isla de Chiloé, lugar poblado de gaviotas, quería hacer el amor como los dioses.
 Cuando las parejas de dioses se abrazaban, temblaba la tierra y se desataban los maremotos. Eso se sabía, pero nadie los había visto.
 Dispuesto a sorprenderlos, el cacique nadó hasta la isla prohibida.
 Solamente alcanzó a ver a un lagarto gigante, con la boca bien abierta y llena de espuma y una lengua desmesurada que desprendía fuego por la punta.
 Los dioses hundieron al indiscreto bajo tierra y lo condenaron a ser comido por los demás. En castigo de su curiosidad, le cubrieron el cuerpo de ojos ciegos.

(178)

La cocina

Una mujer del pueblo de los tillamook encontró, en medio del bosque, una cabaña que echaba humo. Se acercó, curiosa, y entró.
 Al centro, entre piedras, ardía el fuego.
 Del techo colgaban muchos salmones. Uno le cayó sobre la cabeza. La mujer lo recogió y lo colgó en su sitio. Nuevamente el pez se desprendió y le golpeó la cabeza y ella volvió a colgarlo y el salmón a caerse.
 La mujer arrojó al fuego las raíces que había recogido para comer. El fuego las quemó en un santiamén. Furiosa, ella golpeó la hoguera con el atizador, una y otra vez, con tanta violencia que el fuego se estaba apagando cuando llegó el dueño de casa y le detuvo el brazo.
 El hombre misterioso reavivó las llamas, se sentó junto a la mujer y le explicó:
 —No has entendido.

Los nacimientos

Al golpear las llamas y dispersar las brasas, ella había estado a punto de dejar ciego al fuego, y ése era un castigo que no merecía. El fuego se había comido las raíces porque creyó que la mujer se las estaba ofreciendo. Y antes, había sido el fuego quien había desprendido al salmón una y otra vez sobre la cabeza de la mujer, pero no para lastimarla: ésa había sido su manera de decirle que podía cocinar el salmón.

—¿Cocinarlo? ¿Qué es eso?

Entonces el dueño de casa enseñó a la mujer a conversar con el fuego, a dorar el pez sobre las brasas y a comer disfrutando.

(114)

La música

Mientras el espíritu Bopé-joku silbaba una melodía, el maíz se alzaba desde la tierra, imparable, luminoso, y ofrecía mazorcas gigantes, hinchadas de granos.

Una mujer estaba recogiéndolas de mala manera. Al arrancar brutalmente una mazorca, la lastimó. La mazorca se vengó hiriéndole la mano. La mujer insultó a Bopé-joku y maldijo su silbido.

Cuando Bopé-joku cerró sus labios, el maíz se marchitó y se secó.

Nunca más se escucharon los alegres silbidos que hacían brotar los maizales y les daban vigor y hermosura. Desde entonces, los indios bororos cultivan el maíz con pena y trabajo y cosechan frutos mezquinos.

Silbando se expresan los espíritus. Cuando los astros aparecen en la noche, los espíritus los saludan así. Cada estrella responde a un sonido, que es su nombre.

(112)

La muerte

El primero de los indios modoc, Kumokums, construyó una aldea a orillas del río. Aunque los osos tenían buen sitio para acurrucarse y dormir, los ciervos se quejaban de que hacía mucho frío y no había hierba abundante.

Kumokums alzó otra aldea lejos de allí y decidió pasar la mitad del año en cada una. Por eso partió el año en dos, seis lunas de verano y seis de invierno, y la luna que sobraba quedó destinada a las mudanzas.

De lo más feliz resultó la vida, alternada entre las dos aldeas, y se multiplicaron asombrosamente los nacimientos; pero los que morían se negaban a irse, y tan numerosa se hizo la población que ya no había manera de alimentarla.

Kumokums decidió, entonces, echar a los muertos. Él sabía que el jefe del país de los muertos era un gran hombre y que no maltrataba a nadie.

Poco después, murió la hijita de Kumokums. Murió y se fue del país de los modoc, tal como su padre había ordenado.

Desesperado, Kumokums consultó al puercoespín.

—Tú lo decidiste —opinó el puercoespín— y ahora debes sufrirlo como cualquiera.

Pero Kumokums viajó hacia el lejano país de los muertos y reclamó a su hija.

—Ahora tu hija es mi hija —dijo el gran esqueleto que mandaba allí—. Ella no tiene carne ni sangre. ¿Qué puede hacer ella en tu país?

—Yo la quiero como sea —dijo Kumokums.

Largo rato meditó el jefe del país de los muertos.

—Llévatela —admitió. Y advirtió:

—Ella caminará detrás de ti. Al acercarse al país de los vivos, la carne volverá a cubrir sus huesos. Pero tú no podrás darte vuelta hasta que hayas llegado. ¿Me entiendes? Te doy esta oportunidad.

Kumokums emprendió la marcha. La hija caminaba a sus espaldas.

Cuatro veces le tocó la mano, cada vez más carnosa y cálida, y no miró hacia atrás. Pero cuando ya asomaban, en el horizonte, los verdes bosques, no aguantó las ganas y volvió la cabeza. Un puñado de huesos se derrumbó ante sus ojos.

(132)

La resurrección

A los cinco días, era costumbre, los muertos regresaban al Perú. Bebían un vaso de chicha y decían:

—Ahora, soy eterno.

Había demasiada gente en el mundo. Se sembraba hasta en el fondo de los precipicios y al borde de los abismos, pero no alcanzaba para todos la comida.

Entonces murió un hombre en Huarochirí. Toda la comunidad se reunió, al quinto día, para recibirlo. Lo esperaron desde la mañana hasta muy entrada la noche. Se enfriaron los platos humeantes y el sueño fue cerrando los párpados. El muerto no llegó.

Apareció al día siguiente. Estaban todos hechos una furia. La que más hervía de indignación era la mujer, que le gritó:

—¡Haragán! ¡Siempre el mismo haragán! ¡Todos los muertos son puntuales menos tú!

El resucitado balbuceó alguna disculpa, pero la mujer le arrojó una mazorca a la cabeza y lo dejó tendido en el piso.

El ánima se fue del cuerpo y huyó volando, mosca veloz y zumbadora, para nunca más volver.

Desde esa vez, ningún muerto ha regresado a mezclarse con los vivos y disputarles la comida.

(14)

La magia

Una vieja muy vieja, del pueblo de los tukuna, castigó a las muchachas que le habían negado comida. Durante la noche, les arrebató los huesos de las piernas y les devoró la médula. Nunca más las muchachas pudieron caminar.

Allá en la infancia, a poco de nacer, la vieja había recibido de una rana los poderes del alivio y la venganza. La rana le había enseñado a curar y a matar, a escuchar las voces que no se oyen y a ver los colores que no se miran. Aprendió a defenderse antes de aprender a hablar. No caminaba todavía y ya sabía estar donde no estaba, porque los rayos del amor y del odio atraviesan de un salto las más espesas selvas y los ríos más hondos.

Cuando los tukuna le cortaron la cabeza, la vieja recogió en las manos su propia sangre y la sopló hacia el sol.

—¡El alma también entra en ti! —gritó.

Desde entonces, el que mata recibe en el cuerpo, aunque no quiera ni sepa, el alma de su víctima.

(112)

La risa

El murciélago, colgado de la rama por los pies, vio que un guerrero kayapó se inclinaba sobre el manantial.

Quiso ser su amigo.

Se dejó caer sobre el guerrero y lo abrazó. Como no conocía el idioma de los kayapó, le habló con las manos. Las caricias del murciélago arrancaron al hombre la primera carcajada. Cuanto más se reía, más débil se sentía. Tanto se rió, que al fin perdió todas sus fuerzas y cayó desmayado.

Cuando se supo en la aldea, hubo furia. Los guerreros quemaron un montón de hojas secas en la gruta de los murciélagos y cerraron la entrada.

Los nacimientos

Después, discutieron. Los guerreros resolvieron que la risa fuera usada solamente por las mujeres y los niños.

(111)

El miedo

Esos cuerpos nunca vistos los llamaban, pero los hombres nivakle no se atrevían a entrar. Habían visto comer a las mujeres: ellas tragaban la carne de los peces con la boca de arriba, pero antes la mascaban con la boca de abajo. Entre las piernas, tenían dientes.

Entonces los hombres encendieron hogueras, llamaron a la música y cantaron y danzaron para las mujeres.

Ellas se sentaron alrededor, con las piernas cruzadas.

Los hombres bailaron durante toda la noche. Ondularon, giraron y volaron como el humo y los pájaros.

Cuando llegó el amanecer, cayeron desvanecidos. Las mujeres los alzaron suavemente y les dieron agua de beber.

Donde ellas habían estado sentadas, quedó la tierra toda regada de dientes.

(192)

La autoridad

En épocas remotas, las mujeres se sentaban en la proa de la canoa y los hombres en la popa. Eran las mujeres quienes cazaban y pescaban. Ellas salían de las aldeas y volvían cuando podían o querían. Los hombres montaban las chozas, preparaban la comida, mantenían encendidas

las fogatas contra el frío, cuidaban a los hijos y curtían las pieles de abrigo.
Así era la vida entre los indios onas y los yaganes, en la Tierra del Fuego, hasta que un día los hombres mataron a todas las mujeres y se pusieron las máscaras que las mujeres habían inventado para darles terror.
Solamente las niñas recién nacidas se salvaron del exterminio. Mientras ellas crecían, los asesinos les decían y les repetían que servir a los hombres era su destino. Ellas lo creyeron. También lo creyeron sus hijas y las hijas de sus hijas.

(91 y 178)

El poder

En las tierras donde nace el río Juruá, el Mezquino era el dueño del maíz. Entregaba asados los granos, para que nadie pudiera sembrarlos.
Fue la lagartija quien pudo robarle un grano crudo. El Mezquino la atrapó y le desgarró la boca y los dedos de las manos y de los pies; pero ella había sabido esconder el granito detrás de la última muela. Después, la lagartija escupió el grano crudo en la tierra de todos. Las desgarraduras le dejaron esa boca enorme y esos dedos larguísimos.
El Mezquino era también dueño del fuego. El loro se le acercó y se puso a llorar a grito pelado. El Mezquino le arrojaba cuanta cosa tenía a mano y el lorito esquivaba los proyectiles, hasta que vio venir un tizón encendido. Entonces aferró el tizón con su pico, que era enorme como pico de tucán, y huyó por los aires. Voló perseguido por una estela de chispas. La brasa, avivada por el viento, le iba quemando el pico; pero ya había llegado al bosque cuando el Mezquino batió su tambor y desencadenó un diluvio.
El loro alcanzó a poner el tizón candente en el hueco de un árbol, lo dejó al cuidado de los demás pájaros y salió a mojarse bajo la llu-

via violenta. El agua le alivió los ardores. En su pico, que quedó corto y curvo, se ve la huella blanca de la quemadura.

Los pájaros protegieron con sus cuerpos el fuego robado.

(59)

La guerra

Al amanecer, el llamado del cuerno anunció, desde la montaña, que era la hora de los arcos y las cerbatanas.

A la caída de la noche, de la aldea no quedaba más que humo. Un hombre pudo tumbarse, inmóvil, entre los muertos. Untó su cuerpo con sangre y esperó. Fue el único sobreviviente del pueblo palawiyang.

Cuando los enemigos se retiraron, ese hombre se levantó. Contempló su mundo arrasado. Caminó por entre la gente que había compartido con él el hambre y la comida. Buscó en vano alguna persona o cosa que no hubiera sido aniquilada. Ese espantoso silencio lo aturdía. Lo mareaba el olor del incendio y la sangre.

Sintió asco de estar vivo y volvió a echarse entre los suyos.

Con las primeras luces, llegaron los buitres. En ese hombre sólo había niebla y ganas de dormir y dejarse devorar.

Pero la hija del cóndor se abrió paso entre los pajarracos que volaban en círculos. Batió recia las alas y se lanzó en picada.

Él se agarró a sus patas y la hija del cóndor lo llevó lejos.

(51)

La fiesta

Andaba un esquimal, arco en mano, persiguiendo renos, cuando un águila lo sorprendió por la espalda.

—Yo maté a tus dos hermanos —dijo el águila—. Si quieres salvarte, debes ofrecer una fiesta, allá en tu aldea, para que todos canten y bailen.

—¿Una fiesta? ¿Qué significa cantar? Y bailar, ¿qué es?

—Ven conmigo.

El águila le mostró una fiesta. Había mucho y bueno de comer y de beber. El tambor retumbaba tan fuerte como el corazón de la vieja madre del águila, que latiendo guiaba a sus hijos, desde su casa, a través de los vastos hielos y las montañas. Los lobos, los zorros y los demás invitados danzaron y cantaron hasta la salida del sol.

El cazador regresó a su pueblo.

Mucho tiempo después, supo que la vieja madre del águila y todos los viejos del mundo de las águilas estaban fuertes y bellos y veloces. Los seres humanos, que por fin habían aprendido a cantar y a bailar, les habían enviado, desde lejos, desde sus fiestas, alegrías que daban calor a la sangre.

(174)

La conciencia

Cuando bajaban las aguas del Orinoco, las piraguas traían a los caribes con sus hachas de guerra.

Nadie podía con los hijos del jaguar. Arrasaban las aldeas y hacían flautas con los huesos de sus víctimas.

A nadie temían. Solamente les daba pánico un fantasma que había brotado de sus propios corazones.

Él los esperaba, escondido tras los troncos. Él les rompía los puentes y les colocaba al paso las lianas enredadas que los hacían tropezar.

Viajaba de noche; para despistarlos, pisaba al revés. Estaba en el cerro que desprendía la roca, en el fango que se hundía bajo los pies, en la hoja de la planta venenosa y en el roce de la araña. Él los derribaba soplando, les metía la fiebre por la oreja y les robaba la sombra. No era el dolor, pero dolía. No era la muerte, pero mataba. Se llamaba Kanaima y había nacido entre los vencedores para vengar a los vencidos.

(51)

La ciudad sagrada

Wiracocha, que había ahuyentado las tinieblas, ordenó al sol que enviara una hija y un hijo a la tierra, para iluminar a los ciegos el camino.

Los hijos del sol llegaron a las orillas del lago Titicaca y emprendieron viaje por las quebradas de la cordillera. Traían un bastón. En el lugar donde se hundiera al primer golpe, fundarían el nuevo reino. Desde el trono, actuarían como su padre, que da la luz, la claridad y el calor, derrama lluvia y rocío, empuja las cosechas, multiplica las manadas y no deja pasar día sin visitar el mundo.

Por todas partes intentaron clavar el bastón de oro. La tierra lo rebotaba y ellos seguían buscando.

Escalaron cumbres y atravesaron correntadas y mesetas. Todo lo que sus pies tocaban se iba transformando: hacían fecundas las tierras áridas, secaban los pantanos y devolvían los ríos a sus cauces. Al alba, los escoltaban las ocas, y los cóndores al atardecer.

Por fin, junto al monte Wanakauri, los hijos del sol hundieron el bastón. Cuando la tierra lo tragó, un arcoíris se alzó en el cielo.

Entonces el primero de los incas dijo a su hermana y mujer:

—*Convoquemos a la gente.*

Entre la cordillera y la puna, estaba el valle cubierto de matorrales. Nadie tenía casa. Las gentes vivían en agujeros y al abrigo de

las rocas, comiendo raíces, y no sabían tejer el algodón ni la lana para defenderse del frío.
Todos los siguieron. Todos les creyeron. Por los fulgores de las palabras y los ojos, todos supieron que los hijos del sol no estaban mintiendo, y los acompañaron hacia el lugar donde los esperaba, todavía no nacida, la gran ciudad del Cuzco.

(76)

Los peregrinos

Los mayas-quichés vinieron desde el oriente.
Cuando recién llegaron a las nuevas tierras, con sus dioses cargados a la espalda, tuvieron miedo de que no hubiera amanecer. Ellos habían dejado la alegría allá en Tulán y habían quedado sin aliento al cabo de la larga y penosa travesía. Esperaron al borde del bosque de Izmachí, quietos, todos reunidos, sin que nadie se sentara ni se echara a descansar. Pero pasaba el tiempo y no acababa la negrura.
El lucero anunciador apareció, por fin, en el cielo.
Los quichés se abrazaron y bailaron; y después, dice el libro sagrado, *el sol se alzó como un hombre.*
Desde esa vez, los quichés acuden, al fin de cada noche, a recibir al lucero del alba y a ver el nacimiento del sol. Cuando el sol está a punto de asomar, dicen:
—De allá venimos.

(188)

La tierra prometida

Maldormidos, desnudos, lastimados, caminaron noche y día durante más de dos siglos. Iban buscando el lugar donde la tierra se tiende entre cañas y juncias. Varias veces se perdieron, se dispersaron y volvieron a juntarse. Fueron volteados por los vientos y se arrastraron atándose los unos a los otros, golpeándose, empujándose; cayeron de hambre y se levantaron y nuevamente cayeron y se levantaron. En la región de los volcanes, donde no crece la hierba, comieron carne de reptiles.

Traían la bandera y la capa del dios que había hablado a los sacerdotes, durante el sueño, y había prometido un reino de oro y plumas de quetzal: *Sujetaréis de mar a mar a todos los pueblos y ciudades,* había anunciado el dios, *y no será por hechizo, sino por ánimo del corazón y valentía de los brazos.*

Cuando se asomaron a la laguna luminosa, bajo el sol del mediodía, los aztecas lloraron por primera vez. Allí estaba la pequeña isla de barro: sobre el nopal, más alto que los juncos y las pajas bravas, extendía el águila sus alas.

Al verlos llegar, el águila humilló la cabeza. Estos parias, apiñados en la orilla de la laguna, mugrientos, temblorosos, eran los elegidos, los que en tiempos remotos habían nacido de las bocas de los dioses.

Huitzilopochtli les dio la bienvenida:

—*Éste es el lugar de nuestro descanso y nuestra grandeza* —resonó la voz—. *Mando que se llame Tenochtitlán la ciudad que será reina y señora de todas las demás. ¡México es aquí!*

(60 y 210)

Los peligros

El que hizo al sol y a la luna avisó a los taínos que se cuidaran de los muertos.

Durante el día los muertos se escondían y comían guayaba, pero por las noches salían a pasear y desafiaban a los vivos. Los muertos ofrecían combates y las muertas, amores. En la pelea, se esfumaban cuando querían; y en lo mejor del amor quedaba el amante sin nada entre los brazos. Antes de aceptar la lucha contra un hombre o de echarse junto a una mujer, era preciso rozarle el vientre con la mano, porque los muertos no tienen ombligo.

El dueño del cielo también avisó a los taínos que mucho más se cuidaran de la gente vestida.

El jefe Cáicihu ayunó una semana y fue digno de su voz: *Breve será el goce de la vida,* anunció el invisible, el que tiene madre pero no tiene principio: *Los hombres vestidos llegarán, dominarán y matarán.*

(168)

La telaraña

Bebeagua, sacerdote de los sioux, soñó que seres jamás vistos tejían una inmensa telaraña alrededor de su pueblo. Despertó sabiendo que así sería, y dijo a los suyos: *Cuando esa extraña raza termine su telaraña, nos encerrarán en casas grises y cuadradas, sobre tierra estéril, y en esas casas moriremos de hambre.*

(152)

El profeta

Echado en la estera, boca arriba, el sacerdote-jaguar de Yucatán escuchó el mensaje de los dioses. Ellos le hablaron a través del tejado,

Los nacimientos

montados a horcajadas sobre su casa, en un idioma que nadie más entendía.

Chilam Balam, el que era boca de los dioses, recordó lo que todavía no había ocurrido:

—*Dispersados serán por el mundo las mujeres que cantan y los hombres que cantan y todos los que cantan... Nadie se librará, nadie se salvará... Mucha miseria habrá en los años del imperio de la codicia. Los hombres, esclavos han de hacerse. Triste estará el rostro del sol... Se despoblará el mundo, se hará pequeño y humillado...*

(25)

Viejo Nuevo Mundo

1492
La mar océana

La ruta del sol hacia las Indias

Están los aires dulces y suaves, como en la primavera de Sevilla, y parece la mar un río Guadalquivir, pero no bien sube la marea se marean y vomitan, apiñados en los castillos de proa, los hombres que surcan, en tres barquitos remendados, la mar incógnita. Mar sin marco. Hombres, gotitas al viento. ¿Y si no los amara la mar? Baja la noche sobre las carabelas. ¿Adónde los arrojará el viento? Salta a bordo un dorado, que venía persiguiendo a un pez volador, y se multiplica el pánico. No siente la marinería el sabroso aroma de la mar un poco picada, ni escucha la algarabía de las gaviotas y los alcatraces que vienen desde el poniente. En el horizonte, ¿empieza el abismo? En el horizonte, ¿se acaba la mar?

Ojos afiebrados de marineros curtidos en mil viajes, ardientes ojos de presos arrancados de las cárceles andaluzas y embarcados a la fuerza: no ven los ojos esos reflejos anunciadores de oro y plata en la espuma de las olas, ni los pájaros de campo y río que vuelan sin cesar sobre las naves, ni los juncos verdes y las ramas forradas de caracoles que derivan atravesando los sargazos. Al fondo del abismo, ¿arde el infierno? ¿A qué fauces arrojarán los vientos alisios a estos hombrecitos? Ellos miran las estrellas, buscando a Dios, pero el cielo es tan inescrutable como esta mar jamás navegada. Escuchan que ruge la mar, la mare, madre mar, ronca voz que contesta al viento frases de condenación eterna, tambores del misterio resonando desde las profundidades: se persignan y quieren rezar y balbucean: «Esta noche nos caemos del mundo, esta noche nos caemos del mundo».

(49)

1492
Guanahaní

Colón

Cae de rodillas, llora, besa el suelo. Avanza, tambaleándose porque lleva más de un mes durmiendo poco o nada, y a golpes de espada derriba unos ramajes.
  Después, alza el estandarte. Hincado, ojos al cielo, pronuncia tres veces los nombres de Isabel y Fernando. A su lado, el escribano Rodrigo de Escobedo, hombre de letra lenta, levanta el acta.
  Todo pertenece, desde hoy, a esos reyes lejanos: el mar de corales, las arenas, las rocas verdísimas de musgo, los bosques, los papagayos y estos hombres de piel de laurel que no conocen todavía la ropa, la culpa ni el dinero y que contemplan, aturdidos, la escena.
  Luis de Torres traduce al hebreo las preguntas de Cristóbal Colón:
  —¿Conocéis vosotros el Reino del Gran Khan? ¿De dónde viene el oro que lleváis colgado de las narices y las orejas?
  Los hombres desnudos lo miran, boquiabiertos, y el intérprete prueba suerte con el idioma caldeo, que algo conoce:
  —¿Oro? ¿Templos? ¿Palacios? ¿Rey de reyes? ¿Oro?
  Y luego intenta la lengua arábiga, lo poco que sabe:
  —¿Japón? ¿China? ¿Oro?
  El intérprete se disculpa ante Colón en la lengua de Castilla. Colón maldice en genovés, y arroja al suelo sus cartas credenciales, escritas en latín y dirigidas al Gran Khan. Los hombres desnudos asisten a la cólera del forastero de pelo rojo y piel cruda, que viste capa de terciopelo y ropas de mucho lucimiento.
  Pronto se correrá la voz por las islas:

Los nacimientos 55

—*¡Vengan a ver a los hombres que llegaron del cielo! ¡Tráiganles de comer y de beber!*

(49)

1493
Barcelona

Día de gloria

Lo anuncian las trompetas de los heraldos. Se echan al vuelo las campanas y los tambores redoblan alegrías.

El Almirante, recién vuelto de las Indias, sube la escalera de piedra y avanza sobre el tapiz carmesí, entre los relumbres de seda de la corte que lo aplaude. El hombre que ha realizado las profecías de los santos y los sabios llega al estrado, se hinca y besa las manos de la reina y el rey.

Desde atrás, irrumpen los trofeos. Centellean sobre las bandejas las piezas de oro que Colón cambió por espejitos y bonetes colorados en los remotos jardines recién brotados de la mar.

Sobre ramajes y hojarascas, desfilan las pieles de lagartos y serpientes; y detrás entran, temblando, llorando, los seres jamás vistos. Son los pocos que todavía sobreviven al resfrío, al sarampión y al asco por la comida y por el mal olor de los cristianos. No vienen desnudos, como estaban cuando se acercaron a las tres carabelas y fueron atrapados. Han sido recién cubiertos por calzones, camisolas y unos cuantos papagayos que les han puesto en las manos y sobre las cabezas y los hombros. Los papagayos, desplumados por los malos vientos del viaje, parecen tan moribundos como los hombres. De las mujeres y los niños capturados, no ha quedado ni uno.

Se escuchan malos murmullos en el salón. El oro es poco y por ningún lado se ve pimienta negra, ni nuez moscada, ni clavo, ni jengibre; y Colón no ha traído sirenas barbudas ni hombres con rabo, de esos que tienen un solo ojo y un único pie, tan grande el pie que alzándolo se protegen de los soles violentos.

(44)

1493
Roma

El testamento de Adán

En la penumbra del Vaticano, fragante de perfumes de Oriente, el papa dicta una nueva bula.

Hace poco tiempo que Rodrigo Borgia, valenciano del pueblo de Xátiva, se llama Alejandro VI. No ha pasado todavía un año desde el día en que compró al contado los siete votos que le faltaban en el Sacro Colegio y pudo cambiar la púrpura del cardenal por el capuchón de armiño del Sumo Pontífice.

Más horas dedica Alejandro VI a calcular el precio de las indulgencias que a meditar el misterio de la Santísima Trinidad. Nadie ignora que prefiere las misas muy breves, salvo las que en su cámara privada celebra, enmascarado, el bufón Gabriellino, y todo el mundo sabe que el nuevo papa es capaz de desviar la procesión del Corpus para que pase bajo el balcón de una mujer hermosa.

También es capaz de cortar el mundo como si fuera un pollo: alza la mano y traza una frontera, de cabo a rabo del planeta, a través de la mar incógnita. El apoderado de Dios concede a perpetuidad todo lo que se haya descubierto o se descubra, al oeste de esa línea, a Isabel de Castilla y Fernando de Aragón y a sus herederos en el trono español. Les encomienda que a las islas y tierras firmes halladas o por hallar envíen hombres buenos, temerosos de Dios, doctos, sabios y expertos, para que instruyan a los naturales en la fe católica y les enseñen buenas costumbres. A la corona portuguesa pertenecerá lo que se descubra al este.

Angustia y euforia de las velas desplegadas: ya Colón está preparando, en Andalucía, su segundo viaje hacia los parajes donde el oro crece en racimos en las viñas y las piedras preciosas aguardan en los cráneos de los dragones.

(180)

Los nacimientos 57

1493
Huexotzingo

¿Dónde está lo verdadero, lo que tiene raíz?

Ésta es la ciudad de la música, no de la guerra: Huexotzingo, en el valle de Tlaxcala. Dos por tres, los aztecas la asaltan, la lastiman, le arrancan prisioneros para sacrificar ante sus dioses.

Tecayehuatzin, rey de Huexotzingo, ha reunido esta tarde a los poetas de otras comarcas.

En los jardines del palacio, conversan los poetas sobre las flores y los cantos que desde el interior del cielo vienen a la tierra, región del momento fugaz, y que sólo perduran allá en la casa del Dador de la vida. Conversan y dudan los poetas:

¿Son acaso verdaderos los hombres?
¿Será mañana todavía verdadero
nuestro canto?

Se suceden las voces. Cuando cae la noche, el rey de Huexotzingo agradece y dice adiós:

Sabemos que son verdaderos
los corazones de nuestros amigos.

(108)

1493
Pasto

Todos son contribuyentes

Hasta estas remotas alturas, muy al norte, llega el recaudador del imperio de los incas.

Los indios quillacingas no tienen nada para dar, pero en este vasto reino todas las comunidades pagan tributos, en especies o en tiempo de trabajo. Nadie puede, por lejos que esté y pobre que sea, olvidar quién manda.

Al pie del volcán, el jefe de los quillacingas se adelanta y pone un cartucho de bambú en manos del enviado del Cuzco. El cartucho está lleno de piojos vivos.

(53 y 150)

1493
Isla de Santa Cruz

Una experiencia de Miquele de Cuneo, natural de Savona

La sombra de los velámenes se alarga sobre la mar. La atraviesan sargazos y medusas que derivan, empujados por las olas, hacia la costa.

Desde el castillo de popa de una de las carabelas, Colón contempla las blancas playas donde ha plantado, una vez más, la cruz y la horca. Éste es su segundo viaje. Cuánto durará, no sabe; pero su corazón le dice que todo saldrá bien, ¿y cómo no va a creerle el Almirante? ¿Acaso él no tiene por costumbre medir la velocidad de los navíos con la mano contra el pecho, contando los latidos?

Bajo la cubierta de otra carabela, en el camarote del capitán, una muchacha muestra los dientes. Miquele de Cuneo le busca los pechos, y ella lo araña y lo patea y aúlla. Miquele la recibió hace un rato. Es un regalo de Colón.

La azota con una soga. La golpea duro en la cabeza y en el vientre y en las piernas. Los alaridos se hacen quejidos; los quejidos, gemidos. Por fin, sólo se escucha el ir y venir de las gaviotas y el crujir de la madera que se mece. De vez en cuando una llovizna de olas entra por el ojo de buey.

Miquele se echa sobre el cuerpo ensangrentado y se remueve, jadea, forcejea. El aire huele a brea, a salitre, a sudor. Y entonces la muchacha, que parecía desmayada o muerta, clava súbitamente las uñas en la espalda de Miquele, se anuda a sus piernas y lo hace rodar en un abrazo feroz.

Los nacimientos 59

Mucho después, cuando Miquele despierta, no sabe dónde está ni qué ha ocurrido. Se desprende de ella, lívido, y la aparta de un empujón.
Tambaleándose, sube a cubierta. Aspira hondo la brisa del mar, con la boca abierta. Y dice en voz alta, como comprobando:
—Estas indias son todas putas.

(181)

1495
Salamanca

La primera palabra venida de América

Elio Antonio de Nebrija, sabio en lenguas, publica aquí su «Vocabulario español-latino». El diccionario incluye el primer americanismo de la lengua castellana:
Canoa: Nave de un madero.
La nueva palabra viene desde las Antillas.
Esas barcas sin vela, nacidas de un tronco de ceiba, dieron la bienvenida a Cristóbal Colón. En canoas llegaron desde las islas, remando, los hombres de largo pelo negro y cuerpos labrados de signos bermejos. Se acercaron a las carabelas, ofrecieron agua dulce y cambiaron oro por sonajas de latón de esas que en Castilla valen un maravedí.

(49 y 154)

1495
La Isabela

Caonabó

Absorto, ausente, está el prisionero sentado a la entrada de la casa de Cristóbal Colón. Tiene grillos de hierro en los tobillos y las esposas le atrapan las muñecas.

Caonabó fue quien redujo a cenizas el fortín de Navidad, que el Almirante había levantado cuando descubrió esta isla de Haití. Incendió el fortín y mató a sus ocupantes. Y no sólo a ellos: en estos dos años largos, ha castigado a flechazos a cuantos españoles pudo encontrar en su comarca de la sierra de Cibao, por andar cazando oro y gente.

 Alonso de Ojeda, veterano de las guerras contra los moros, fue a visitarlo en son de paz. Lo invitó a subir a su caballo y le puso estas esposas de metal bruñido que le atan las manos, diciéndole que ésas eran las joyas que usaban los reyes de Castilla en sus bailes y festejos.

 Ahora el cacique Caonabó pasa los días sentado junto a la puerta, con la mirada fija en la lengua de luz que al amanecer invade el piso de tierra y al atardecer, de a poquito, se retira. No mueve una pestaña cuando Colón pasa por allí. En cambio, cuando aparece Ojeda, se las arregla para pararse y saluda con una reverencia al único hombre que lo ha vencido.

(103 y 158)

1496
La Concepción

El sacrilegio

Bartolomé Colón, hermano y lugarteniente de Cristóbal, asiste al incendio de carne humana.

 Seis hombres estrenan el quemadero de Haití. El humo hace toser. Los seis están ardiendo por castigo y escarmiento: han hundido bajo tierra las imágenes de Cristo y la Virgen que fray Ramón Pané les había dejado para su protección y consuelo. Fray Ramón les había enseñado a orar de rodillas, a decir Avemaría y Paternoster y a invocar el nombre de Jesús ante la tentación, la lastimadura y la muerte.

 Nadie les ha preguntado por qué enterraron las imágenes. Ellos esperaban que los nuevos dioses fecundaran las siembras de maíz, yuca, boniatos y frijoles.

Los nacimientos 61

El fuego agrega calor al calor húmedo, pegajoso, anunciador de lluvia fuerte.

(103)

1498
Santo Domingo

El Paraíso Terrenal

Al atardecer, a orillas del río Ozama, Cristóbal Colón escribe una carta. Le cruje el cuerpo, atormentado por el reuma, pero le brinca de gozo el corazón. El descubridor explica a los Reyes Católicos *lo que se muestra evidentísimo:* el Paraíso Terrenal está en el pezón de una teta de mujer.

Él lo supo hace un par de meses, cuando sus carabelas entraron en el golfo de Paria. *Ya van los navíos alzándose hacia el cielo suavemente...* Navegando aguas arriba, hacia donde no pesa el aire, Colón ha llegado al límite último del Oriente. *En esas tierras las más hermosas del mundo,* los hombres muestran astucia, ingenio y valentía, y las mujeres, bellísimas, llevan por todo vestido sus largos cabellos y collares de muchas perlas enroscados al cuerpo. El agua, dulce y clara, despierta la sed. No castiga el invierno ni quema el verano; y la brisa acaricia lo que toca. Los árboles brindan fresca sombra y, al alcance de la mano, frutas de gran deleite que llaman al hambre.

Pero más allá de *esta verdura y esta hermosura,* no hay navío que pueda subir. Ésa es la frontera del Oriente. Allí se acaban las aguas, las tierras y las islas. Muy arriba, muy lejos, el Árbol de la Vida despliega su vasta copa y brota la fuente de los cuatro ríos sagrados. Uno de ellos es el Orinoco, *que no creo que se sepa en el mundo de río tan grande y tan fondo.*

El mundo no es redondo. El mundo es una teta de mujer. El pezón nace en el golfo de Paria y asciende hasta muy cerca del cielo. A la punta, donde fluyen los jugos del Paraíso, ningún hombre llegará jamás.

(50)

La lengua del Paraíso

Los guaraos, que habitan los suburbios del Paraíso Terrenal, llaman al arcoíris *serpiente de collares* y *mar de arriba* al firmamento. El rayo es *el resplandor de la lluvia*. El amigo, *mi otro corazón*. El alma, *el sol del pecho*. La lechuza, *el amo de la noche oscura*. Para decir «bastón» dicen *nieto continuo;* y para decir «perdono», dicen *olvido*.

(17)

1499
Granada

¿Quiénes son españoles?

Las mezquitas siguen abiertas en Granada, siete años después de la rendición de este último reducto de los moros en España. Es lento el avance de la cruz tras la victoria de la espada. El arzobispo Cisneros decide que Cristo no puede esperar.

Moros llaman los españoles cristianos a los españoles de cultura islámica, que llevan aquí ocho siglos. Miles y miles de españoles de cultura judía han sido ya condenados al destierro. A los *moros* también se les dará a elegir entre el bautismo y el exilio; y para los falsos conversos arden las hogueras de la Inquisición. La unidad de España, esta España que ha descubierto América, no será el resultado de la suma de sus partes.

Por orden del arzobispo Cisneros, marchan a prisión los sabios musulmanes de Granada. Altas llamas devoran los libros islámicos, religión y poesía, filosofía y ciencia, ejemplares únicos que guardaban la palabra de una cultura que ha regado estas tierras y en ellas ha florecido.

Desde lo alto, los labrados palacios de la Alhambra son testigos mudos del avasallamiento, mientras las fuentes no cesan de dar agua a los jardines.

(64, 218 y 223)

Los nacimientos

1500
Florencia

Leonardo

Acaba de volver del mercado con varias jaulas a cuestas. Las coloca en el balcón, abre las puertitas y huyen los pájaros. Mira los pájaros perdiéndose en el cielo, aleteos, alegrías, y después se sienta a trabajar. El sol del mediodía le calienta la mano. Sobre un amplio cartón, Leonardo da Vinci dibuja el mundo. Y en el mundo que Leonardo dibuja, aparecen las tierras que ha encontrado Colón por los rumbos del ocaso. El artista las inventa, como antes ha inventado el avión, el tanque, el paracaídas y el submarino, y les da forma como antes ha encarnado el misterio de las vírgenes y la pasión de los santos: imagina el cuerpo de América, que todavía no se llama así, y la dibuja como tierra nueva y no como parte del Asia.

Colón, buscando el Levante, ha encontrado el Poniente. Leonardo adivina que el mundo ha crecido.

(209)

1506
Valladolid

El quinto viaje

Anoche ha dictado su último testamento. Esta mañana preguntó si había llegado el mensajero del rey. Después, se durmió. Se le escucharon disparates y quejidos. Todavía respira, pero respira bronco, como peleando contra el aire.

En la corte, nadie ha escuchado sus súplicas. Del tercer viaje había regresado preso, atado con cadenas, y en el cuarto viaje no había quién hiciera caso de sus títulos y dignidades.

Cristóbal Colón se va sabiendo que no hay pasión o gloria que no conduzca a la pena. No sabe, en cambio, que pocos años faltan para que el estandarte que él clavó, por vez primera, en las arenas del Caribe, ondule sobre el imperio de los aztecas, en tierras todavía desconocidas, y sobre el reino de los incas, bajo los desconocidos cielos de la Cruz del Sur. No sabe que se ha quedado corto en sus mentiras, promesas y delirios. El Almirante Mayor de la Mar Océana sigue creyendo que ha llegado al Asia por la espalda. No se llamará el océano mar de Colón. Tampoco llevará su nombre el Nuevo Mundo, sino el nombre de su amigo, el florentino Américo Vespucio, navegante y maestro de pilotos. Pero ha sido Colón quien ha encontrado ese deslumbrante color que no existía en el arcoíris europeo. Él, ciego, muere sin verlo.

(12 y 166)

1506
Tenochtitlán

El Dios universal

Moctezuma ha vencido en Teuctepec.

En los adoratorios, arden los fuegos. Resuenan los tambores. Uno tras otro, los prisioneros suben las gradas hacia la piedra redonda del sacrificio. El sacerdote les clava en el pecho el puñal de obsidiana, alza el corazón en el puño y lo muestra al sol que brota de los volcanes azules.

¿A qué dios se ofrece la sangre? El sol la exige, para nacer cada día y viajar de un horizonte al otro. Pero las ostentosas ceremonias de la muerte también sirven a otro dios, que no aparece en los códices ni en las canciones.

Si ese dios no reinara sobre el mundo, no habría esclavos ni amos, ni vasallos, ni colonias. Los mercaderes aztecas no podrían arrancar a los pueblos sometidos un diamante a cambio de un frijol, ni una esmeralda por un grano de maíz, ni oro por golosinas, ni cacao por piedras. Los cargadores no atravesarían la inmensidad del imperio en largas filas, llevando a las espaldas toneladas de tributos. Las gentes del pueblo osarían vestir túnicas de algodón y beberían chocolate y tendrían la audacia de lucir prohibidas plumas de quetzal y pulseras de oro y magnolias y orquídeas reservadas a los nobles. Caerían, entonces, las máscaras que ocultan los rostros de los jefes guerreros, el pico de águila, las fauces de tigre, los penachos de plumas que ondulan y brillan en el aire.

Están manchadas de sangre las escalinatas del templo mayor y los cráneos se acumulan en el centro de la plaza. No solamente para que se mueva el sol, no: también para que ese dios secreto decida en lugar de los hombres. En homenaje al mismo dios, al otro lado de la mar los inquisidores fríen a los herejes en las hogueras o los retuercen en las cámaras de tormento. Es el Dios del Miedo. El Dios del Miedo, que tiene dientes de rata y alas de buitre.

(60)

1511
Río Guauravo

Agüeynaba

Hace tres años, el capitán Ponce de León llegó a esta isla de Puerto Rico en una carabela. El jefe Agüeynaba le abrió su casa, le ofreció de comer y de beber, le dio a elegir entre sus hijas y le mostró los ríos de donde sacaban el oro. También le regaló su nombre. Juan Ponce de León pasó a llamarse Agüeynaba y Agüeynaba recibió, a cambio, el nombre del conquistador.

Hace tres días, el soldado Salcedo llegó, solo, a orillas del río Guauravo. Los indios le ofrecieron sus hombros para pasarlo. Al llegar a la mitad del río, lo dejaron caer y lo aplastaron contra el fondo hasta que dejó de patalear. Después, lo tendieron en la hierba.

Salcedo es ahora un globo de carne morada y crispada que velozmente se pudre al sol, apretado por la coraza y acosado por los bichos. Los indios lo miran, tapándose la nariz. Día y noche le han pedido perdón, por las dudas. Ya no vale la pena. Los tambores trasmiten la buena nueva: *Los invasores no son inmortales.*

Mañana estallará la sublevación. Agüeynaba la encabezará. El jefe de los rebeldes volverá a llamarse como antes. Recuperará su nombre, que ha sido usado para humillar a su gente.

—*Co-quí, co-quí* —claman las ranitas. Los tambores, que convocan a la pelea, impiden que se escuche su cantarín contrapunto de cristales.

(1)

1511
Aymaco

Becerrillo

La insurrección de los caciques Agüeynaba y Mabodamaca ha sido aplastada y todos los prisioneros han marchado al muere.

El capitán Diego de Salazar descubre a la vieja, escondida en los matorrales, y no la ensarta con la espada.

—Anda —le dice—. Lleva esta carta al gobernador, que está en Caparra.

La vieja abre los ojos de a poco. Temblando, tiende los dedos.

Y se echa a caminar. Camina como niño chico, con bambolear de osito, y lleva el sobre a modo de estandarte o bandera.

Cuando la vieja está a la distancia de un tiro de ballesta, el capitán suelta a Becerrillo.

El gobernador Ponce de León ha ordenado que Becerrillo reciba el doble de paga que un soldado ballestero, por descubridor de emboscadas y cazador de indios. No tienen peor enemigo los indios de Puerto Rico.

La ráfaga voltea a la vieja. Becerrillo, duras las orejas, desorbitados los ojos, la devorará de un bocado.

—Señor perro —le suplica—, yo voy a llevar esta carta al señor gobernador.

Becerrillo no entiende la lengua del lugar, pero la vieja le muestra el sobre vacío.

—No me hagas mal, señor perro.

Becerrillo husmea el sobre. Da unas vueltas en torno a esa bolsa de huesitos trémulos que gime palabras, alza una pata y la mea.

(166)

1511
Yara

Hatuey

En estas islas, en estos humilladeros, son muchos los que eligen su muerte, ahorcándose o bebiendo veneno junto a sus hijos. Los invasores no pueden evitar esta venganza, pero saben explicarla: los indios, *tan salvajes que piensan que todo es común,* dirá Oviedo, son gente *de su natural ociosa e viciosa, e de poco trabajo...* Muchos *dellos por su pasatiempo, se mataron con ponzoña por no trabajar, y otros se ahorcaron con sus propias manos.*

Hatuey, jefe indio de la región de la Guahaba, no se ha suicidado. En canoa huyó de Haití, junto a los suyos, y se refugió en las cuevas y los montes del oriente de Cuba.

Allí señaló una cesta llena de oro y dijo:

—Éste es el dios de los cristianos. Por él nos persiguen. Por él han muerto nuestros padres y nuestros hermanos. Bailemos para él. Si nuestra danza lo complace, este dios mandará que no nos maltraten.

Lo atrapan tres meses después.

Lo atan a un palo.

Antes de encender el fuego que lo reducirá a carbón y ceniza, un sacerdote le promete gloria y eterno descanso si acepta bautizarse. Hatuey pregunta:

—En ese cielo, ¿están los cristianos?

—Sí.

Hatuey elige el infierno y la leña empieza a crepitar.

(102, 103 y 166)

1511
Santo Domingo

La primera protesta

En la iglesia de troncos y techo de palma, Antonio de Montesinos, fraile dominico, está echando truenos por la boca. Desde el púlpito, denuncia el exterminio:

—*¿Con qué derecho y con qué justicia tenéis a los indios en tan cruel y horrible servidumbre? ¿Acaso no se mueren, o por mejor decir los matáis, por sacar oro cada día? ¿No estáis obligados a amarlos como a vosotros mismos? ¿Esto no entendéis, esto no sentís?*

Después Montesinos se abre paso, alta la cabeza, entre la muchedumbre atónita.

Crece un murmullo de furia.

No esperaban esto los labriegos extremeños y los pastores de Andalucía que han mentido sus nombres y sus historias y con un arcabuz oxidado en bandolera han partido, a la ventura, en busca de las montañas de oro y las princesas desnudas de este lado de la mar. Necesitaban una misa de perdón y consuelo los aventureros comprados con promesas en las gradas de la catedral de Sevilla, los capitanes comidos por las pulgas, veteranos de ninguna batalla, y los condenados que han tenido que elegir entre América y la cárcel o la horca.

—¡Será denunciado ante el rey Fernando! ¡Será expulsado!

Un hombre, aturdido, calla. Ha llegado a estas tierras hace nueve años. Dueño de indios, de veneros de oro y sementeras, ha hecho buena fortuna. Se llama Bartolomé de Las Casas y pronto será el primer sacerdote ordenado en el Nuevo Mundo.

(103)

1513
Cuareca

Leoncico

Pujan los músculos por romper la piel. Jamás se apagan los ojos amarillos. Jadean. Muerden el aire a dentelladas. No hay cadena que los aguante cuando reciben la orden de ataque.

Esta noche, por orden del capitán Balboa, los perros clavarán sus dientes en la carne desnuda de cincuenta indios de Panamá. Destriparán y devorarán a cincuenta culpables del nefando pecado de la sodomía, *que para ser mujeres sólo les faltan tetas y parir.* El espectáculo tendrá lugar en este claro del monte, entre los árboles que el vendaval de hace unos días arrancó de cuajo. Los soldados disputan los mejores lugares a la luz de las antorchas.

Vasco Núñez de Balboa preside la ceremonia. Su perro, Leoncico, encabeza a los vengadores de Dios. Leoncico, hijo de Becerrillo, tiene el cuerpo cruzado de cicatrices. Es maestro en capturas y descuartizamientos. Cobra sueldo de alférez y recibe su parte de cada botín de oro y esclavos.

Faltan dos días para que Balboa descubra el océano Pacífico.

(81 y 166)

1513
Golfo de San Miguel

Balboa

Con el agua a la cintura, alza la espada y grita a los cuatro vientos.

Detrás, sus hombres clavan una inmensa cruz en la arena. El escribano Valderrábano estampa en el acta los nombres de quienes acaban de descubrir la nueva mar y el padre Andrés entona el *Te Deum Laudamus.*

Balboa se despoja de sus quince kilos de armadura, arroja lejos la espada y se zambulle.

Chapotea y se deja arrastrar por las olas, mareado de una alegría que no sentirá otra vez. La mar se abre para él y lo abraza y lo mece y Balboa quisiera beberla toda hasta dejarla seca.

(142)

1514
Río Sinú

El requerimiento

Han navegado mucha mar y tiempo y están hartos de calores, selvas y mosquitos. Cumplen, sin embargo, las instrucciones del rey: no se puede atacar a los indígenas sin requerir, antes, su sometimiento. San Agustín autoriza la guerra contra quienes abusan de su libertad, porque en su libertad peligrarían no siendo domados; pero bien dice san Isidoro que ninguna guerra es justa sin previa declaración.

Antes de lanzarse sobre el oro, los granos de oro quizás grandes como huevos, el abogado Martín Fernández de Enciso lee con puntos y comas el ultimátum que el intérprete, a los tropezones, demorándose en la entrega, va traduciendo.

Enciso habla en nombre del rey don Fernando y de la reina doña Juana, su hija, domadores de las gentes bárbaras. Hace saber a los indios del Sinú que Dios ha venido al mundo y ha dejado en su lugar a san Pedro, que san Pedro tiene por sucesor al Santo Padre y que el Santo Padre, Señor del Universo, ha hecho merced al rey de Castilla de toda la tierra de las Indias y de esta península.

Los soldados se asan en las armaduras. Enciso, letra menuda y sílaba lenta, requiere a los indios que dejen estas tierras, pues no les pertenecen, y que si quieren quedarse a vivir aquí, paguen a Sus Altezas tributo de oro en señal de obediencia. El intérprete hace lo que puede.

Los dos caciques escuchan, sentados, sin parpadear, al raro personaje que les anuncia que en caso de negativa o demora les hará la guerra, los convertirá en esclavos y también a sus mujeres y a sus hijos y como tales los venderá y dispondrá de ellos, y que las muertes y los daños de esa justa guerra no serán culpa de los españoles.

Los nacimientos   71

Contestan los caciques, sin mirar a Enciso, que muy generoso con lo ajeno había sido el Santo Padre, que borracho debía estar cuando dispuso de lo que no era suyo, y que el rey de Castilla es un atrevido, porque viene a amenazar a quien no conoce.
Entonces, corre la sangre.
En lo sucesivo, el largo discurso se leerá en plena noche, sin intérprete y a media legua de las aldeas que serán asaltadas por sorpresa. Los indígenas, dormidos, no escucharán las palabras que los declaran culpables de los crímenes cometidos contra ellos.

(78, 81 y 166)

1514
Santa María del Darién

Por amor de las frutas

Gonzalo Fernández de Oviedo, recién llegado, prueba las frutas del Nuevo Mundo.
La guayaba le parece muy superior a la manzana.
La guanábana es de hermosa vista y ofrece una pulpa blanca, aguanosa, de muy templado sabor, que por mucho que se coma no hace daño ni empacho.
El mamey tiene un sabor de relamerse y huele muy bien. *No existe nada mejor,* opina.
Pero muerde un níspero y le invade la cabeza un aroma que ni el almizcle iguala. *El níspero es la mejor fruta,* corrige, *y no se halla cosa que se le pueda comparar.*
Pela, entonces, una piña. La dorada piña huele como quisieran los duraznos y es capaz de abrir el apetito a quienes ya no recuerdan las ganas de comer. Oviedo no conoce palabras que merezcan decir sus virtudes. Se le alegran los ojos, la nariz, los dedos, la lengua. *Ésta supera a todas,* sentencia, *como las plumas del pavo real resplandecen sobre las de cualquier ave.*

(166)

1515
Amberes

Utopía

Las aventuras del Nuevo Mundo hacen hervir las tabernas de este puerto flamenco. Una noche de verano, frente a los muelles, Tomás Moro conoce o inventa a Rafael Hythloday, marinero de las naves de Américo Vespucio, que dice que ha descubierto la isla de Utopía en alguna costa de América.

Cuenta el navegante que en Utopía no existe el dinero ni la propiedad privada. Allí se fomenta el desprecio por el oro y el consumo superfluo y nadie viste con ostentación. Cada cual entrega a los almacenes públicos el fruto de su trabajo y libremente recoge lo que necesita. Se planifica la economía. No hay acaparamiento, que es hijo del temor, ni se conoce el hambre. El pueblo elige al príncipe y el pueblo puede deponerlo; también elige a los sacerdotes. Los habitantes de Utopía abominan de la guerra y sus honores, aunque defienden ferozmente sus fronteras. Profesan una religión que no ofende a la razón y que rechaza las mortificaciones inútiles y las conversiones forzosas. Las leyes permiten el divorcio pero castigan severamente las traiciones conyugales, y obligan a trabajar seis horas por día. Se comparte el trabajo y el descanso; se comparte la mesa. La comunidad se hace cargo de los niños mientras sus padres están ocupados. Los enfermos reciben trato de privilegio; la eutanasia evita las largas agonías dolorosas. Los jardines y las huertas ocupan el mayor espacio y en todas partes suena la música.

(146)

1519
Fráncfort

Carlos V

Hace medio siglo que ha muerto Gutenberg y las imprentas se multiplican en toda Europa: editan la Biblia en letras góticas y en números

Los nacimientos

góticos las cotizaciones del oro y de la plata. El monarca devora hombres y los hombres cagan monedas de oro en el jardín de las delicias del Bosco; y Miguel Ángel, mientras pinta y esculpe sus atléticos santos y profetas, escribe: *La sangre de Cristo se vende por cucharadas.* Todo tiene precio: el trono del papa y la corona de los reyes, el capelo de los cardenales y la mitra de los obispos. Se compran indulgencias, excomuniones y títulos de nobleza. La Iglesia considera pecado el préstamo a interés, pero el Santo Padre hipoteca a los banqueros las tierras del Vaticano; y a orillas del Rin se ofrece al mejor postor la corona del Sacro Imperio.

Tres candidatos disputan la herencia de Carlomagno. Los príncipes electores juran por la pureza de sus votos y la limpieza de sus manos y se pronuncian al mediodía, hora del ángelus: venden la corona de Europa al rey de España, Carlos I, hijo del seductor y la loca y nieto de los reyes católicos, a cambio de ochocientos cincuenta mil florines que ponen sobre la mesa los banqueros alemanes Függer y Welser.

Carlos I se convierte en Carlos V, emperador de España, Alemania, Austria, Nápoles, Sicilia, los Países Bajos y el inmenso Nuevo Mundo, defensor de la fe católica y vicario guerrero de Dios en la tierra.

Mientras tanto, los musulmanes amenazan las fronteras y Martín Lutero clava a martillazos, en la puerta de una iglesia de Wittenberg, sus desafiantes herejías. *Un príncipe debe tener la guerra por único objetivo y pensamiento,* ha escrito Maquiavelo. A los diecinueve años, el nuevo monarca es el hombre más poderoso de la historia. De rodillas, besa la espada.

(116, 209 y 218)

1519
Acla

Pedrarias

Ruido de mar y de tambores. Ha caído la noche, pero hay una luna alumbradora. En torno a la plaza, penden mazorcas y pescados secos de los techos de paja.

Llega Balboa, encadenado, atadas las manos a la espalda. Lo desatan. Balboa fuma el último tabaco. Sin decir una palabra, coloca el cuello en el tajo. El verdugo alza el hacha.

Desde su casa, Pedro Arias de Ávila mira, furtivo, por entre las cañas de la pared. Está sentado en el ataúd que se trajo de España. Usa el ataúd de silla o de mesa y una vez al año lo cubre de velas, durante el réquiem que año tras año celebra su resurrección. Lo llamaron Pedrarias el Enterrado, desde que se alzó de este ataúd, envuelto en el sudario, mientras las monjas cantaban el oficio de difuntos y lloraban a moco tendido las parientas. Antes lo habían llamado Pedrarias el Galán, por invencible en los torneos, las batallas y los amores; y ahora, aunque anda ya cerca de los ochenta años, merece el nombre de Furor Dómine. Cuando Pedrarias despierta sacudiendo la melena blanca, porque la noche anterior ha perdido cien indios a los dados, más vale evitarle la mirada.

Desde que pisó estas playas, Pedrarias desconfió de Balboa. Por ser Balboa su yerno, no lo mata sin juicio previo. Por aquí no sobran los letrados, de modo que el juez ha sido también abogado y fiscal. Fue largo el proceso.

La cabeza de Balboa rueda sobre la arena.

Había sido Balboa quien había fundado este pueblo de Acla, entre los árboles torcidos por los vientos, y el día que Acla nació, un pajarraco negro se lanzó en picada, desde más allá de las nubes, y arrancó el casco de acero de la cabeza de Balboa y se alejó graznando.

Aquí estaba construyendo Balboa, pieza por pieza, los bergantines que lo lanzarían a explorar la nueva mar que había descubierto. El verdugo lo hará. Fundará una empresa de conquista y Pedrarias será su socio. El verdugo, que vino con Colón en el último viaje, será marqués con veinte mil vasallos en los misteriosos reinos del sur. Se llama Francisco Pizarro.

(81 y 142)

Los nacimientos

1519
Tenochtitlán

Presagios del fuego, el agua, la tierra y el aire

Un día ya lejano, los magos volaron hasta la cueva de la madre del dios de la guerra. La bruja, que llevaba ocho siglos sin lavarse, no sonrió ni saludó. Aceptó, sin agradecer, las ofrendas, mantas, pieles, plumas, y escuchó con una mueca las noticias. *México,* informaron los magos, *es señora y reina, y todas las ciudades están a su mandar.* La vieja gruñó su único comentario: *Los aztecas han derribado a los otros,* dijo, *y otros vendrán que derribarán a los aztecas.*
Pasó el tiempo.
Desde hace diez años, se suceden los signos.
Una hoguera estuvo goteando fuego, desde el centro del cielo, durante toda una noche.
Un súbito fuego de tres colas se alzó desde el horizonte y voló al encuentro del sol.
Se suicidó la casa del dios de la guerra, se incendió a sí misma: le arrojaban cántaros de agua y el agua avivaba las llamas.
Otro templo fue quemado por un rayo, una tarde que no había tormenta.
La laguna donde tiene su asiento la ciudad se hizo caldera que hervía. Las aguas se levantaron, candentes, altas de furia, y se llevaron las casas por delante y arrancaron hasta los cimientos.
Las redes de los pescadores alzaron un pájaro de color ceniza mezclado con los peces. En la cabeza del pájaro, había un espejo redondo. El emperador Moctezuma vio avanzar, en el espejo, un ejército de soldados que corrían sobre patas de venados y les escuchó los gritos de guerra. Luego, fueron castigados los magos que no supieron leer el espejo ni tuvieron ojos para ver los monstruos de dos cabezas que acosan, implacables, el sueño y la vigilia de Moctezuma. El emperador encerró a los magos en jaulas y los condenó a morir de hambre.
Cada noche, los alaridos de una mujer invisible sobresaltan a todos los que duermen en Tenochtitlán y en Tlatelolco. *Hijitos míos,* grita, *¡pues ya tenemos que irnos lejos!* No hay pared que no atraviese el llanto de esa mujer: *¿Adónde nos iremos, hijitos míos?*

(60 y 210)

1519
Cempoala

Cortés

Crepúsculo de altas llamas en la costa de Veracruz. Once naves están ardiendo y arden los soldados rebeldes que cuelgan de los penoles de la nave capitana. Mientras abre sus fauces la mar devorando las fogatas, Hernán Cortés, de pie sobre la arena, aprieta el pomo de la espada y se descubre la cabeza.

No sólo las naves y los ahorcados se han ido a pique. Ya no habrá regreso; ni más vida que la que nazca desde ahora, así traiga consigo el oro y la gloria o la acompañe el buitre de la derrota. En la playa de Veracruz se han hundido los sueños de quienes bien quisieran volverse a Cuba, a dormir la siesta colonial en hamacas de redes, envueltos en melenas de mujer y humos de tabaco: la mar conduce al pasado y la tierra al peligro. A lomo de caballo irán los que han podido pagarlo, y a pie los demás: setecientos hombres México adentro, hacia la sierra y los volcanes y el misterio de Moctezuma.

Cortés se ajusta su sombrero de plumas y da la espalda a las llamas. De un galope llega al caserío indígena de Cempoala, mientras se hace la noche. Nada dice a la tropa. Ya se irán enterando.

Bebe vino, solo en su tienda. Quizás piensa en los hombres que mató sin confesión o en las mujeres que acostó sin boda desde sus días de estudiante en Salamanca, que tan remotos parecen, o en sus perdidos años de burócrata en las Antillas, durante el tiempo de la espera. Quizás piensa en el gobernador Diego Velázquez, que pronto temblará de furia en Santiago de Cuba. Seguramente sonríe si piensa en ese soposo dormilón, cuyas órdenes nunca más obedecerá; o en la sorpresa que espera a los soldados que está escuchando reír y maldecir en las ruedas de dados y naipes del campamento.

Algo de eso le anda en la cabeza, o quizás la fascinación y el pánico de los días por venir; y entonces alza la mirada, la ve en la puerta y a contraluz la reconoce. Se llamaba Malinali o Malinche cuando se la regaló el cacique de Tabasco. Se llama Marina desde hace una semana.

Cortés habla unas cuantas palabras mientras ella, inmóvil, espera. Después, sin un gesto, la muchacha se desata el pelo y la ropa. Un

Los nacimientos 77

revoltijo de telas de colores cae entre sus pies desnudos y él calla cuando aparece y resplandece el cuerpo.

A pocos pasos de allí, el soldado Bernal Díaz del Castillo escribe, a la luz de la luna, la crónica de la jornada. Usa de mesa un tambor.

(54 y 62)

1519
Tenochtitlán

Moctezuma

Grandes montañas han llegado, moviéndose por la mar, hasta las costas de Yucatán. El dios Quetzalcóatl ha vuelto. Los indios besan las proas de los barcos.

El emperador Moctezuma desconfía de su sombra.
—¿Qué haré? ¿Dónde me esconderé?

Moctezuma quisiera convertirse en piedra o palo. Los bufones de la corte no consiguen distraerlo. Quetzalcóatl, el dios barbudo, el que había prestado la tierra y las hermosas canciones, ha venido a exigir lo que le pertenece.

En antiguos tiempos, Quetzalcóatl se había ido hacia el oriente, después de quemar su casa de oro y su casa de coral. Los más bellos pájaros volaron abriéndole camino. Se hizo a la mar en una balsa de culebras y se perdió de vista navegando hacia el amanecer. Desde allí, ha regresado ahora. El dios barbudo, la serpiente emplumada, ha vuelto con hambre.

Trepida el suelo. En las ollas, bailan los pájaros mientras hierven. *Nadie ha de quedar,* había presentido el poeta. *Nadie, nadie, nadie de verdad vive en la tierra.*

Moctezuma ha enviado grandes ofrendas de oro al dios Quetzalcóatl, cascos llenos de polvo de oro, ánades de oro, perros de oro, tigres de oro, collares y varas y arcos y flechas de oro, pero cuanto más oro come el dios, más oro quiere; y ansioso avanza hacia Tenochtitlán. Marcha entre los grandes volcanes y tras él vienen otros dioses barbudos. De las manos de los invasores brotan truenos que aturden y fuegos que matan.

—¿Qué haré? ¿Dónde me iré a meter?
Moctezuma vive con la cabeza escondida entre las manos.
Hace dos años, cuando ya se habían multiplicado los presagios del regreso y la venganza, Moctezuma envió a sus magos a la gruta de Huémac, el rey de los muertos. Los magos bajaron a las profundidades de Chapultepec, acompañados por una comitiva de enanos y jorobados, y entregaron a Huémac, de parte del emperador, una ofrenda de pieles de presos recién desollados. Huémac mandó decir a Moctezuma:
—No te hagas ilusiones. Aquí no hay descanso ni alegría.
Y le ordenó hacer ayuno de manjares y dormir sin mujer. Moctezuma obedeció. Hizo penitencia larga. Los eunucos cerraron a cal y canto las habitaciones de sus esposas y los cocineros olvidaron sus platos preferidos.
Pero entonces fue peor. Los cuervos de la angustia se precipitaron en bandadas. Moctezuma perdió el amparo de Tlazoltéotl, la diosa del amor que es también la diosa de la mierda, la que come nuestra porquería para que el amor sea posible; y así el alma del emperador se inundó, en soledad, de basura y negrura. Envió nuevos mensajeros a Huémac, una y otra vez, cargados de súplicas y regalos, hasta que por fin el rey de los muertos le dio cita.
La noche señalada, Moctezuma fue a su encuentro. La barca se deslizó hacia Chapultepec. El emperador iba parado en la proa, y la niebla de la laguna abría paso a su radiante penacho de plumas de flamenco.
Poco antes de llegar al pie del cerro, Moctezuma escuchó un rumor de remos. Una canoa irrumpió, veloz, y alguien resplandeció por un instante en la bruma negra: iba desnudo y solo en la canoa y alzaba el remo como una lanza.
—¿Eres tú, Huémac?
El de la canoa se arrimó hasta casi rozarlo. Miró a los ojos del emperador, como nadie puede. Le dijo: «Cobarde», y desapareció.

(60, 200 y 210)

Los nacimientos

1519
Tenochtitlán

La capital de los aztecas

Mudos de hermosura, los conquistadores cabalgan por la calzada. Tenochtitlán parece arrancada de las páginas de Amadís, *cosas nunca oídas, ni vistas, ni aun soñadas...* El sol se alza tras los volcanes, entra en la laguna y rompe en jirones la niebla que flota. La ciudad, calles, acequias, templos de altas torres, se despliega y fulgura. Una multitud sale a recibir a los invasores, en silencio y sin prisa, mientras infinitas canoas abren surcos en las aguas de cobalto.

Moctezuma llega en litera, sentado en suave piel de jaguar, bajo palio de oro, perlas y plumas verdes. Los señores del reino van barriendo el suelo que pisará.

Él da la bienvenida al dios Quetzalcóatl:

—*Has venido a sentarte en tu trono* —le dice—. *Has venido entre nubes, entre nieblas. No te veo en sueños, no estoy soñando. A tu tierra has llegado...*

Los que acompañan a Quetzalcóatl reciben guirnaldas de magnolias, rosas y girasoles, collares de flores en los cuellos, en los brazos, en los pechos: la flor del escudo y la flor del corazón, la flor del buen aroma y la muy amarilla.

Quetzalcóatl nació en Extremadura y desembarcó en tierras de América con un hatillo de ropa al hombro y un par de monedas en la bolsa. Tenía diecinueve años cuando pisó las piedras del muelle de Santo Domingo y preguntó: *¿Dónde está el oro?* Ahora ha cumplido treinta y cuatro y es capitán de gran ventura. Viste armadura de hierro negro y conduce un ejército de jinetes, lanceros, ballesteros, escopeteros y perros feroces. Ha prometido a sus soldados: *Yo os haré, en muy breve tiempo, los más ricos hombres de cuantos jamás han pasado a las Indias.*

El emperador Moctezuma, que abre las puertas de Tenochtitlán, acabará pronto. De aquí a poco será llamado *mujer de los españoles* y morirá por las pedradas de su gente. El joven Cuauhtémoc ocupará su sitio. Él peleará.

(60 y 62)

Canto azteca del escudo

Sobre el escudo, la virgen dio a luz
al gran guerrero.
Sobre el escudo, la virgen dio a luz
al gran guerrero.

En la montaña de la serpiente, el vencedor.
Entre montañas,
con pintura de guerra
y con escudo de águila.

Nadie, por cierto, pudo hacerle frente.
La tierra se puso a dar vueltas
cuando él se pintó de guerra
y alzó el escudo.

(77)

1520
Teocalhueyacan

«La Noche Triste»

Hernán Cortés pasa revista a los pocos sobrevivientes de su ejército, mientras la Malinche cose las banderas rotas.

Tenochtitlán ha quedado atrás. Atrás ha quedado la columna de humo que echó por la boca el volcán Popocatépetl, como diciendo adiós, y que no había viento que pudiera torcer.

Los aztecas han recuperado su ciudad. Las azoteas se erizaron de arcos y lanzas y la laguna se cubrió de canoas en pelea. Los conquistadores huyeron en desbandada, perseguidos por una tempestad de flechas y piedras, mientras aturdían la noche los tambores de la guerra, los alaridos y las maldiciones.

Estos heridos, estos mutilados, estos moribundos que Cortés está contando ahora, se salvaron pasando por encima de los cadáveres que sirvieron de puente: cruzaron a la otra orilla pisando caballos que se había resbalado y hundido y soldados muertos a flechazos y pedradas o ahogados por el peso de las talegas llenas de oro que no se resignaban a dejar.

(62 y 200)

1520
Segura de la Frontera

La distribución de la riqueza

Hay murmuración y pelea en el campamento de los españoles. Los soldados no tienen más remedio que entregar las barras de oro salvadas del desastre. Quien algo esconda será ahorcado.

Las barras provienen de las obras de los orfebres y los escultores de México. Antes de convertirse en botín y fundirse en lingotes, este oro fue serpiente a punto de morder, tigre a punto de saltar, águila a punto de volar o puñal que viborea y corre como río en el aire.

Cortés explica que este oro no es más que burbujas comparado con el que les espera. Retira la quinta parte para el rey, otra quinta parte para él, más lo que toca a su padre y al caballo que se le murió, y entrega a los capitanes casi todo lo que queda. Poco o nada reciben los soldados, que han lamido este oro, lo han mordido, lo han pesado en la palma de la mano, han dormido con él bajo la cabeza y le han contado sus sueños de revancha.

Mientras tanto, el hierro candente marca la cara de los esclavos indios recién capturados en Tepeaca y Huaquechula.

El aire huele a carne quemada.

(62 y 205)

1520
Bruselas

Durero

Estas cosas se han desprendido del sol, como los hombres y las mujeres que las hicieron y la lejana tierra que ellos pisan.

Son casquetes y ceñidores, abanicos de plumas, vestidos, mantas, arneses de caza, un sol de oro y una luna de plata y cerbatanas y otras armas de tanta hermosura que parecen hechas para resucitar a sus víctimas. El mejor dibujante de todos los tiempos no se cansa de mirar. Ésta es una parte del botín que Cortés arrancó a Moctezuma: las únicas piezas que no han sido fundidas en lingotes. El rey Carlos, recién sentado al trono del Sacro Imperio, exhibe al público los trofeos de sus nuevos pedazos de mundo.

Alberto Durero no conoce el poema mexicano que explica que el verdadero artista encuentra placer en su trabajo y que dialoga con su corazón porque no lo tiene muerto y comido por las hormigas. Pero viendo lo que ve, Durero escucha esas palabras y descubre que está viviendo la mayor alegría de su medio siglo de vida.

(108)

1520
Tlaxcala

Hacia la reconquista de Tenochtitlán

Poco falta para que termine el año. No bien asome el sol, Cortés dará orden de partir. Sus tropas, pulverizadas por los aztecas, se han reconstruido en pocos meses, al amparo de los indios aliados de Tlaxcala, Huexotzingo y Texcoco. Un ejército de cincuenta mil nativos obedece sus órdenes y nuevos soldados han venido desde España, Santo Domingo y Cuba, bien provistos de caballos, arcabuces, ballestas y cañones. Para pelear por agua, cuando llegue a la laguna, Cortés dispondrá de velas, hierros y mástiles para armar trece bergantines. Los de Huexotzingo pondrán la madera.

Con las primeras luces, asoma a lo lejos la serranía de volcanes. Más allá, brotada de las aguas prodigiosas, espera, desafiante, Tenochtitlán.

(54)

Los nacimientos

1521
Tlatelolco

La espada de fuego

La sangre corre como agua y está ácida de sangre el agua de beber. De comer no queda más que tierra. Se pelea casa por casa, sobre las ruinas y los muertos, de día y de noche. Ya va para tres meses de batalla sin treguas. Sólo se respira pólvora y náuseas de cadáver; pero todavía resuenan los atabales y los tambores en las últimas torres y los cascabeles en los tobillos de los últimos guerreros. No han cesado todavía los alaridos y las canciones que dan fuerza. Las últimas mujeres empuñan el hacha de los caídos y golpetean los escudos hasta caer arrasadas.

El emperador Cuauhtémoc llama al mejor de sus capitanes. Corona su cabeza con el búho de largas plumas, y en su mano derecha coloca la espada de fuego. Con esta espada en el puño, el dios de la guerra había salido del vientre de su madre, allá en lo más remoto de los tiempos. Con esta serpiente de rayos de sol, Huitzilopochtli había decapitado a su hermana la luna y había hecho pedazos a sus cuatrocientos hermanos, las estrellas, porque no querían dejarlo nacer.

Cuauhtémoc ordena:

—*Véanla nuestros enemigos y queden asombrados.*

Se abre paso la espada de fuego. El capitán elegido avanza, solo, a través del humo y los escombros.

Lo derriban de un disparo de arcabuz.

(60, 107 y 200)

1521
Tenochtitlán

El mundo está callado y llueve

De pronto, de golpe, acaban los gritos y los tambores. Hombres y dioses han sido derrotados. Muertos los dioses, ha muerto el tiempo. Muertos los hombres, la ciudad ha muerto. Ha muerto en su ley esta ciudad guerrera, la de los sauces blancos y los blancos juncos. Ya no vendrán a rendirle tributo, en las barcas a través de la niebla, los príncipes vencidos de todas las comarcas.

Reina un silencio que aturde. Y llueve. El cielo relampaguea y truena y durante toda la noche llueve.

Se apila el oro en grandes cestas. Oro de los escudos y de las insignias de guerra, oro de las máscaras de los dioses, colgajos de labios y de orejas, lunetas, dijes. Se pesa el oro y se cotizan los prisioneros. *De un pobre es el precio, apenas, dos puñados de maíz...* Los soldados arman ruedas de dados y naipes.

El fuego va quemando las plantas de los pies del emperador Cuauhtémoc, untadas de aceite, mientras el mundo está callado y llueve.

(60, 107 y 200)

1521
La Florida

Ponce de León

Estaba viejo, o se sentía. El tiempo no alcanzaría, ni aguantaría el cansado corazón. Juan Ponce de León quería descubrir y conquistar el mundo invicto que las islas de la Florida le habían anunciado. Por la grandeza de sus hazañas, quería dejar enana la memoria de Cristóbal Colón.

Aquí desembarcó, persiguiendo el río mágico que atraviesa el jardín de las delicias. En lugar de la fuente de la juventud, ha encontrado esta flecha que le atraviesa el pecho. Nunca se bañará en las aguas que devuelven el brío de los músculos y el brillo de los ojos sin borrar la experiencia del alma sabida.

Los soldados lo llevan, en brazos, hacia el navío. El vencido capitán murmura quejas de recién nacido, pero su edad sigue siendo mucha y avanza todavía. Quienes lo cargan comprueban, sin asombro, que aquí ha tenido lugar una nueva derrota en la continua pelea de los siempres contra los jamases.

(166)

Los nacimientos

1522
Caminos de Santo Domingo

Pies

La rebelión, primera rebelión de los esclavos negros en América, ha sido aplastada. Había estallado en los molinos de azúcar de Diego Colón, el hijo del descubridor. En ingenios y plantaciones de toda la isla, se había propagado el incendio. Se habían alzado los negros y los pocos indios que quedaban vivos, armados de piedras y palos y lanzas de caña que se quebraron, furiosas, inútiles, contra las armaduras.

De las horcas, desparramadas por los caminos, penden ahora mujeres y hombres, jóvenes y viejos. A la altura de los ojos del caminante, cuelgan los pies. Por los pies, el caminante podría reconocer a los castigados, adivinar cómo eran antes de que llegara la muerte. Entre estos pies de cuero, tajeados por el trabajo y los andares, hay pies del tiempo y pies del contratiempo; pies prisioneros y pies que bailan, todavía, amando a la tierra y llamando a la guerra.

(166)

1522
Sevilla

El más largo viaje jamás realizado

Nadie los creía vivos, pero llegaron anoche. Arrojaron el ancla y dispararon toda su artillería. No desembarcaron en seguida ni se dejaron ver. Al amanecer aparecieron sobre las piedras del muelle. Temblando y en andrajos, entraron en Sevilla con hachones encendidos en las manos. La multitud abrió paso, atónita, a esta procesión de esperpentos encabezada por Juan Sebastián de Elcano. Avanzaban tambaleándose, apoyándose los unos en los otros, de iglesia en iglesia, pagando promesas, siempre perseguidos por el gentío. Iban cantando.

Habían partido hacía tres años, río abajo, en cinco naves airosas que tomaron rumbo al oeste. Eran un montón de hombres a la ventura, venidos de todas partes, que se habían dado cita para buscar, juntos, el paso entre los océanos y la fortuna y la gloria. Eran todos fugitivos; se hicieron a la mar huyendo de la pobreza, del amor, de la cárcel o de la horca.

Los sobrevivientes hablan, ahora, de tempestades, crímenes y maravillas. Han visto mares y tierras que no tenían mapa ni nombre; han atravesado seis veces la zona donde el mundo hierve, sin quemarse nunca. Al sur han encontrado nieve azul y en el cielo, cuatro estrellas en cruz. Han visto al sol y a la luna andar al revés y a los peces volar. Han escuchado hablar de mujeres que preña el viento y han conocido unos pájaros negros, parecidos a los cuervos, que se precipitan en las fauces abiertas de las ballenas y les devoran el corazón. En una isla muy remota, cuentan, habitan personitas de medio metro de alto, que tienen orejas que les llegan a los pies. Tan largas son las orejas que cuando se acuestan, una les sirve de colchón y la otra de manta. Y cuentan que, cuando los indios de las Molucas vieron llegar a la playa las chalupas desprendidas de las naves, creyeron que las chalupas eran hijitas de las naves, que las naves las parían y les daban de mamar.

Los sobrevivientes cuentan que en el sur del sur, donde se abren las tierras y se abrazan los océanos, los indios encienden altas hogueras, día y noche, para no morirse de frío. Ésos son indios tan gigantes que nuestras cabezas, cuentan, apenas si les llegaban a la cintura. Magallanes, el jefe de la expedición, atrapó a dos poniéndoles unos grilletes de hierro como adorno de los tobillos y las muñecas; pero después uno murió de escorbuto y el otro de calor.

Cuentan que no han tenido más remedio que beber agua podrida, tapándose las narices, y que han comido aserrín, cueros y carne de las ratas que venían a disputarles las últimas galletas agusanadas. A los que se morían de hambre los arrojaban por la borda, y como no había piedras para atarles, quedaban los cadáveres flotando sobre las aguas: los europeos, cara al cielo, y los indios boca abajo. Cuando llegaron a las Molucas, un marinero cambió a los indios seis aves por un naipe, el rey de oros, pero no pudo probar bocado de tan hinchadas que tenía las encías.

Los nacimientos 87

Ellos han visto llorar a Magallanes. Han visto lágrimas en los ojos del duro navegante portugués Fernando de Magallanes, cuando las naves entraron en el océano jamás atravesado por ningún europeo. Y han sabido de las furias terribles de Magallanes, cuando hizo decapitar y descuartizar a dos capitanes sublevados y abandonó en el desierto a otros alzados. Magallanes es ahora un trofeo de carroña en manos de los indígenas de las Filipinas que le clavaron en la pierna una flecha envenenada.

De los doscientos treinta y siete marineros y soldados que salieron de Sevilla hace tres años, han regresado dieciocho. Llegaron en una sola nave quejumbrosa, que tiene la quilla carcomida y hace agua por los cuatro costados.

Los sobrevivientes. Estos muertos de hambre que acaban de dar la vuelta al mundo por primera vez.

(20 y 78)

1523
Cuzco

Huaina Cápac

Ante el sol que asoma, se echa en tierra y humilla la frente. Recoge con las manos los primeros rayos y se los lleva a la boca y bebe la luz.

Después, se alza y queda de pie. Mira fijo al sol, sin parpadear. A espaldas de Huaina Cápac, sus muchas mujeres aguardan con la cabeza gacha. Esperan también, en silencio, los muchos príncipes. El Inca está mirando al sol, lo mira de igual a igual, y un murmullo de escándalo crece entre los sacerdotes.

Han pasado muchos años desde el día en que Huaina Cápac, hijo del padre resplandeciente, subió al trono con el título de poderoso y joven jefe rico en virtudes. Él ha extendido el imperio mucho más allá de las fronteras de sus antepasados. Ganoso de poder, descubridor, conquistador, Huaina Cápac ha conducido sus ejércitos desde la selva amazónica hasta las alturas de Quito y desde el Chaco hasta las costas de Chile. A golpes de hacha y vuelo de flechas, se ha hecho dueño de nuevas montañas y llanuras y arenales. No hay quien no sueñe con él ni existe quien no lo tema en este reino que es, ahora, más grande que Europa. De Huaina Cápac dependen los pastos, el agua y las personas. Por su voluntad se han movido la cordillera y los gentíos. En este imperio que no conoce la rueda, él ha mandado construir edificios, en Quito, con piedras del Cuzco, *para que en el futuro se entienda su grandeza y su palabra sea creída por los hombres.* El Inca está mirando fijo al sol. No por desafío, como temen los sacerdotes, sino por piedad. Huaina Cápac siente lástima del sol, porque, siendo el sol su padre y el padre de todos los incas desde lo antiguo de las edades, no tiene derecho a la fatiga ni al aburrimiento. El sol jamás descansa ni juega ni olvida. No puede faltar a la cita de cada día y a través del cielo recorre, hoy, el camino de ayer y de mañana. Mientras contempla el sol, Huaina Cápac decide: «Pronto moriré».

(47 y 76)

1523
Cuauhcapolca

Las preguntas del cacique

Entrega comida y oro y acepta el bautismo. Pero pide que Gil González de Ávila le explique cómo Jesús puede ser hombre y dios, y María virgen y madre. Pregunta adónde se van las almas cuando salen del cuerpo y si está a salvo de la muerte el Santo Padre de Roma.

Pregunta quién eligió al rey de Castilla. El cacique Nicaragua ha sido elegido por los ancianos de las comunidades, reunidos al pie de una ceiba. ¿Fue el rey elegido por los ancianos de sus comunidades?

También pide el cacique que el conquistador le diga para qué tan pocos hombres quieren tanto oro. ¿Les alcanzarán los cuerpos para tanto adorno?

Después pregunta si es verdad, como anunció un profeta, que perderán su luz el sol, las estrellas y la luna, y si el cielo se caerá.

Los nacimientos 89

El cacique Nicaragua no pregunta por qué no nacerán niños en estas comarcas. Ningún profeta le ha contado que de aquí a pocos años las mujeres se negarán a parir esclavos.

(81 y 103)

1523
Painala

La Malinche

De Cortés ha tenido un hijo y para Cortés ha abierto las puertas de un imperio. Ha sido su sombra y vigía, intérprete, consejera, correveidile y amante todo a lo largo de la conquista de México; y continúa cabalgando a su lado.

Pasa por Painala vestida de española, paños, sedas, rasos, y al principio nadie reconoce a la florida señora que viene con los nuevos amos. Desde lo alto de un caballo alazán, la Malinche pasea su mirada por las orillas del río, respira hondo el dulzón aroma del aire y busca, en vano, los rincones de la fronda donde hace más de veinte años descubrió la magia y el miedo. Han pasado muchas lluvias y resolanas y penares y pesares desde que su madre la vendió por esclava y fue arrancada de la tierra mexicana para servir a los señores mayas de Yucatán.

Cuando la madre descubre quién es la que ha llegado de visita a Painala, se arroja a sus pies y se baña en lágrimas suplicando perdón. La Malinche detiene la lloradera con un gesto, levanta a su madre por los hombros, la abraza y le cuelga al cuello los collares que lleva puestos. Después, monta a caballo y sigue su camino junto a los españoles.

No necesita odiar a su madre. Desde que los señores de Yucatán la regalaron a Hernán Cortés, hace cuatro años, la Malinche ha tenido tiempo de vengarse. La deuda está pagada: los mexicanos se inclinan y tiemblan al verla venir. Basta una mirada de sus ojos negros para que un príncipe cuelgue de la horca. Su sombra planeará, más allá de la muerte, sobre la gran Tenochtitlán que ella tanto ayudó a derrotar y a humillar, y su fantasma de pelo suelto y túnica flotante seguirá metiendo miedo, por siempre jamás, desde los bosques y las grutas de Chapultepec.

(29 y 62)

1524
Quetzaltenango

El poeta contará a los niños la historia de esta batalla

El poeta hablará de Pedro de Alvarado y de quienes con él vinieron a enseñar el miedo. Contará que cuando ya las tropas indígenas habían sido arrasadas, y era Guatemala campo de carnicería, el capitán Tecum Umán se alzó por el aire y voló con alas y plumas nacidas de su cuerpo. Voló y cayó sobre Alvarado y de un golpe feroz le arrancó la cabeza del caballo. Pero Alvarado y el caballo se partieron en dos y divididos quedaron: el conquistador se desprendió del caballo decapitado y se levantó. Nuevamente se echó a volar el capitán Tecum y subió, fulgurante, hasta muy arriba. Cuando se precipitó desde las nubes, Alvarado lo esquivó y lo atravesó con su lanza. Acudieron los perros a despedazar a Tecum Umán y la espada de Alvarado se interpuso. Largo rato estuvo Alvarado contemplando al vencido, su cuerpo abierto, la plumería de quetzal que le brotaba de los brazos y las piernas, las alas rotas, la triple corona de perlas, diamantes y esmeraldas. Alvarado llamó a sus soldados. Les dijo: «Mirad», y los obligó a quitarse los cascos.

Los niños, sentados en rueda alrededor del poeta, preguntarán:

—Y todo eso, ¿lo viste? ¿Lo escuchaste?

—Sí.

—¿Estuviste aquí? —preguntarán los niños.

—No. De los que estuvieron aquí, ninguno de los nuestros sobrevivió.

Los nacimientos

El poeta señalará las nubes en movimiento y el balanceo de las copas de los árboles.
—¿Ven las lanzas? —preguntará—. ¿Ven las patas de los caballos? ¿La lluvia de flechas? ¿El humo?
—Escuchen —dirá, y apoyará la oreja contra la tierra, llena de estampidos.
Y les enseñará a oler la historia en el viento, a tocarla en las piedras pulidas por el río y a conocerle el sabor mascando ciertas hierbas, así, sin apuro, como quien masca tristeza.

(8 y 1037)

1524
Utatlán

La venganza del vencido

Los jefes indios son un puñado de huesos, negros de tizne, que yacen entre los escombros de la ciudad. Hoy no hay nada que no huela a quemado en la capital de los quichés.

Casi un siglo antes, un profeta había hablado. Fue un jefe de los cakchiqueles el que dijo, cuando los quichés le iban a arrancar el corazón: *Sabed que unos hombres, armados y vestidos de pies a cabeza y no desnudos como nosotros, destruirán estos edificios y los reducirán a cuevas de lechuzas y gatos de monte y cesará toda esta grandeza.*

Él habló mientras lo mataban, aquí, en esta ciudad de los barrancos que los soldados de Pedro de Alvarado acaban de convertir en una hoguera. El vencido maldijo a los quichés y hacía ya mucho tiempo que los quichés dominaban a otros pueblos de Guatemala.

(8 y 188)

1524
Islas de los Alacranes

Ceremonia de comunión

Los tragó la mar, los vomitó, volvió a engullirlos y los estrelló contra las rocas. Por los aires volaban toninas y manatíes y todo el cielo era de espuma. Cuando el pequeño navío saltó en pedazos, los hombres se abrazaron como pudieron a los peñascos. Durante toda la noche, las olas pelearon por arrancarlos, golpe a golpe; a muchos los desprendieron, los reventaron contra las piedras y los devoraron.
 Al amanecer, cesó la tempestad y bajó la marea. Los que se salvaron echaron el rumbo a la suerte y se dejaron ir en una canoa destartalada.
 Hace cinco días que los náufragos derivan por los arrecifes. No han encontrado agua dulce ni fruto alguno para llevarse a la boca.
 Esta mañana, desembarcan en una de las islitas.
 Avanzan en cuatro patas, bajo un sol que fríe las piedras. No hay quien tenga fuerzas para arrastrar al que se queda. Desnudos, malheridos, maldicen al capitán, el licenciado Alonso Zuazo, buen picapleitos y mal navegante, y maldicen a la madre que lo parió, y al rey, y al papa, y a Dios.
 Esta lomita es la montaña más alta del mundo. Los hombres van trepando y se consuelan contando las horas que faltan para morir.
 Y de pronto, se restriegan los ojos. No pueden creer. Cinco tortugas gigantes los están esperando en la playa. Cinco tortugas de esas que sobre la mar parecen islas de roca y hacen el amor sin inmutarse mientras las rozan los navíos.
 Los náufragos se abalanzan. Se prenden a los caparazones, aullando de hambre y de rabia, y empujan hasta voltear a las tortugas, que quedan pataleando boca arriba, y clavan sus puñales y a puñaladas y puñetazos les abren los vientres y hunden sus cabezas en la sangre que mana.
 Y se adormecen. Se dejan estar, sumergidos en la sangre, metidos hasta el cuello en estos barriles de buen vino, mientras el sol continúa su lenta marcha hacia el centro del cielo.

Nadie escucha al licenciado Alonso Zuazo. Con la boca untada, el licenciado se arrodilla en la arena, alza las manos y ofrece las tortugas a las cinco llagas de Nuestro Redentor.

(166)

1525
Tuxkahá

Cuauhtémoc

De la rama de una antigua ceiba se balancea, colgado de los tobillos, el cuerpo del último rey de los aztecas.

Cortés le ha cortado la cabeza.

Había llegado al mundo en cuna rodeada de escudos y dardos, y éstos fueron los primeros ruidos que oyó:

—*Tu propia tierra es otra. A otra tierra estás prometido. Tu verdadero lugar es el campo de batalla. Tu oficio es dar de beber al sol con la sangre de tu enemigo y dar de comer a la tierra con el cuerpo de tu enemigo.*

Hace veintinueve años, los magos derramaron agua sobre su cabeza y pronunciaron las palabras rituales:

—*¿En qué lugar te escondes, desgracia? ¿En qué miembro te ocultas? ¡Apártate de este niño!*

Lo llamaron Cuauhtémoc, *águila que cae*. Su padre había extendido el imperio de mar a mar. Cuando el príncipe llegó al trono, ya los invasores habían venido y vencido. Cuauhtémoc se alzó y resistió. Fue el jefe de los bravos. Cuatro años después de la derrota de Tenochtitlán, todavía resuenan, desde el fondo de la selva, los cantares que claman por la vuelta del guerrero.

¿Quién hamaca, ahora, su cuerpo mutilado? ¿El viento o la ceiba? ¿No es la ceiba quien lo mece, desde su vasta copa? ¿No acepta la ceiba esta rama rota, como un brazo más de los mil que nacen de su tronco majestuoso? ¿Le brotarán flores rojas?

La vida sigue. La vida y la muerte siguen.

(212)

1526
Toledo

El tigre americano

Por los alrededores del alcázar de Toledo, el domador pasea al tigre que el rey ha recibido desde el Nuevo Mundo. El domador, lombardo de ancha risa y bigotes en punta, lo lleva de la cuerda, como a un perrito, y el jaguar se desliza por la grava con pasos de algodón.
  A Gonzalo Fernández de Oviedo se le hiela la sangre. Desde lejos, grita al guardián que no se fíe, que no dé conversación a bestia fiera, que tales animales no son para entre gentes.
  El domador se ríe, suelta el jaguar y le acaricia el lomo. Oviedo alcanza a escuchar el profundo ronroneo. Bien sabe él que ese gruñido entre dientes significa rezo al demonio y amenaza. Un día no lejano, este confiado domador caerá en la emboscada. Tenderá la mano para rascar al tigre y de un veloz zarpazo será engullido. ¿Creerá este infeliz que Dios ha dado al jaguar garras y dientes para que un domador le sirva de comer a horas fijas? Nunca ninguno de su linaje comió llamado con campana a la mesa, ni tuvo otra regla sino devorar. Oviedo mira al sonriente lombardo y ve un montoncito de carne picada entre cuatro cirios.
  —¡Cortadle las uñas! —aconseja, yéndose—. ¡Sacadle las uñas de raíz, y todos los dientes y colmillos!

(166)

1528
Madrid

Para que abran la bolsa

El frío se cuela por las rendijas y congela la tinta en los tinteros.
  Carlos V debe a cada santo una vela. Con dinero de los Welser, banqueros de Augsburgo, ha comprado su corona imperial, ha pagado su boda y ha financiado buena parte de las guerras que le han permi-

tido humillar a Roma, abatir la rebelión de los flamencos y desparramar a la mitad de la nobleza guerrera de Francia en los campos de Pavía.

Al emperador le duelen las muelas mientras firma el decreto que concede a los Welser la exploración, explotación y gobierno de Venezuela.

Durante largos años, Venezuela tendrá gobernadores alemanes. El primero, Ambrosio Alfinger, no dejará indio sin marcar y vender en los mercados de Santa Marta, Jamaica y Santo Domingo, y morirá con la garganta atravesada de un flechazo.

(41, 103 y 165)

1528
Tumbes

Día de asombros

La expedición al mar del sur descubre por fin una costa limpia de manglares y mosquitos.

Francisco Pizarro, que tiene noticia de un pueblo cercano, ordena a un soldado y a un esclavo africano que emprendan la marcha.

El blanco y el negro llegan a Tumbes a través de tierras sembradas y bien regadas por las acequias, sementeras que ellos jamás han visto en América; en Tumbes, gentes que no andan desnudas ni duermen a la intemperie rodean a los recién llegados y les brindan regalos y regocijos. No alcanzan los ojos de Alonso de Molina para medir las planchas de oro y plata que cubren las paredes del templo.

Las gentes de Tumbes están deslumbradas por tantas cosas de otro mundo. Tiran de la barba de Alonso de Molina y le tocan la ropa y el hacha de hierro. Con gestos preguntan qué pide ese monstruo prisionero, de cresta roja, que chilla en la jaula. Alonso lo señala, dice: «Gallo», y ellos aprenden la primera palabra de la lengua de Castilla.

El africano que acompaña al soldado no la está pasando tan bien. A los manotazos se defiende de los indios, que quieren refregarle la piel con mazorcas secas. En un inmenso recipiente, está hirviendo el agua. Van a meterlo allí, para que se despinte.

(166 y 185)

1528
Isla del Mal Hado

«Gente muy partida de lo que tiene...»

De los navíos que salieron de Sanlúcar de Barrameda rumbo a la Florida, uno fue arrojado por la tempestad sobre las copas de los árboles de Cuba y a los otros los devoró la mar en naufragios sucesivos. No corrieron mejor suerte los barcos que los hombres de Narváez y Cabeza de Vaca improvisaron con camisas a modo de velas y jarcias de crines de caballos.

Los náufragos, desnudos espectros, tiemblan de frío y lloran entre las rocas de la isla del Mal Hado. Llegan unos indios a traerles agua y pescados y raíces y, al verlos llorar, lloran con ellos. Lloran los indios a raudales, y cuanto más dura la estrepitosa lloradera, más lástima se tienen los españoles.

Los indios los conducen a su aldea. Para que no los mate el frío, van encendiendo fuegos en los descansos del camino. Entre fogata y fogata los llevan en andas, sin dejarlos poner los pies en el suelo.

Imaginan los españoles que los indios los cortarán en pedazos y los echarán a la olla, pero en la aldea continúan compartiendo con ellos la poca comida que tienen. Cuenta Álvar Núñez Cabeza de Vaca que los indios se escandalizan y se encienden de ira cuando se enteran de que, en la costa, cinco cristianos *se comieron los unos a los otros, hasta que quedó uno solo, que por ser solo no hubo quien lo comiese.*

(39)

1531
Río Orinoco

Diego de Ordaz

Se anda negando el viento y las chalupas remolcan a la nave río arriba. El sol golpea las aguas.

El escudo de armas del capitán luce el cono del volcán Popocatépetl, porque él fue el primero de los españoles que pisó la nieve de la cumbre. Aquel día estuvo tan alto que a través de los torbellinos de ceniza veía las espaldas de las águilas y veía la ciudad de Tenochtitlán temblando en la laguna; pero tuvo que escapar corriendo porque el volcán tronó de furia y le arrojó una lluvia de fuego y piedras y humo negro.

Ahora Diego de Ordaz, hecho una sopa, se pregunta si conducirá este río Orinoco al lugar donde el oro lo espera. Los indios de las aldeas van señalando el oro cada vez más lejos, mientras el capitán espanta mosquitos y avanza, crujiendo, el casco mal cosido de la nave. Los monos protestan y los papagayos, invisibles, gritan *fueradeaquí, fueradeaquí,* y muchos pájaros sin nombre revolotean entre las orillas cantando *nometendrás, nometendrás, nometendrás.*

(175)

Canción sobre el hombre blanco, del pueblo piaroa

El agua del río está mala.
Se refugian los peces
en lo alto de los arroyos
rojos de fango.
Pasa el hombre con la barba,
el hombre blanco.
Pasa el hombre con la barba
en la gran canoa
de remos chillones
que las serpientes muerden.

(17)

1531
Ciudad de México

La Virgen de Guadalupe

Esa luz, ¿sube de la tierra o baja del cielo? ¿Es luciérnaga o lucero? La luz no quiere irse del cerro de Tepeyac y en plena noche persiste y fulgura en las piedras y se enreda en las ramas. Alucinado, iluminado, la vio Juan Diego, indio desnudo: la luz de luces se abrió para él, se rompió en jirones dorados y rojizos y en el centro del resplandor apareció la más lucida y luminosa de las mujeres mexicanas. Estaba vestida de luz la que en lengua náhuatl le dijo: «Yo soy la madre de Dios». El obispo Zumárraga escucha y desconfía. El obispo es el protector oficial de los indios, designado por el emperador, y también el guardián del hierro que marca en la cara de los indios el nombre de sus dueños. Él arrojó a la hoguera los códices aztecas, papeles pintados por la mano del Demonio, y aniquiló quinientos templos y veinte mil ídolos. Bien sabe el obispo Zumárraga que en lo alto del cerro de Tepeyac tenía su santuario la diosa de la tierra, Tonantzin, y que allí marchaban los indios en peregrinación a rendir culto a *nuestra madre,* como llamaban a esa mujer vestida de serpientes y corazones y manos.

El obispo desconfía y decide que el indio Juan Diego ha visto a la Virgen de Guadalupe. La Virgen nacida en Extremadura, morena por los soles de España, se ha venido al valle de los aztecas para ser la madre de los vencidos.

(60 y 79)

1531
Santo Domingo

Una carta

Se estruja las sienes persiguiendo las palabras que asoman y huyen: *No miren a mi bajeza de ser y rudeza de decir,* suplica, *sino a la voluntad con que a decirlo soy movido.*

Fray Bartolomé de Las Casas escribe al Consejo de Indias. *Más hubiera valido a los indios*, sostiene, *irse al infierno con su infidelidad, su poco a poco y a solas*, que ser salvados por los cristianos. *Ya llegan al cielo los alaridos de tanta sangre humana derramada: los quemados vivos, asados en parrillas, echados a perros bravos...*
 Se levanta, camina. Entre nubes de polvo flamea el hábito blanco. Después se sienta al borde de la silla de tachuelas. Con la pluma de ave se rasca la larga nariz. La mano huesuda escribe. Para que en América se salven los indios y se cumpla la ley de Dios, propone fray Bartolomé que la cruz mande a la espada. Que se sometan las guarniciones a los obispos; y que se envíen colonos para cultivar la tierra al abrigo de las plazas fuertes. Los colonos, dice, *podrían llevar esclavos negros o moros o de otra suerte, para servirse, o vivir por sus manos, o de otra manera que no fuese en perjuicio de los indios...*

(27)

1531
Isla Serrana

El náufrago y el otro

Un viento de sal y de sol castiga a Pedro Serrano, que deambula desnudo por el acantilado. Los alcatraces revolotean persiguiéndolo. Con una mano a modo de visera, él tiene los ojos puestos en el territorio enemigo.
 Baja hasta la ensenada y camina por la arena. Al llegar a la línea de la frontera, mea. No pisa la línea, pero sabe que si el otro está mirando desde algún escondite, llegará de un salto a pedir cuentas por este acto de provocación.
 Mea y espera. Los pajarracos chillan y huyen. ¿Dónde se habrá metido? El cielo es un resplandor blanco, luz de cal, y la isla una piedra incandescente; blancas rocas, sombras blancas, espuma sobre la blanca arena: un mundito de sal y de cal. ¿Dónde se habrá metido este canalla?

Hace mucho tiempo que el barco de Pedro se partió en pedazos, aquella noche de tormenta, y el pelo y la barba ya le llegaban al pecho cuando apareció el otro, montado en un madero que la marea rabiosa arrojó a la costa. Pedro le escurrió el agua de los pulmones, le dio de comer y de beber y le enseñó a no morir en esta islita desierta, donde sólo crecen las rocas. Le enseñó a dar vuelta las tortugas y a degollarlas de un tajo, a cortar la carne en lonjas para secarla al sol y a recoger el agua de la lluvia en los carapachos. Le enseñó a rezar por lluvia y a capturar almejas bajo la arena, le mostró las guaridas de los cangrejos y los camarones y lo convidó con huevos de tortuga y con ostras que la mar traía pegadas a los gajos de los mangles. El otro supo, por Pedro, que era preciso recoger todo lo que la mar entregara en los arrecifes, para que noche y día ardiera la fogata, alimentada por algas secas, sargazos, ramas perdidas, estrellas de mar y huesos de pescado. Pedro lo ayudó a levantar un cobertizo de caparazones de tortuga, un pedacito de sombra contra el sol, a falta de árboles.

La primera guerra fue la guerra del agua. Pedro sospechó que el otro robaba mientras él dormía, y el otro lo acusó de beber buches de bestia. Cuando el agua se agotó, y se derramaron las últimas gotas disputadas a puñetazos, no tuvieron más remedio que beber cada cual su propia orina y la sangre que arrancaron a la única tortuga que se dejó ver. Después se tendieron a morir a la sombra, y no les quedaba saliva más que para insultarse bajito.

Finalmente la lluvia los salvó. El otro opinó que Pedro bien pudiera reducir a la mitad la techumbre de su casa, ya que tanto escaseaban los carapachos:

—Tu casa es un palacio de carey —dijo— y en la mía, paso el día torcido.

—Me cago en Dios —dijo Pedro— y en la madre que te ha parío. Si no te gusta mi isla, ¡vete! —y con un dedo señaló la vasta mar.

Resolvieron dividir el agua. Desde entonces hay un depósito de lluvia en cada punta de la isla.

La segunda fue la guerra del fuego. Se turnaban para cuidar la hoguera, por si algún navío pasaba a lo lejos. Una noche, estando el otro de guardia, la hoguera se apagó. Pedro lo despertó con maldiciones y sacudones.

Los nacimientos

—Si la isla es tuya, ocúpate tú, cabrón —dijo el otro, y mostró los dientes.

Rodaron por la arena. Cuando se hartaron de golpearse, resolvieron que cada cual encendería su propio fuego. El cuchillo de Pedro azotó la piedra hasta arrancarle chispas; y desde entonces hay una fogata en cada punta de la isla.

La tercera fue la guerra del cuchillo. El otro no tenía con qué cortar y Pedro exigía un pago en camarones frescos cada vez que prestaba el filo.

Estallaron después la guerra de la comida y la guerra de los collares de caracoles.

Cuando acabó la última, que fue a pedradas, firmaron un armisticio y un tratado de límites. No hubo documento, porque en esta desolación no se encuentra ni una hoja de cupey para dibujar un garabato, y además ninguno sabe firmar; pero trazaron una frontera y juraron respetarla por Dios y por el rey. Echaron al aire una vértebra de pescado. A Pedro le tocó la mitad de la isla que mira a Cartagena. Al otro, la que mira a Santiago de Cuba.

Y ahora, de pie ante la frontera, Pedro se muerde las uñas, alza la vista al cielo, como buscando lluvia, y piensa: «Ha de estar escondido en algún recoveco. Le siento el olor. Roñoso. En medio del mar y jamás se baña. Prefiere freírse en su aceite. Por ahí anda, sí, escurriendo el bulto».

—¡Eh, miserable! —llama.

Le responden el trueno del oleaje y el alboroto de las aves y las voces del viento.

«¡Ingrato!», grita, «¡Hideputa!», grita, y grita hasta romperse la garganta, y corre y recorre la isla de punta a punta, al revés y al derecho, solo y desnudo en la arena sin nadie.

(76)

1532
Cajamarca

Pizarro

Mil hombres van barriendo el camino del Inca hacia la vasta plaza donde aguardan, escondidos, los españoles. La multitud tiembla al paso del Padre Amado, el Solo, el Único, el dueño de los trabajos y las fiestas; callan los que cantan y se detienen los que danzan. A la poca luz, la última del día, relampaguean de oro y plata las coronas y las vestiduras de Atahualpa y su cortejo de señores del reino. ¿Dónde están los dioses traídos por el viento? El Inca llega al centro de la plaza y ordena esperar. Hace unos días, un espía se metió en el campamento de los invasores, les tironeó las barbas y volvió diciendo que no eran más que un puñado de ladrones salidos de la mar. Esa blasfemia le costó la vida. ¿Dónde están los hijos de Wiracocha, que llevan estrellas en los talones y descargan truenos que provocan el estupor, la estampida y la muerte?

El sacerdote Vicente de Valverde emerge de las sombras y sale al encuentro de Atahualpa. Con una mano alza la Biblia y con la otra un crucifijo, como conjurando una tormenta en alta mar, y grita que aquí está Dios, el verdadero, y que todo lo demás es burla. El intérprete traduce y Atahualpa, en lo alto de la muchedumbre, pregunta:

—¿Quién te lo dijo?

—Lo dice la Biblia, el libro sagrado.

—Dámela, para que me lo diga.

A pocos pasos, detrás de una pared, Francisco Pizarro desenvaina la espada.

Atahualpa mira la Biblia, le da vueltas en la mano, la sacude para que suene y se la aprieta contra el oído:

—No dice nada. Está vacía.

Y la deja caer.

Pizarro espera este momento desde el día en que se hincó ante el emperador Carlos V, le describió el reino grande como Europa que había descubierto y se proponía conquistar y le prometió el más espléndido tesoro de la historia de la humanidad. Y desde antes: desde el día en que su espada trazó una raya en la arena y unos pocos soldados muertos de hambre, hinchados por las plagas, juraron acompañarlo hasta el final. Y desde antes aún, desde mucho antes: Pizarro espera este momento desde que hace cincuenta y cuatro años fue arrojado a la puerta de una iglesia de Extremadura y bebió leche de puerca por no hallarse quien le diera de mamar.

Los nacimientos

Pizarro grita y se abalanza. A la señal, se abre la trampa. Suenan las trompetas, carga la caballería y estallan los arcabuces, desde la empalizada, sobre el gentío perplejo y sin armas.

(76, 96 y 221)

1533
Cajamarca

El rescate

Para comprar la vida de Atahualpa, acuden la plata y el oro. Hormiguean por los cuatro caminos del imperio las largas hileras de llamas y las muchedumbres de espaldas cargadas. El más espléndido botín viene del Cuzco: un jardín entero, árboles y flores de oro macizo y pedrerías, en tamaño natural, y pájaros y animales de pura plata y turquesa y lapislázuli.

El horno recibe dioses y adornos y vomita barras de oro y de plata.

Jefes y soldados exigen a gritos el reparto. Hace seis años que no cobran.

De cada cinco lingotes, Francisco Pizarro separa uno para el rey. Luego se persigna. Pide el auxilio de Dios, que todo lo sabe, para guardar justicia; y pide el auxilio de Hernando de Soto, que sabe leer, para vigilar al escribano.

Adjudica una parte a la Iglesia y otra al vicario del ejército. Recompensa largamente a sus hermanos y a los demás capitanes. Cada soldado raso recibe más de lo que el príncipe Felipe cobra en un año y Pizarro se convierte en el hombre más rico del mundo. El cazador de Atahualpa se otorga a sí mismo el doble de lo que en un año gasta la corte de Carlos V con sus seiscientos criados —sin contar la litera del Inca, ochenta y tres kilos de oro puro, que es su trofeo de general.

(76 y 184)

1533
Cajamarca

Atahualpa

Un arcoíris negro atravesó el cielo. El Inca Atahualpa no quiso creer. En los días de la fiesta del sol, un cóndor se desplomó sin vida en la Plaza de la Alegría. Atahualpa no quiso creer. Enviaba al muere a los mensajeros que traían malas noticias y de un hachazo cortó la cabeza del viejo profeta que le anunció desgracia. Hizo quemar la casa del oráculo y los testigos de la profecía fueron pasados a cuchillo.

Atahualpa mandó amarrar a los ochenta hijos de su hermano Huáscar en los postes del camino y los buitres se hartaron de esa carne. Las mujeres de Huáscar tiñeron de sangre las aguas del río Andamarca. Huáscar, prisionero de Atahualpa, comió mierda humana y meada de carnero y tuvo por mujer una piedra vestida. Después Huáscar dijo, y fue lo último que dijo: *Ya lo matarán como él me mata.* Y Atahualpa no quiso creer.

Cuando su palacio se convirtió en su cárcel, no quiso creer. Atahualpa, prisionero de Pizarro, dijo: *Soy el más grande de los príncipes sobre la tierra.* El rescate llenó de oro una habitación y de plata dos habitaciones. Los invasores fundieron hasta la cuna de oro donde Atahualpa había escuchado la primera canción.

Sentado en el trono de Atahualpa, Pizarro le anunció que había resuelto confirmar su sentencia de muerte. Atahualpa contestó:

—*No me digas esas burlas.*

Tampoco quiere creer, ahora, mientras paso a paso sube las escalinatas, arrastrando cadenas, en la luz lechosa de la madrugada.

Pronto la noticia se difundirá entre los incontables hijos de la tierra que deben obediencia y tributo al hijo del sol. En Quito llorarán la muerte de la sombra que protege: *perplejos, extraviados, negada la memoria, solos.* En el Cuzco habrá júbilo y borracheras.

Atahualpa está atado de manos, pies y pescuezo, pero todavía piensa: *¿Qué hice yo para merecer la muerte?*

Al pie del patíbulo, se niega a creer que ha sido derrotado por los hombres. Solamente los dioses podrían. Su padre, el sol, lo ha traicionado.

Los nacimientos

Antes de que el torniquete de hierro le rompa la nuca, llora, besa la cruz y acepta que lo bauticen con otro nombre. Diciendo llamarse Francisco, que es el nombre de su vencedor, golpea a las puertas del Paraíso de los europeos, donde no hay sitio reservado para él.

(53, 76 y 221)

1533
Xaquixaguana

El secreto

Pizarro marcha rumbo al Cuzco. Encabeza, ahora, un gran ejército. Manco Cápac, nuevo rey de los incas, ha sumado miles de indios al puñado de conquistadores.

Pero los generales de Atahualpa hostigan el avance. En el valle de Xaquixaguana, Pizarro atrapa a un mensajero de sus enemigos.

El fuego lame las plantas de los pies del preso.

—¿Qué dice ese mensaje?

El chasqui es hombre curtido en trotes de nunca acabar a través de los vientos helados de la puna y los ardores del desierto. El oficio lo tiene acostumbrado al dolor y a la fatiga. Aúlla, pero calla.

Después de muy largo tormento, suelta la lengua:

—Que los caballos no podrán subir las montañas.

—¿Qué más?

—Que no hay que tener miedo. Que los caballos espantan, pero no hacen mal.

—¿Y qué más?

Lo hacen pisar el fuego.

—¿Y qué más?

Ha perdido los pies. Antes de perder la vida, dice:

—Que ustedes también mueren.

(81 y 185)

1533
Cuzco

Entran los conquistadores en la ciudad sagrada

En el radiante mediodía, a través de la humareda se abren paso los soldados. Un olor a cuero mojado se alza y se mezcla con el olor de la quemazón, mientras resuena un estrépito de cascos de caballos y ruedas de cañones.

Nace un altar en la plaza. Los pendones de seda, bordados de águilas, escoltan al dios nuevo, que tiene los brazos abiertos y usa barba como sus hijos. ¿No está viendo el dios nuevo que sus hijos se abalanzan, hacha en mano, sobre el oro de los templos y las tumbas?

Entre las piedras del Cuzco, tiznadas por el incendio, los viejos y los paralíticos aguardan, mudos, los días por venir.

(47 y 76)

1533
Riobamba

Alvarado

Hace medio año, las naves desembarcaron en Puerto Viejo.

Llamado por las promesas de un reino virgen, Pedro de Alvarado había salido de Guatemala. Lo seguían quinientos españoles y dos mil esclavos indios y negros. Los mensajeros le habían dicho:

—El poder que te espera humilla al que conoces. Al norte de Tumbes, multiplicarás la fama y la riqueza. Del sur, Pizarro y Almagro ya son dueños, pero el fabuloso reino de Quito a nadie pertenece.

En los pueblos de la costa, encontraron oro, plata y esmeraldas. Cargados de rápidas fortunas, emprendieron la marcha hacia la cordillera. Atravesaron la selva, las ciénagas, las fiebres que matan en un día o dejan loco y las aterradoras lluvias de cenizas de volcán. En los páramos de los Andes, los vientos cuchilleros y las tormentas de

Los nacimientos 107

nieve rompieron en pedazos los cuerpos de los esclavos, ignorantes del frío, y los huesos de muchos españoles se incorporaron a las montañas. Quedaron por siempre helados los soldados que se bajaron a apretar las cinchas de los caballos. Los tesoros fueron arrojados al fondo de los abismos: Alvarado ofrecía oro y los soldados clamaban por comida y abrigo. Quemados los ojos por los resplandores de la nieve, Alvarado continuó avanzando, a los tumbos, y a golpes de espada iba cortando las cabezas de los esclavos que caían y los soldados que se arrepentían.
Casi difuntos, músculos de hielo, congelada la sangre, los más duros han logrado llegar a la meseta. Hoy alcanzan, por fin, el camino real de los incas, el que conduce a Quito, al paraíso. No bien llegan, descubren en el barro las huellas frescas de las herraduras de los caballos. El capitán Benalcázar les ha ganado de mano.

(81 y 97)

1533
Quito

Esta ciudad se suicida

Irrumpen, imparables, los hombres de Benalcázar. Espían y pelean para ellos miles de aliados indígenas, enemigos de los incas. Al cabo de tres batallas, la suerte está echada.
Ya se está yendo el general Rumiñahui cuando prende fuego a Quito por los cuatro costados. Los invasores no podrán disfrutarla viva, ni encontrarán otros tesoros que los que puedan arrancar a las tumbas. La ciudad de Quito, cuna y trono de Atahualpa, es una fogata gigantesca entre los volcanes.
Rumiñahui, que jamás ha sido herido por la espalda, se aleja de las altas llamas. Le lloran los ojos, por el humo.

(158 y 214)

1533
Barcelona

Las guerras santas

Desde América han llegado los heraldos de la buena nueva. El emperador cierra los ojos y asiste al avance de los velámenes y siente el olor de la brea y de la sal. Respira el emperador como la mar, pleamar, bajamar; y sopla para apurar los navíos hinchados de tesoros. La Providencia acaba de regalarle un nuevo reino, *donde el oro y la plata abundan como el hierro en Vizcaya*. El asombroso botín está en camino. Con él podrá tranquilizar a los banqueros que lo ahorcan y podrá por fin pagar a sus soldados, piqueros suizos, lansquenetes alemanes, infantes españoles, que no ven una moneda ni en sueños. El rescate de Atahualpa financiará las guerras santas contra la media luna del Islam, que ha llegado hasta las puertas de Viena, y contra los herejes que siguen a Lutero en Alemania. El emperador armará una gran flota para barrer del Mediterráneo al sultán Solimán y al viejo pirata Barbarroja.

El espejo le devuelve la imagen del dios de la guerra: la armadura damasquinada, con encajes cincelados al borde de la gola y el peto, el casco de plumas, el rostro iluminado por el sol de la gloria: las cejas al ataque sobre los ojos melancólicos, el barbudo mentón lanzado hacia adelante. El emperador sueña con Argel y escucha el llamado de Constantinopla. Túnez, caída en manos infieles, también espera al general de Jesucristo.

(41 y 47)

1533
Sevilla

El tesoro de los incas

De la primera de las naves, se vuelcan el oro y la plata sobre los muelles de Sevilla.

Los nacimientos

Los bueyes arrastran las tinajas repletas hacia la Casa de Contratación.

Murmullos de estupor ascienden desde el gentío que asiste al desembarco. Se habla de misterios y del monarca vencido más allá de la mar.

Dos hombres, dos uvas, salen abrazados de la taberna que da a los muelles. Se meten en la muchedumbre y preguntan, a los gritos, que dónde está el notario. Ellos no celebran el tesoro de los incas. Están rojizos y resplandecientes por la jornada de buen vino y porque han hecho un pacto de mucha fraternidad. Han resuelto cambiarse las mujeres, tú la mía, que es una alhaja, y yo la tuya, aunque no valga nada, y buscan al notario para documentar el acuerdo.

Ellos no hacen caso del oro y la plata del Perú; y la gente, deslumbrada, no hace caso del náufrago que ha llegado junto al tesoro. El navío, atraído por la fogata, ha rescatado al náufrago en una islita del Caribe. Se llama Pedro Serrano y hace nueve años se había salvado nadando. Usa ahora el cabello de asiento y la barba de delantal, tiene la piel de cuero y no ha cesado de hablar desde que lo subieron a bordo. Sigue contando su historia, ahora, en medio del alboroto. Nadie lo escucha.

(41 y 76)

1534
Riobamba

La inflación

Cuando llegaron a Santo Domingo las noticias del oro de Atahualpa, todo el mundo buscó barco. Alonso Hernández, repartidor de indios, fue de los primeros en salir corriendo. Se embarcó en Panamá y al llegar a Tumbes compró un caballo. El caballo costaba en Tumbes siete veces más que en Panamá y treinta veces más que en Santo Domingo.

El paso de la cordillera ha dejado a Hernández de a pie. Para seguir viaje hacia Quito, compra otro caballo. Lo paga noventa veces más caro que en Santo Domingo. Compra también, por trescientos

cincuenta pesos, un esclavo negro. En Riobamba, un caballo cuesta ocho veces más que un hombre.
Todo se vende en este reino, hasta las banderas enchastradas de barro y sangre, y todo se cotiza por las nubes. Se cobra una barra de oro por dos hojas de papel.
Los mercaderes, recién llegados, derrotan a los conquistadores sin desenvainar la espada.

(81, 166 y 184)

1535
Cuzco

El trono de latón

En las rodillas del rey chiquito, rey vasallo de otro rey, no yace el cetro de oro, sino un palo brilloso de vidrios de colores. Manco Inca luce en la cabeza la borla escarlata, pero el triple collar de oro le falta del pecho, donde no brilla el sol, y de sus orejas no cuelgan los discos resplandecientes. El hermano y enemigo y heredero de Atahualpa no lleva a la espalda el manto de hilos de oro y plata y lana de vicuña. De las banderas, que el viento golpea, han desaparecido los halcones para dejar paso a las águilas del emperador de Europa.
Nadie se arrodilla a los pies del Inca coronado por Pizarro.

(53)

1536
Ciudad de México

Motolinía

Fray Toribio de Motolinía camina, descalzo, cerro arriba. Va cargando una pesada bolsa a la espalda.

Los nacimientos

Motolinía llaman, en letanía del lugar, al que es pobre o afligido, y él viste todavía el hábito remendado y haraposo que le dio nombre hace años, cuando llegó caminando, descalzo como ahora, desde el puerto de Veracruz.

Se detiene en lo alto de la ladera. A sus pies, se extiende la inmensa laguna y en ella resplandece la ciudad de México. Motolinía se pasa la mano por la frente, respira hondo y clava en tierra, una tras otra, diez cruces toscas, ramas atadas con cordel, y mientras las clava las va ofreciendo:

—Esta cruz, Dios mío, por las pestes que aquí no se conocían y con tanta saña se ceban en los naturales.

—Ésta por la guerra y ésta por el hambre, que tantos indios han matado como gotas hay en la mar y granos en la arena.

—Ésta por los recaudadores de tributos, zánganos que comen la miel de los indios; y ésta por los tributos, que para cumplir con ellos han de vender los indios sus hijos y sus tierras.

—Ésta por las minas de oro, que tanto hieden a muerto que a una legua no se puede pasar.

—Ésta por la gran ciudad de México, alzada sobre las ruinas de Tenochtitlán, y por los que a cuestas trajeron vigas y piedras para construirla, cantando y gritando noche y día, hasta morir extenuados o aplastados por los derrumbamientos.

—Ésta por los esclavos que desde todas las comarcas han sido arrastrados hacia esta ciudad, como manadas de bestias, marcados en el rostro; y ésta por los que caen en los caminos llevando las grandes cargas de mantenimientos a las minas.

—Y ésta, Señor, por los continuos conflictos y escaramuzas de nosotros los españoles, que siempre terminan en suplicio y matanza de indios.

Hincado ante las cruces, Motolinía ruega:

—Perdónalos, Dios. Te suplico que los perdones. De sobra sé que continúan adorando a sus ídolos sanguinarios, y que si antes tenían cien dioses, contigo tienen ciento uno. Ellos no saben distinguir la hostia de un grano de maíz. Pero si merecen el castigo de tu dura mano, también merecen la piedad de tu generoso corazón.

Después Motolinía se persigna, se sacude el hábito y emprende, cuesta abajo, el regreso.

Poco antes del avemaría, llega al convento. A solas en su celda, se tiende en la estera y lentamente come una tortilla.

(60 y 213)

1536
Machu Picchu

Manco Inca

Harto de ser rey tratado como perro, Manco Inca se alza contra los hombres de cara peluda. En el trono vacío, Pizarro instala a Paullo, hermano de Manco Inca y de Atahualpa y de Huáscar.

De a caballo, a la cabeza de un gran ejército, Manco Inca pone sitio al Cuzco. Arden las hogueras en torno a la ciudad y llueven, incesantes, las flechas de yesca encendida, pero más castiga el hambre a los sitiadores que a los sitiados y las tropas de Manco Inca se retiran, al cabo de medio año, entre alaridos que parten la tierra.

El Inca atraviesa el valle del río Urubamba y emerge entre los altos picos de niebla. La escalinata de piedra lo conduce a la morada secreta de las cumbres. Protegida por parapetos y torreones, la fortaleza de Machu Picchu reina más allá del mundo.

(53 y 76)

1536
Valle de Ulúa

Gonzalo Guerrero

Se retiran, victoriosos, los jinetes de Alonso de Ávila. En el campo de batalla yace, entre los vencidos, un indio con barba. El cuerpo, desnudo, está labrado de arabescos de tinta y sangre. Símbolos de oro cuelgan de la nariz, los labios y las orejas. Un tiro de arcabuz le ha partido la frente.

Se llamaba Gonzalo Guerrero. En su primera vida había sido marinero del puerto de Palos. Su segunda vida comenzó hace un cuarto de siglo, cuando naufragó en las costas de Yucatán. Desde entonces, vivió entre los indios. Fue cacique en la paz y capitán en la guerra. De mujer maya tuvo tres hijos.

En 1519, Hernán Cortés lo mandó buscar:

—*No* —dijo Gonzalo al mensajero—. *Mira mis hijos, cuán bonicos son. Déjame algunas de estas cuentas verdes que traes. Yo se las daré a mis hijos, y les diré: «Estos juguetes los envían mis hermanos, desde mi tierra».*

Mucho después, Gonzalo Guerrero ha caído defendiendo otra tierra, peleando junto a otros hermanos, los hermanos que eligió. Él ha sido el primer conquistador conquistado por los indios.

(62 y 119)

1536
Culiacán

Cabeza de Vaca

Ocho años han pasado desde que naufragó Cabeza de Vaca en la isla del Mal Hado. De los seiscientos hombres que partieron de Andalucía, unos cuantos desertaron por el camino y a muchos se los tragó la mar; otros murieron por el hambre, el frío o los indios, y cuatro, apenas cuatro, llegan ahora a Culiacán.

Álvar Núñez Cabeza de Vaca, Alonso del Castillo, Andrés Dorantes y Estebanico, negro alárabe, han atravesado, caminando, toda América desde la Florida hasta las costas del Pacífico. Desnudos, mudando la piel como las serpientes, han comido yerbas pedreras y raíces, gusanos y lagartijas y cuanta cosa viva han podido encontrar, hasta que los indios les brindaron mantas y tunas y choclos a cambio de sus milagros y curaciones. A más de un muerto ha resucitado Cabeza de Vaca, rezando padrenuestros y avemarías, y muchos enfermos ha sanado haciendo la señal de la cruz y soplando el lugar donde dolía. De legua en legua, iba creciendo la fama de los milagreros; las multitudes salían a recibirlos en los caminos y los despedían los pueblos con bailes y alegrías.

En tierras de Sinaloa, yendo hacia el sur, aparecieron las primeras huellas de cristianos. Cabeza de Vaca y sus compañeros encontraron hebillas, clavos de herrar, estacas para atar caballos. También encontraron miedo: cultivos abandonados, indios que huían a los montes.
—Estamos cerca —dijo Cabeza de Vaca—. Después de tanto caminar, estamos cerca de nuestra gente.
—*Ellos no son como ustedes* —dijeron los indios—. *Ustedes vienen de donde sale el sol y ellos de donde el sol se pone. Ustedes sanan a los enfermos y ellos matan a los sanos. Ustedes andan desnudos y descalzos. Ustedes no tienen codicia de ninguna cosa.*

(39)

1537
Roma

El papa dice que son como nosotros

El papa Paulo III estampa su nombre en el sello de plomo, que luce las efigies de san Pedro y san Pablo, y lo ata al pergamino. Una nueva bula sale del Vaticano. Se llama *Sublimis Deus* y descubre que los indios son seres humanos, dotados de alma y razón.

(103)

1538
Santo Domingo

El espejo

El sol del mediodía arranca humo a las piedras y relámpagos a los metales. Hay alboroto en el puerto. Los galeones han traído desde Sevilla la artillería pesada para la fortaleza de Santo Domingo.

El alcaide, Fernández de Oviedo, dirige el acarreo de las culebrinas y los cañones. A golpes de látigo, los negros arrastran la carga

Los nacimientos

a toda carrera. Crujen los carros, agobiados de hierros y bronces, y a través del torbellino otros esclavos van y vienen echando calderos de agua contra el fuego que brota de los ejes recalentados.

En medio del trajín y la gritería, una muchacha india anda en busca de su amo. Tiene la piel cubierta de ampollas. Cada paso es un triunfo y la poca ropa que lleva le atormenta la piel quemada. Durante la noche y medio día, esta muchacha ha soportado, de alarido en alarido, los ardores del ácido. Ella misma asó las raíces de guao y las frotó entre las palmas hasta convertirlas en pasta. Se untó de guao el cuerpo entero, desde las raíces del pelo hasta los dedos de los pies, porque el guao abrasa la piel y la limpia de color, y así convierte a las indias y a las negras en blancas damas de Castilla.

—¿Me reconoce, señor?

Oviedo la aparta de un empujón; pero la muchacha insiste, hilito de voz, pegada al amo como sombra, mientras Oviedo corre gritando órdenes a los capataces.

—¿Sabe quién soy?

La muchacha cae al suelo y desde el suelo continúa preguntando:

—Señor, señor, ¿a que no sabe quién soy?

(166)

1538
Valle de Bogotá

Barbanegra, Barbarroja, Barbablanca

Hace un año que Gonzalo Jiménez de Quesada, barba negra, ojos negros, salió en busca de las fuentes del oro en el nacimiento del río Magdalena. La mitad de la población de Santa Marta se vino tras él.

Atravesaron las ciénagas y las tierras que humean al sol. Cuando llegaron a las orillas del río, ya no quedaba vivo ni uno de los miles de indios desnudos que habían traído para cargar los cañones y el pan y la sal. Como ya no había esclavos que perseguir y atrapar, arrojaron los perros a las tinajas de agua hirviendo. Después, también los caballos fueron cortados en pedazos. El hambre era peor que los caimanes, las culebras y los mosquitos. Comieron raíces y correas. Disputaron la carne de quien caía, antes de que el cura terminara de darle pase al Paraíso.

Navegaron río arriba, acribillados por las lluvias y sin viento en las velas, hasta que Quesada resolvió cambiar el rumbo. El Dorado está al otro lado de la cordillera, decidió, y no en el origen del río. Caminaron a través de las montañas.

Al cabo de mucho trepar, Quesada se asoma ahora a los verdes valles de la nación de los chibchas. Ante ciento sesenta andrajos comidos por las fiebres, alza la espada, toma posesión y proclama que nunca más obedecerá las órdenes de su gobernador.

Hace tres años y medio que Nicolás de Federmann, barba roja, ojos azules, salió de Coro en busca del centro dorado de la tierra. Peregrinó por las montañas y los páramos. Los indios y los negros fueron los primeros en morir.

Cuando Federmann se alza sobre los picos donde se enredan las nubes, descubre los verdes valles de la nación de los chibchas. Ciento sesenta soldados han sobrevivido, fantasmas que se arrastran cubiertos de pieles de venado. Federmann besa la espada, toma posesión y proclama que nunca más obedecerá las órdenes de su gobernador.

Hace tres años largos que Sebastián de Benalcázar, ojos grises, barba blanca de canas o polvo de los caminos, salió en busca de los tesoros que la ciudad de Quito, vaciada y quemada, le había negado. De la multitud que lo siguió, restan ciento sesenta europeos extenuados y ningún indio. Arrasador de ciudades, fundador de ciudades, Benalcázar ha dejado a su paso un rastro de cenizas y sangre y nuevos mundos nacidos de la punta de su espada: en torno al patíbulo, la plaza; en torno a la plaza, la iglesia, las casas, las murallas.

Fulgura el casco del conquistador en la cresta de la cordillera. Benalcázar toma posesión de los verdes valles de la nación de los chibchas y proclama que nunca más obedecerá las órdenes de su gobernador.

Por el norte, ha llegado Quesada. Por el oriente, Federmann. Por el sur, Benalcázar. Cruz y arcabuz, cielo y suelo: al cabo de tantas vueltas locas por el planeta, los tres capitanes rebeldes bajan por los flancos de la cordillera y se encuentran en la llanura de Bogotá.

Benalcázar sabe que viajan en andas de oro los caciques de este reino. Federmann escucha la dulce melodía que la brisa arranca a las láminas de oro que cuelgan sobre los templos y los palacios. Quesada se hinca al borde de la laguna donde los sacerdotes indígenas se sumergen cubiertos de polvo de oro.

¿Quién se quedará con El Dorado? ¿Quesada, el granadino, que dice que fue el primero? ¿Federmann, el alemán de Ulm, que conquista en nombre del banquero Welser? ¿Benalcázar, el cordobés?

Los tres ejércitos en harapos, llagas y huesos, se miden y esperan.

Estalla entonces la risa del alemán. No puede parar de reír y se dobla de risa y los andaluces se contagian hasta que caen al suelo los tres capitanes, derribados por las carcajadas y por el hambre y por ese que les ha dado cita y les ha tomado el pelo: ese que está sin estar y llegó sin venir: ese que sabe que El Dorado no será de ninguno.

(13)

1538
Volcán Masaya

Vulcano, dios del dinero

De la boca del volcán Masaya salía, en otros tiempos, una vieja desnuda, sabia de muchos secretos, que daba buenos consejos sobre el maíz y la guerra. Desde que llegaron los cristianos, dicen los indios, la vieja se niega a salir del monte que arde.

Muchos cristianos creen que el Masaya es una boca del infierno, y que las llamaradas y los fogosos humos anuncian castigos eternos. Otros aseguran que son hervores de oro y plata los que alzan hasta las nubes esa humareda incandescente, que se ve a cincuenta leguas. Los metales preciosos se derriten y se purifican, revolviéndose en el vientre del cerro. Cuanto más fuego arde, más puros quedan.

Durante un año se ha preparado la expedición. El padre Blas del Castillo se levanta tempranito y confiesa a Pedro Ruiz, Benito Dávila y Juan Sánchez. Los cuatro se piden perdón con lágrimas en los ojos y emprenden la marcha al rayar el día.

El sacerdote es el primero en bajar. Se mete en un cesto, con un casco en la cabeza, la estola al pecho y una cruz en la mano, y llega a la vasta explanada que rodea a la boca de fuego.

—¡No se llama infierno, sino paraíso! —proclama, negro de cenizas, mientras clava la cruz entre las piedras. En seguida bajan sus compañeros. Desde arriba, los indios envían la roldana, las cadenas, los calderos, las vigas, los pernos...

Sumergen el caldero de hierro. Desde las profundidades no llega oro ni plata, sino pura escoria de azufre. Cuando meten más hondo el caldero, el volcán se lo come.

(203)

1541
Santiago de Chile

Inés Suárez

Hace unos meses, Pedro de Valdivia descubrió este cerro y este valle. Los araucanos, que los habían descubierto algunos miles de años antes, llamaban al cerro Huelén, que significa *dolor*. Valdivia lo bautizó Santa Lucía.

Desde la cresta del cerro, Valdivia vio la tierra verde entre los brazos del río y decidió que no existía en el mundo mejor lugar para ofrecer una ciudad al apóstol Santiago, que acompaña a los conquistadores y pelea por ellos.

Cortó los aires su espada, en los cuatro rumbos de la rosa de los vientos, y así nació Santiago del Nuevo Extremo. Así cumple, ahora, su primer verano: unas pocas casas de barro y palo, techadas de paja, la plaza al centro, la empalizada alrededor.

Apenas cincuenta hombres han quedado en Santiago. Valdivia anda con los demás por las riberas del río Cachapoal.

Al despuntar el día, el centinela da el grito de alarma desde lo alto de la empalizada. Por los cuatro costados asoman los escuadrones indígenas.

Los nacimientos

Los españoles escuchan los alaridos de guerra y en seguida les cae encima un vendaval de flechas. Al mediodía, algunas casas son pura ceniza y la empalizada ha caído. Se pelea en la plaza, cuerpo a cuerpo.

Inés corre entonces hacia la choza que hace de cárcel. El guardián vigila allí a los siete jefes araucanos que los españoles habían apresado tiempo atrás. Ella sugiere, suplica, ordena que les corte las cabezas.

—¿Cómo?
—¡Las cabezas!
—¿Cómo?
—¡Así!

Inés le arranca la espada y las siete cabezas vuelan por los aires. Se da vuelta la batalla. Las cabezas convierten a los sitiados en perseguidores. En la acometida, los españoles no invocan al apóstol Santiago, sino a Nuestra Señora del Socorro.

Inés Suárez, la malagueña, había sido la primera en acudir cuando Valdivia alzó la bandera de enganche en su casa del Cuzco. Vino a estas tierras del sur a la cabeza de las huestes invasoras, cabalgando a la par de Valdivia, espada de buen acero y cota de fina malla, y desde entonces junto a Valdivia marcha, pelea y duerme. Hoy, ha ocupado su sitio.

Es la única mujer entre los hombres. Ellos dicen: «Es un macho», y la comparan con Roldán y con el Cid, mientras ella frota aceite sobre los dedos del capitán Francisco de Aguirre, que han quedado prendidos a la empuñadura de la espada y no hay modo de abrírselos, aunque la guerra, por hoy, ha terminado.

(67, 85 y 130)

1541
Peñón de Nochistlán

Nunca

Le habían embargado hasta la mula. Los que ahora comen en su vajilla de plata y pisan sus alfombras lo habían echado de México con los tobillos engrillados.

Diez años después, ellos, los funcionarios, convocaron al guerrero. Alvarado abandonó la gobernación de Guatemala y se vino a castigar indios en estas tierras ingratas que él había conquistado junto a Cortés. Él quería seguir viaje hacia el norte, hacia las siete ciudades de oro del reino de Cíbola, pero esta mañana, en plena batalla, un caballo se le vino encima y lo despeñó cuesta abajo.

Pedro de Alvarado ha vuelto a México y en México yace. Ningún caballo lo llevará hacia el norte ni hacia ninguna parte. El yelmo cuelga de una rama y entre las zarzas ha caído la espada. *No me envaines sin honor,* se lee todavía en la hoja de acero.

(81)

1541
Ciudad Vieja de Guatemala

Beatriz

Pedro de Alvarado se había casado con Francisca, pero Francisca cayó fulminada por el agua de azahares que bebió en el camino a Veracruz. Entonces se casó con Beatriz, la hermana de Francisca.

Beatriz lo estaba esperando en Guatemala cuando supo, hace dos meses, que era viuda. Tapizó su casa de negro por dentro y por fuera y claveteó puertas y ventanas para hartarse de llorar sin testigos.

Lloró mirando en el espejo su cuerpo desnudo, que se había secado de tanto esperar y ya no tenía nada que esperar, cuerpo que no cantaba, y lloró por su boca que sólo era capaz de decir:

—¿Estás ahí?

Lloró por esta casa que odia y por esta tierra que no es la suya y por los años gastados entre esta casa y la iglesia, de la misa a la mesa y del bautizo al entierro, rodeada de soldados borrachos y de sirvientas indias que le dan asco. Lloró por la comida que le hace mal y por el que nunca venía, porque siempre había alguna guerra que pelear o tierra que conquistar. Lloró por todo lo que había llorado en su cama sin nadie, cuando pegaba un respingo cada vez que ladraba el perro

o el gallo cantaba y solita aprendía a leer la oscuridad y a escuchar el silencio y a dibujar el aire. Lloró y lloró, rota de adentro.
Cuando por fin salió de la clausura, anunció:
—Yo soy la gobernadora de Guatemala.
Poco pudo gobernar.
El volcán está vomitando una catarata de agua y piedras que ahoga la ciudad y mata lo que toca. El diluvio va arremetiendo hacia la casa de Beatriz, mientras ella corre al oratorio, trepa al altar y se abraza a la Virgen. Sus once criadas se abrazan a sus piernas y se abrazan entre sí, y Beatriz grita:
—¿Estás ahí?
La tromba arrasa la ciudad que Alvarado fundó y mientras el rugido crece, Beatriz sigue gritando:
—¿Estás ahí?

(81)

1541
Cabo Frío

Al amanecer, el grillo cantó

Había estado mudo desde que lo embarcaron en el puerto de Cádiz, dos meses y medio callado y triste en la jaulita, hasta que su grito de júbilo resonó, hoy, de proa a popa, y despertó a todo el mundo.
—¡Milagro! ¡Milagro!
El tiempo alcanzó justo para desviar el navío. El grillo estaba celebrando la cercanía de la tierra. Gracias a su alarma, los navegantes no se han hecho pedazos contra las peñas de la costa del Brasil.
Cabeza de Vaca, jefe de esta expedición al Río de la Plata, es muy sabido en estas cosas. Lo llamán Álvar el Milagrero desde que atravesó América de costa a costa resucitando muertos en las aldeas indígenas.

(39)

1542
Quito

El Dorado

Largo tiempo anduvieron los hombres de Gonzalo Pizarro, selva adentro, buscando al príncipe de piel de oro y a los bosques de canela. Encontraron serpientes y murciélagos, ejércitos de mosquitos, pantanos y lluvias de nunca acabar. Los relámpagos alumbraron, noche tras noche, esta caravana de desnudos, pegados unos a otros por el pánico. Esta tarde están llegando, llagas y huesos, a las afueras de Quito. Cada cual dice su nombre para ser reconocido. De los cuatro mil esclavos indios de la expedición, no ha regresado ni uno. El capitán Gonzalo Pizarro se arrodilla y besa la tierra. Anoche, él ha soñado con un dragón que se le echaba encima y lo hacía pedazos y le comía el corazón. Por eso no parpadea, ahora, cuando le dan la noticia:
—Tu hermano Francisco ha sido asesinado en Lima.

(97)

1542
Conlapayara

Las amazonas

No tenía mala cara la batalla, hoy, día de San Juan. Desde los bergantines, los hombres de Francisco de Orellana estaban vaciando de enemigos, a ráfagas de arcabuz y de ballesta, las blancas canoas venidas de la costa.
Pero peló los dientes la bruja. Aparecieron las mujeres guerreras, tan bellas y feroces que eran un escándalo, y entonces las canoas cubrieron el río y los navíos salieron disparados, río arriba, como puercoespines asustados, erizados de flechas de proa a popa y hasta en el palo mayor.

Las capitanas pelearon riendo. Se pusieron al frente de los hombres, hembras de mucho garbo y trapío, y ya no hubo miedo en la aldea de Conlapayara. Pelearon riendo y danzando y cantando, las tetas vibrantes al aire, hasta que los españoles se perdieron más allá de la boca del río Tapajós, exhaustos de tanto esfuerzo y asombro.

Habían oído hablar de estas mujeres, y ahora creen. Ellas viven al sur, en señoríos sin hombres, donde ahogan a los hijos que nacen varones. Cuando el cuerpo pide, dan guerra a las tribus de la costa y les arrancan prisioneros. Los devuelven a la mañana siguiente. Al cabo de una noche de amor, el que ha llegado muchacho regresa viejo.

Orellana y sus soldados continuarán recorriendo el río más caudaloso del mundo y saldrán a la mar sin piloto, ni brújula, ni carta de navegación. Viajan en los dos bergantines que ellos han construido o inventado a golpes de hacha, en plena selva, haciendo clavos y bisagras con las herraduras de los caballos muertos y soplando el carbón con borceguíes convertidos en fuelles. Se dejan ir al garete por el río de las Amazonas, costeando selva, sin energías para el remo, y van musitando oraciones: ruegan a Dios que sean machos, por muchos que sean, los próximos enemigos.

(45)

1542
Río Iguazú

A plena luz

Echando humo bajo su traje de hierro, atormentado por las picaduras y las llagas, Álvar Núñez Cabeza de Vaca se baja del caballo y ve a Dios por primera vez.

Las mariposas gigantes aletean alrededor. Cabeza de Vaca se arrodilla ante las cataratas del Iguazú. Los torrentes, estrepitosos, espumosos, se vuelcan desde el cielo para lavar la sangre de todos los caídos y redimir a todos los desiertos, raudales que desatan vapores y arcoíris y arrancan selvas del fondo de la tierra seca: aguas que braman, eyaculación de Dios fecundando la tierra, eterno primer día de la Creación.

Para descubrir esta lluvia de Dios ha caminado Cabeza de Vaca la mitad del mundo y ha navegado la otra mitad. Para conocerla ha sufrido naufragios y penares; para verla ha nacido con ojos en la cara. Lo que le quede de vida será de regalo.

(39)

1543
Cubagua

Los pescadores de perlas

La ciudad de Nueva Cádiz ha caído, derribada por el maremoto y los piratas. Antes había caído la isla entera, esta isla de Cubagua donde hace cuarenta y cinco años Colón cambió a los indios perlas por platos rotos. Al cabo de tanta pesquería, se han agotado las ostras y los buceadores yacen en el fondo de la mar.

En estas aguas se han sumergido los esclavos indios, con piedras atadas a la espalda, para llegar bien hondo, donde yacían las perlas más grandes, y sin resuello han nadado de sol a sol, arrancando las ostras pegadas a las rocas y al suelo.

Ningún esclavo duró mucho. Más temprano que tarde, se les rompían los pulmones: un chorro de sangre subía, en lugar de ellos, a la superficie. Los hombres que los habían atrapado o comprado decían que la mar enrojecía porque las ostras, como las mujeres, tenían menstruación.

(102 y 103)

1544
Machu Picchu

El trono de piedra

Desde aquí ha reinado Manco Inca sobre las tierras de Vilcabamba. Desde aquí ha dado larga y dura guerra, guerra de incendios y

Los nacimientos

emboscadas, a los invasores. Ellos no conocen los laberintos que conducen a la ciudadela secreta. Ningún enemigo los conoce.

Solamente el capitán Diego Méndez pudo llegar al escondite. Venía huyendo. A las órdenes del hijo de Almagro, su espada había atravesado la garganta de Francisco Pizarro. Manco Inca le dio refugio. Después, Diego Méndez clavó el puñal en la espalda de Manco Inca.

Entre las piedras de Machu Picchu, donde las flores encendidas ofrecen miel a quien las fecunde, yace el Inca envuelto en bellas mantas.

(53)

Canción de guerra de los incas

Beberemos en el cráneo del traidor
y con sus dientes haremos un collar.
De sus huesos haremos flautas,
de su piel haremos un tambor.
Entonces, bailaremos.

(202)

1544
Campeche

Las Casas

Hace tiempo que espera, aquí en el puerto, a solas con el calor y los mosquitos. Deambula por los muelles, descalzo, escuchando los vaivenes de la mar y el golpeteo de su báculo, paso a paso, sobre las piedras. Nadie ofrece una palabra al recién ungido obispo de Chiapas.

Éste es el hombre más odiado de América, *el anticristo* de los señores coloniales, *el azote de estas tierras*. Por su culpa, el emperador ha promulgado las nuevas leyes que despojan de esclavos indios a los hijos

de los conquistadores. ¿Qué será de ellos sin los brazos que los sustentan en minas y labranzas? Las nuevas leyes les arrancan la comida de la boca.
Éste es el hombre más amado de América. Voz de los mudos, empecinado defensor de *los que reciben peor trato que el estiércol de las plazas,* denunciador de *quienes por codicia convierten a Jesucristo en el más cruel de los dioses y al rey en lobo hambriento de carne humana.*
No bien desembarcó en Campeche, fray Bartolomé de Las Casas anunció que ningún dueño de indios sería absuelto en confesión. Le contestaron que aquí no valían sus credenciales de obispo ni valían tampoco las nuevas leyes, porque habían llegado en letras de molde y no de puño y letra de los escribientes del rey. Amenazó con la excomunión y se rieron. Se rieron fuerte, a las carcajadas, porque fray Bartolomé tiene fama de sordo.
Esta tarde ha llegado el mensajero de la Ciudad Real de Chiapas. El cabildo manda decir que están vacíos sus cofres para pagar el viaje del obispo hasta su diócesis, y le envía unas monedas de la caja de difuntos.

(27 y 70)

1544
Lima

Carvajal

Las luces del amanecer dan forma y rostro a las sombras que cuelgan de las farolas de la plaza. Algún madrugador, espantado, las reconoce: dos conquistadores de la primera hora, de aquellos que capturaron al Inca Atahualpa en Cajamarca, se bambolean con la lengua afuera y los ojos desorbitados.
Trueno de tambores, estrépito de caballos: la ciudad despierta de un salto. Grita el pregonero a pleno pulmón y a su lado Francisco de Carvajal dicta y escucha. El pregonero anuncia que todos los señores principales de Lima serán ahorcados como esos dos, y no quedará casa sin saquear, si el cabildo no acepta por gobernador a Gonzalo Piza-

rro. El general Carvajal, maese de campo de las tropas rebeldes, da plazo hasta el mediodía.

—¡Carvajal!

Antes de que se apague el eco, ya los oidores de la Real Audiencia y los notables de Lima se han echado alguna ropa encima y a medio abrochar han llegado corriendo hasta el palacio y están firmando, sin discusión, el acta que reconoce a Gonzalo Pizarro como autoridad única y absoluta.

Sólo falta la firma del licenciado Zárate, que se acaricia el cuello y duda mientras los demás esperan, aturdidos, tembleques, escuchando o creyendo escuchar el jadeo de los caballos y las maldiciones de los soldados que toman campo, a rienda corta, ansiosos de arremeter.

—¡Daos prisa! —suplican.

Zárate piensa que deja una buena dote a su hija casadera, la Teresa, y que sus cuantiosas ofrendas a la Iglesia le han pagado con creces otra vida más serena que ésta.

—¿Qué espera vuesa merced?

—¡Corta es la paciencia de Carvajal!

Carvajal: más de treinta años de guerras en Europa, diez en América. Se batió en Rávena y en Pavía. Estuvo en el saqueo de Roma. Peleó junto a Cortés en México y en Perú junto a Francisco Pizarro. Seis veces atravesó la cordillera.

—¡El Demonio de los Andes!

En medio de la batalla, se sabe, el gigante arroja el yelmo y la coraza y ofrece el pecho. Come y duerme sobre el caballo.

—¡Calma, señores, calma!

—¡Correrá sangre de inocentes!

—¡No hay tiempo que perder!

La sombra de la horca se cierne sobre los recién comprados títulos de nobleza.

—¡Firmad, señor! ¡Evitemos al Perú nuevas tragedias!

El licenciado Zárate moja la pluma de ganso, dibuja una cruz y debajo, antes de firmar, escribe: *Juro a Dios y a esta Cruz y a las palabras de los santos evangelios, que firmo por tres motivos: por miedo, por miedo y por miedo.*

(167)

1545
Ciudad Real de Chiapas

Desde Valladolid llega la mala noticia

La Corona ha suspendido las más importantes leyes nuevas, que hacían libres a los indios.
Mientras duraron, tres años apenas, ¿quién las cumplió? En la realidad siguen siendo esclavos hasta los indios que llevan marcada en el brazo, al rojo vivo, la palabra *libre*.
—¿Para esto me han dado la razón?
Fray Bartolomé se siente abandonado de Dios, hoja sin rama, solo y nadie.
—Me han dicho que sí para que nada cambie. Ya ni el papel protegerá a los que no tienen más escudo que sus vientres. ¿Para esto han recibido los reyes el Nuevo Mundo de manos del Papa? ¿Es Dios mero pretexto? Esta sombra de verdugo, ¿sale de mi cuerpo?
Acurrucado en una manta, escribe una carta al príncipe Felipe. Le anuncia que viajará a Valladolid sin esperar respuesta ni licencia.
Después, fray Bartolomé se hinca sobre la estera, de cara a la noche, y reza en voz alta una oración inventada por él.

(70)

1546
Potosí

La plata de Potosí

Cincuenta indios caídos por haberse negado a servir en los socavones. No hace un año que apareció la primera veta y ya se han manchado de sangre humana las laderas del cerro. Y a una legua de aquí, las peñas de la quebrada lucen las manchas verdinegras de la sangre del Diablo. El Diablo había cerrado a cal y canto la quebrada que conduce al Cuzco y aplastaba a los españoles que pasaban por allí. Un arcángel arrancó al Demonio de su cueva y lo estrelló contra las rocas. Ahora las minas de plata de Potosí tienen mano de obra y camino abierto.

Antes de la conquista, en tiempos del Inca Huaina Cápac, cuando el pico de pedernal se hundió en las venas de plata del cerro, ocurrió un espantoso estruendo que estremeció al mundo. Entonces, la voz del cerro dijo a los indios:

—*Otros dueños tiene esta riqueza.*

(21)

1547
Valparaíso

La despedida

Zumban las moscas entre los restos del banquete. Ni el mucho vino ni el buen sol adormecen a los comilones. Esta mañana, los corazones laten apurados. Bajo la enramada, de cara al mar, Pedro de Valdivia dice adiós a los que van a partir. Al cabo de tanta guerra y hambre en las tierras bravías de Chile, quince de sus hombres se disponen a regresar a España. Alguna lágrima rueda cuando Valdivia recuerda los años compartidos, las ciudades nacidas de la nada, los indios domados por el hierro de las lanzas:

—*No me queda otro consuelo* —se inflama el discurso— *sino entender que vais a descansar y a gozar lo que bien merecido tenéis, y ello mitiga, en parte al menos, mi congoja.*

No lejos de la playa, las olas hamacan el navío que los llevará al Perú. Desde allí, viajarán a Panamá; a través de Panamá, a la otra mar, y después... Será largo, pero el que estira las piernas siente que ya está pisando las piedras de los muelles de Sevilla. Los equipajes, ropa y oro, están en cubierta desde anoche. Tres mil pesos de oro se llevará de Chile el escribano Juan Pinel. Con su manojo de papeles, una pluma de ave y un tintero, ha seguido a Valdivia como sombra, dando fe de cada uno de sus pasos y fuerza de ley a cada uno de sus actos. Varias veces lo ha rozado la muerte. Esta fortunita sobrará para remediar la suerte de las hijas doncellas que esperan al escribano Pinel en la lejana España.

Están los soldados soñando en voz alta, cuando de pronto alguien pega un brinco y pregunta:

—¿Y Valdivia? ¿Dónde está Valdivia?

Todos se precipitan a la orilla de la mar. Saltan, gritan, alzan los puños.

Valdivia se ve cada vez más pequeño. Allá va, remando en el único bote, hacia el navío cargado con el oro de todos.

En la playa de Valparaíso, las maldiciones y las amenazas suenan más fuerte que el estrépito del oleaje.

Las velas se hinchan y se alejan rumbo al Perú. Se marcha Valdivia en busca de su título de gobernador de Chile. Con el oro que se lleva y el brío de sus brazos, espera convencer a los que mandan en Lima.

En lo alto de una roca, el escribano Juan Pinel se estruja la cabeza y ríe sin parar. Morirán vírgenes sus hijas en España. Algunos lloran, rojos de rabia; y el corneta Alonso de Torres desentona una vieja melodía y después rompe en pedazos el clarín, que es lo único que le queda.

(67 y 85)

Canción de la nostalgia, del cancionero español

Soledad tengo de ti,
tierra mía do nací.

Si muriese sin ventura,
sepúltenme en alta sierra,
porque no extrañe la tierra
mi cuerpo en la sepultura,
y en sierra de grande altura,
por ver si veré de allí
la tierra donde nací.

(7)

1548
Xaquixaguana

La batalla de Xaquixaguana ha concluido

Gonzalo Pizarro, el mejor lancero de América, el hombre capaz de partir un mosquito en vuelo con el arcabuz o la ballesta, entrega su espada a Pedro de La Gasca.

Gonzalo se quita lentamente su armadura de acero de Milán. La Gasca había venido con la misión de cortarle las alas y ahora el jefe de los rebeldes ya no sueña con coronarse rey del Perú. Ahora sólo sueña con que La Gasca le perdone la vida.

A la tienda de los vencedores llega Pedro de Valdivia. La infantería ha peleado a sus órdenes.

—El honor del rey estaba en vuestras manos, gobernador —dice La Gasca.

Ésta es la primera vez que el representante del rey lo llama gobernador. Gobernador de Chile. Valdivia agradece, inclinando la cabeza. Tiene otras cosas que pedir, pero no bien abre la boca entran los soldados que traen al segundo de Gonzalo Pizarro. El general Carvajal aparece con el yelmo puesto, bien alto de plumas. Quienes lo han hecho prisionero no se atreven a tocarlo.

De todos los oficiales de Pizarro, Carvajal es el único que no se pasó al bando enemigo. Cuando La Gasca ofreció el perdón del rey a los rebeldes arrepentidos, muchos soldados y capitanes picaron súbitamente espuelas y al galope, a través del pantano, cambiaron de campamento. Carvajal se quedó y peleó hasta que le voltearon el caballo.

—Carvajal —dice Diego Centeno, comandante de las tropas victoriosas—. Has caído con honor, Carvajal.

El viejo ni lo mira.

—¿Acaso no me conoces? —insiste Centeno, y adelanta la mano para recibir la espada.

Carvajal, que más de una vez ha derrotado a Centeno y lo ha puesto en fuga y lo ha perseguido por medio Perú, le clava los ojos y dice:

—Sólo te conocía de espaldas.

Y entrega la espada a Pedro de Valdivia.

(67 y 85)

1548
Xaquixaguana

El verdugo

Envuelto en cuerdas y cadenas, viene Carvajal dentro de una cesta enorme que las mulas arrastran. Entre remolinos de polvo y gritos de odio, el guerrero canta. Su bronca voz atraviesa el clamor de los insultos, ajena a las patadas y los golpes de quienes ayer aplaudían y hoy escupen a la cara:

¡Qué fortuna!
¡Niño en cuna,
viejo en cuna!
¡Qué fortuna!,

canta desde la cesta que se lo lleva a los tumbos. Cuando las mulas llegan al patíbulo, allá arriba, los soldados arrojan a Carvajal a los pies del verdugo. Brama la multitud mientras el verdugo desenvaina, lento, el alfanje.

—Hermano Juan —pide Carvajal—. Puesto que somos del oficio, trátame como de sastre a sastre.

Juan Enríquez se llama este muchacho de dulce rostro. Otro nombre tenía en Sevilla, cuando paseaba por los muelles soñando con ser verdugo del rey en América. Se dice que ama el oficio porque mete miedo y no hay señor principal ni gran guerrero que no se aparte a su paso por las calles. También se dice que es un vengador afortunado. Le pagan por matar; y no se le herrumbra el arma ni se le apaga la sonrisa.

¡Ay, abuelo!
¡Ay, abuelo!,

canturrea Carvajal, en voz baja y triste, porque justo ahora se le ha dado por pensar en su caballo, Boscanillo, que también está viejo y derrotado, y en lo bien que se entendían.

Juan Enríquez le empuña la barba con la mano izquierda y con la derecha le corta el cuello de un tajo.

Bajo el sol de oro, estalla una ovación.

El verdugo exhibe la cabeza de Carvajal, que hasta hace un instante tenía ochenta y cuatro años y jamás había perdonado a nadie.

(76 y 167)

1548

Xaquixaguana

Sobre el canibalismo en América

Desde que Francisco Pizarro asistió, de luto, al entierro de su víctima, el emperador Atahualpa, varios hombres se han sucedido en el mando y poder del vasto reino que fue de los incas.

Diego de Almagro, gobernador de una parte, se alzó contra Francisco Pizarro, gobernador de la otra. Ambos habían jurado, ante la hostia consagrada, que se repartirían honores, indios y tierras *sin que ninguno lleve más,* pero Pizarro acaparó y venció y Almagro fue degollado.

El hijo de Almagro vengó a su padre y se proclamó gobernador sobre el cadáver de Pizarro. Luego el hijo de Almagro fue enviado al patíbulo por Cristóbal Vaca de Castro, quien pasó a la historia por ser el único que se salvó de la horca, el hacha o la espada.

Después se levantó en armas Gonzalo Pizarro, hermano de Francisco, contra Blasco Núñez Vela, primer virrey del Perú. Núñez Vela cayó, malherido, de su caballo. Le cortaron la cabeza y la clavaron a una pica.

A punto estuvo Gonzalo Pizarro de coronarse rey. Hoy, lunes 9 de abril, asciende la cuesta que conduce al degolladero. Marcha montado en una mula. Le han atado las manos a la espalda y le han echado encima una capa negra, que le tapa la cara y le impide ver la cabeza sin cuerpo de Francisco de Carvajal.

(76 y 81)

1548
Guanajuato

Nacen las minas de Guanajuato

—A la paz de Dios, hermano.
—Así sea, viajero.
Se encuentran los arrieros que vienen de la ciudad de México y deciden acampar. Se ha hecho noche y en las sombras acechan los que duermen de día.
—¿No es aquél el cerro del Cubilete?
—De los malhechores, merecería llamarse.
Maese Pedro y Martín Rodrigo se marchan a Zacatecas, a buscar fortuna en aquellas minas, y llevan lo que tienen, unas pocas mulas, para venderlas a buen precio. Al alba, continuarán camino.
Juntan algunas ramas, sobre un colchón de hojas secas, y las rodean de piedras. El eslabón castiga al pedernal, la chispa se hace llama: cara al fuego, los arrieros se cuentan sus historias, sus malas suertes, y en eso están, harapos y nostalgias, cuando uno de los dos grita:
—¡Brillan!
—¿Qué?
—¡Las piedras!
Martín Rodrigo pega un salto al cielo, escuálida estrella de cinco puntas a la luz de la luna, y Maese Pedro se rompe las uñas contra las piedras calientes y se quema los labios besándolas.

(182)

1549
La Serena

El regreso

Recién ha desembarcado Pedro de Valdivia en la rada de Quintero y a poco andar encuentra el ácido olor de la carroña.
En el Perú, a Valdivia le han sobrado fuerzas para eludir trampas y vencer dudas y enemigos. Muy elocuentes han resultado, ante los

que mandan en Lima, el vigor de su brazo puesto al servicio del rey y el fulgor del oro que había arrebatado a sus hombres en la playa de Valparaíso. Al cabo de dos años, regresa con su título de gobernador de Chile bien atado y firmado y confirmado. También trae la obligación de devolver el oro aquel hasta el último gramo. Y otra obligación, que le muerde el pecho: para estrenar su título flamante, deberá poner punto final a sus amores con Inés Suárez y habrá de traer de España a su esposa legítima.

Chile no lo recibe sonriendo. En esta ciudad de La Serena, que él bautizó con el nombre de la comarca donde había nacido, los españoles yacen, sin manos, sin cabezas, entre ruinas. Sus historias alucinantes no interesan a los buitres.

(67 y 85)

Última vez

El amanecer abre un tajo ondulante en la negra neblina y separa la tierra del cielo.

Inés, que no ha dormido, se desprende de los brazos de Valdivia y se apoya en un codo. Está toda empapada de él y siente ferozmente vivo cada rinconcito del cuerpo; se mira una mano, en la brumosa primera luz; la asustan sus propios dedos, que queman. Busca el puñal. Lo alza.

Valdivia duerme ronroneando. Vacila el puñal en el aire, sobre su cuerpo desnudo.

Pasan siglos.

Por fin, Inés clava suavemente el puñal en la almohada, junto a la cara de él, y se aleja, en puntas de pie por el piso de tierra, dejando la cama toda vacía de mujer.

1552
Valladolid

Ya está mandando el que siempre sirvió

La mujer besa la barra de plata con los labios, con la frente, con los pechos, mientras el cura lee en voz alta la carta de su marido, Juan Prieto, fechada en Potosí. Casi un año han demorado la carta y el lingote en cruzar el océano y llegar a Valladolid.

Dice Juan Prieto que mientras los demás gastan su tiempo en borracheras y corridas de toros, él no se asoma a las tabernas ni a la plaza, que en Potosí por cualquier cosquilla meten los hombres mano a la espada y sopla allí un viento de polvo que arruina la ropa y enloquece los ánimos. Que él no piensa más que en el regreso a España y que ahora manda esta barra grande de plata para que vayan construyendo el jardín donde se ha de celebrar el banquete de bienvenida.

Ha de tener el jardín doble portón de hierro y un arco de piedra bastante ancho para que pasen los carruajes invitados a la fiesta. Será un jardín amurallado, de altas paredes sin ninguna abertura, lleno de árboles y flores y conejos y palomas. Que en el centro se ha de tender una gran mesa con manjares, para los señores de Valladolid a quienes él había servido, años atrás, como criado. Que habrá un tapiz sobre la hierba, junto al sillón de cabecera, y sobre el tapiz se han de sentar su mujer y su hija Sabina.

Encarece mucho a la esposa que no quite la mirada de su Sabina y no permita que ni el sol la toque, que por procurarle buena dote y buena boda se ha pasado él todos estos años en las Indias.

(120)

1553
Orillas del río San Pedro

Miguel

Bastante pellejo había dejado prendido a los látigos. Lo acusaban de trabajar a desgano o de perder una herramienta y decía el mayordo-

mo: «Que pague con el cuerpo». Cuando iban a amarrarlo para otra tanda de azotes, Miguel arrebató una espada y se perdió en el monte.
Otros esclavos de las minas de Buría huyeron tras él. Unos cuantos indios se sumaron a los cimarrones. Así nació el pequeño ejército que el año pasado atacó las minas y embistió contra la recién nacida ciudad de Barquisimeto.
Después los alzados se vinieron montaña adentro y lejos de todo fundaron, a orillas del río, este reino libre. Los indios jirajaras se han pintado de negro de pies a cabeza y junto a los africanos han proclamado monarca al negro Miguel.
La reina Guiomar pasea, rumbosa, entre las palmeras. Cruje su amplia falda de brocados. Dos pajes alzan las puntas de su manto de seda.
Desde su trono de palo, Miguel manda cavar trincheras y levantar empalizadas, designa oficiales y ministros y proclama obispo al más sabido de sus hombres. A sus pies, juega con piedritas el príncipe heredero.
—Mi reino es redondo y de aguas claras —dice Miguel, mientras un cortesano le endereza la gola de encajes y otro le estira las mangas del jubón de raso.
Ya se prepara en el Tocuyo, al mando de Diego de Losada, la tropa que matará a Miguel y aniquilará su reino. Vendrán los españoles armados de arcabuces y perros y ballestas. Los negros y los indios que sobrevivan perderán sus orejas o sus testículos o los tendones de sus pies, para ejemplo de toda Venezuela.

(2)

Un sueño de Pedro de Valdivia

Tiembla en la bruma la luz de los hachones. Ruido de espuelas que arrancan chispas al empedrado, en una plaza de armas que no es de

Chile ni de ningún lugar. En la galería, una fila de hombres nobles, de palacio; largas capas negras, espadas ceñidas, sombreros de plumas. Al paso de Pedro de Valdivia, cada uno de los hombres se inclina y se quita el sombrero. Al quitarse el sombrero, se quita la cabeza.

1553

Tucapel

Lautaro

La flecha de la guerra ha recorrido todas las comarcas de Chile.

A la cabeza de los araucanos ondula la capa roja de Caupolicán, el cíclope que es capaz de arrancar los árboles de cuajo.

Arremete la caballería española. El ejército de Caupolicán se abre en abanico, la deja entrar y en seguida se cierra y la devora por los flancos.

Valdivia envía el segundo batallón, que se rompe contra una muralla de miles de hombres. Entonces ataca, seguido por sus mejores soldados. A toda carrera embiste gritando, lanza en mano, y los araucanos se desmoronan ante su ofensiva fulminante.

Mientras tanto, al frente de los indios que sirven al ejército español, Lautaro aguarda sobre una loma.

—¿Qué cobardía es ésta? ¿Qué infamia de nuestra tierra?

Hasta este instante, Lautaro ha sido el paje de Valdivia. A la luz de un relámpago de furia, el paje elige la traición, elige la lealtad: sopla el cuerno que lleva terciado al pecho y a galope tendido se lanza al ataque. Se abre paso a garrotazos, partiendo corazas y arrodillando caballos, hasta que llega a Valdivia, lo mira cara a cara y lo derriba.

No ha cumplido veinte años el nuevo caudillo de los araucanos.

(5)

1553
Tucapel

Valdivia

Hay fiesta en torno al árbol de la canela.
Los vencidos, vestidos de taparrabos, asisten a las danzas de los vencedores, que llevan yelmo y coraza. Lautaro luce las ropas de Valdivia, el jubón verde recamado de oro y plata, la fulgurante coraza y el casco de visera de oro, airoso de plumas y coronado de esmeraldas.
Valdivia, desnudo, se despide del mundo.
Nadie se equivocó. Ésta es la tierra que hace trece años Valdivia eligió para morir, cuando salió del Cuzco seguido por siete españoles de a caballo y mil indios de a pie. Nadie se equivocó, salvo doña Marina, su olvidada esposa de Extremadura, que al cabo de veinte años se ha decidido a cruzar el océano y está navegando, ahora, con su equipaje digno del rango de gobernadora, el sillón de plata, la cama de terciopelo azul, las alfombras y toda su corte de parientes y sirvientes.
Los araucanos abren la boca de Valdivia y se la llenan de tierra. Le hacen tragar tierra, puñado tras puñado, le hinchan el cuerpo de tierra de Chile, mientras le dicen:
—*¿Quieres oro? Come oro. Hártate de oro.*

(5 y 26)

1553
Potosí

El alcalde y la bella

Si Potosí tuviera hospital y ella pasara por la puerta, se curarían los enfermos.
Pero esta ciudad o rejunte de casas nacido hace menos de seis años no tiene hospital.
Ha crecido locamente el campamento minero, que ya suma veinte mil almas. Brotan nuevos techos, cada amanecer, al empuje de los

aventureros que de todas partes acuden, dándose de codazos y estocadas, en busca de fortuna fácil. Ningún hombre se arriesga por las callejuelas de tierra sin armarse de espada y cota de cuero, y están las mujeres condenadas a vivir atrás de los postigos. Más peligro corren las menos feas; y entre ellas, la bella, soltera para colmo, no tiene más remedio que esconderse del mundo a cal y canto. Sólo sale al alba, muy escoltada, para ir a misa; porque nomás verla a cualquiera le vienen ganas de bebérsela toda, de un trago o de a sorbitos, y los mancos manotean.

El alcalde mayor de la villa, don Diego de Esquivel, le ha echado el ojo. Dicen que por eso anda sonriendo de oreja a oreja, y todo el mundo sabe que él no había vuelto a sonreír desde aquella lejana vez que lo intentó, en la infancia, y le quedaron doliendo los músculos.

(167)

Al son del organito, canta un ciego a la que duerme sola

Señora,
¿por qué duermes sola,
pudiendo dormir
con un mancebo
que tenga calzones
de pulidos botones
y casaca
de ojales de plata?
Arriba
hay una verde oliva.
Abajo
hay un verde naranjo.
Y en medio
hay un pájaro negro
que chupa
su terrón de azúcar.

(196)

1553
Potosí

El alcalde y el galán

—Que no duerme sola —dice alguien—. Que duerme con ése.
Y se lo señalan. El preferido de la muchacha es un soldado de buena apostura y con mieles en los ojos y la voz. Don Diego mastica el despecho y resuelve esperar su oportunidad.

La oportunidad llega una noche, en uno de los garitos de Potosí, traída por la mano de un fraile que se ha jugado las limosnas. Un mago de los naipes está recogiendo los frutos de sus afanes cuando el cura desplumado deja caer un brazo, extrae un puñal de la sotana y le clava la mano en el tapete. El galán, que anda por allí de puro curioso, se mete en la pelea.

Marchan todos presos.

Toca al alcalde, don Diego, decidir. Encara al galán y le ofrece:
—Multa o azote.
—Multa, no puedo pagar. Pobre soy, pero hidalgo de sangre pura y solar conocido.
—Doce azotes para este príncipe —decide el alcalde.
—¡A un hidalgo español! —protesta el soldado.
—Cuéntamelo por la otra oreja, que ésta no te lo cree —dice don Diego, y se sienta a disfrutar los latigazos.

Cuando lo desatan, el castigado amante amenaza:
—En vuestras orejas, señor alcalde, cobraré venganza. Os las presto por un año. Podéis usarlas por un año, pero son mías.

(167)

1554
Cuzco

El alcalde y las orejas

Desde la amenaza del galán, don Diego se palpa las orejas cada mañana, al despertarse, y las mide ante el espejo. Ha descubierto que las orejas crecen cuando están contentas y que las encogen el frío y las melancolías; que las calientan al rojo vivo las miradas y las calumnias y que aletean desesperadamente, como pajaritos en la jaula, cuando escuchan los chasquidos de una hoja de acero que se afila.

Para ponerlas a salvo, don Diego las trae al Cuzco. Guardias y esclavos lo acompañan en el largo viaje.

Un domingo de mañana, sale don Diego de misa, más desfilando que caminando, seguido por el negrito que le lleva el reclinatorio de terciopelo. De pronto un par de ojos se clavan, certeros, en sus orejas, y una capa azul atraviesa en ráfaga el gentío y se desvanece, flameando, en la lejanía.

Quedan las orejas como lastimadas.

(167)

1554
Lima

El alcalde y el cobrador

De aquí a poco, las campanas de la catedral anunciarán la medianoche. Entonces se cumplirá un año justo de aquel estúpido episodio que obligó a don Diego a mudarse al Cuzco, y de Cuzco a Lima.

Don Diego confirma por milésima vez que están las trancas puestas y que no se han dormido los que montan guardia hasta en la azotea. Él mismo ha revisado la casa rincón por rincón, sin olvidar ni la leña de la cocina.

Pronto ofrecerá una fiesta. Habrá toros y mascaradas, juegos de cañas y castillos de pólvora, aves asándose en las hogueras y barricas de vino con las espitas abiertas. Don Diego dejará a toda Lima bizca de deslumbre. En la fiesta estrenará su capa de damasco y su nueva montura de terciopelo negro, tachonada con clavos de oro, que tan buen juego hace con la gualdrapa carmesí.

Se sienta a esperar las campanadas. Las cuenta. Suspira hondo.

Un esclavo alza el candelabro y le ilumina el camino de alfombras hacia el dormitorio. Otro esclavo le quita el jubón y las calzas, estas

Los nacimientos

calzas que parecen guantes, y las medias blancas caladas. Los esclavos cierran la puerta y se retiran a ocupar sus puestos de vigilancia hasta el amanecer.

Don Diego sopla las velas, hunde la cabeza en el almohadón de seda y, por primera vez en un año, se sumerge en el sueño sin sobresaltos.

Mucho después, empieza a moverse la armadura que adorna un rincón del dormitorio. Espada en mano, la armadura avanza en la oscuridad, muy lentamente, hacia la cama.

(167)

1554
Ciudad de México

Sepúlveda

El cabildo de la ciudad de México, flor y nata del señorío colonial, resuelve enviar a Juan Ginés de Sepúlveda doscientos pesos de oro, en reconocimiento de su tarea y para animarle en el futuro.

Sepúlveda, el humanista, no es solamente doctor y arcipreste, cronista y capellán de Carlos V. Brilla también en los negocios, según prueba su creciente fortuna, y en las cortes trabaja como ardoroso agente de propaganda de los dueños de las tierras y los indios de América.

Ante los alegatos de Bartolomé de Las Casas, sostiene Sepúlveda que los indios son siervos por naturaleza, según lo quiere Dios, y que sobrados ejemplos brindan las Sagradas Escrituras del castigo a los injustos. Cuando Las Casas pretende que los españoles aprendan las lenguas de los indios tanto como los indios la lengua de Castilla, contesta Sepúlveda que la diferencia entre los españoles y los indios es la misma que separa a los machos de las hembras y casi la que distingue a los hombres de los monos. Lo que Las Casas llama abuso y crimen, para Sepúlveda es legítimo sistema de dominio y recomienda el arte de la cacería contra quienes, habiendo nacido para obedecer, rehúsan la esclavitud.

El rey, que publica los ataques de Las Casas, prohíbe, en cambio, el tratado de Sepúlveda sobre las justas causas de la guerra colonial. Sepúlveda acepta la censura sonriendo y sin protestar. Puede más, al fin y al cabo, la realidad que la mala conciencia, y bien sabe él lo que en el fondo saben todos los que mandan: que es el afán de ganar oro, y no el de ganar almas, el que levanta imperios.

(90 y 118)

1556
Asunción del Paraguay

Las conquistadoras

A sus espaldas cargaron la leña y los heridos. Como a niñitos trataron las mujeres a los hombres: les dieron agua fresca y consuelo y telarañas para las lastimaduras. Las voces de aliento y de alarma brotaron de sus bocas, y también las maldiciones que fulminaron a los cobardes y empujaron a los flojos. Ellas dispararon las ballestas y los cañones mientras ellos se arrastraban buscando sombrita donde morir. Cuando llegaron a los bergantines los sobrevivientes del hambre y las flechas, fueron las mujeres quienes izaron las velas y buscaron rumbo, río arriba, remando y remando sin quejas. Así ocurrió en Buenos Aires y en el río Paraná.

Al cabo de veinte años, el gobernador Irala ha repartido indios y tierras en Asunción del Paraguay.

Bartolomé García, que fue de aquellos que llegaron en los bergantines desde el sur, masculla sus protestas. Irala no le ha dado más que dieciséis indios, a él que tiene todavía hundida en el brazo una punta de flecha y supo pelear cuerpo a cuerpo con los pumas que saltaban las empalizadas de Buenos Aires.

—¿Y yo? Si te quejas tú, ¿qué diré yo? —chilla doña Isabel de Guevara.

Ella también estuvo desde el principio. Vino desde España para fundar Buenos Aires junto a Mendoza y junto a Irala subió hasta Asunción. Por ser mujer, el gobernador no le ha dado ni un indio.

(120)

1556
Asunción del Paraguay

«El Paraíso de Mahoma»

Ruedan los dados. Una india sostiene el candil. Desnuda se la lleva quien la gana, porque sin ropas la ha apostado quien la pierde.

En el Paraguay, las indias son los trofeos de las ruedas de dados o naipes, el botín de las expediciones a la selva, el motivo de los duelos y los asesinatos. Aunque hay muchas, la más fea vale tanto como un tocino o un caballo. Los conquistadores de Indias y de indias acuden a misa seguidos de manadas de mujeres. En esta tierra estéril de oro o plata, algunos tienen ochenta o cien, que durante el día muelen caña y por la noche hilan algodón y se dejan amar, para dar a sus señores mieles, ropas, hijos: ellas ayudan a olvidar las riquezas soñadas que la realidad negó y las lejanas novias que en España envejecen esperando.

—Cuidado. Van a la cama con odio —advierte Domingo Martínez, padre de infinitos mestizos y futuro fraile. Él dice que son las indias rencorosas y testarudas, siempre ávidas de regresar al monte donde las cazaron, y que no se les puede confiar ni una onza de algodón porque lo esconden o lo queman o lo dan, *que su gloria no es sino echar a perder a los cristianos y destruir cuanto hay.* Algunas se han matado ahorcándose o comiendo tierra y hay quienes niegan el pecho a sus hijos recién nacidos. Ya la india Juliana mató una noche al conquistador Nuño de Cabrera y a gritos incitó a las otras a seguir su ejemplo.

(73 y 74)

Coplas del mujeriego, del cancionero español

Como los moros gastan
siete mujeres,
también los españoles
gastarlas quieren.
¡Ay, qué alegría,
que ya se ha vuelto España
la morería!

Querer una no es ninguna,
querer dos es falsedad,
querer tres y engañar cuatro,
¡eso es gloria que Dios da!

(196)

1556
La Imperial

Mariño de Lobera

El caballo, pelo de oro y mucho brío, decide el rumbo y el ritmo. Si quiere galopar, galopa; busca el campo y retoza entre los altos pastos, se asoma al arroyo y regresa; respetuoso, al paso, va y viene por las calles de tierra de la ciudad nuevita.

A rienda suelta, montando en pelo, Pedro Mariño de Lobera pasea y celebra. Todo el vino que había en La Imperial circula por sus venas. De vez en cuando, echa risitas y comentarios. El caballo vuelve la cabeza, mira y aprueba.

Hoy hace cuatro años que don Pedro abandonó el séquito del virrey en Lima y emprendió el largo camino hacia Chile.

—Yo tengo cuatro años —dice don Pedro al caballo—. Cuatro añitos. Tú eres más viejo y más bruto.

En este tiempo, es mucho lo que ha visto y peleado. Él dice que de estas tierras chilenas brotan alegrías y oro como las plantas crecen en otras comarcas. Y cuando hay guerra, que siempre hay, la Virgen echa niebla espesa para cegar a los indios y el apóstol Santiago suma su lanza y su caballo blanco a las huestes de la conquista. No lejos de aquí, hace poco, estando los escuadrones araucanos de espaldas a la mar, una ola gigantesca los arrebató y se los tragó.

Don Pedro recuerda y comenta y el caballo cabecea.

Un relámpago viborea, súbito, en el cielo, y los truenos aturden la tierra.

—Llueve —comprueba don Pedro—. ¡Llueve leche!

El caballo alza la boca y bebe.

(130)

1558
Cañete

La guerra continúa

Con cien flechas en el pecho acaba Caupolicán. El gran jefe de un solo ojo cae derrotado por la traición. La luna solía detenerse para contemplar sus hazañas y no había entre los hombres quien no lo amara o lo temiera, pero un traidor pudo con él.

El año pasado, la traición sorprendió también a Lautaro:

—Y tú, ¿qué haces aquí? —preguntó el jefe de los españoles.

—Vengo a ofrecerte la cabeza de Lautaro —dijo el traidor.

Lautaro no entró en Santiago al frente de los suyos, a paso vencedor. Una lanza, la más larga del ejército español, llevó a Santiago su cabeza desde el cerro Chilipirco.

La traición es un arma tan devastadora como el tifus, la viruela y el hambre —que atormenta a los araucanos mientras la guerra va arrasando cosechas y sembradíos.

Pero los labradores y los cazadores de estas tierras de Chile tienen otras armas. Dominan ahora a los caballos que antes les daban terror: atacan de a caballo, torbellino de jinetes, y se protegen con corazas de cuero crudo. Saben disparar los arcabuces que arrancan en el campo de batalla y atan las espadas a la punta de sus lanzas. Tras los ramajes que se mueven, en la bruma del amanecer, avanzan sin que los vean. Después simulan retirarse, para que los caballos enemigos se hundan en las ciénagas o se rompan las patas en las trampas ocultas. Las columnas de humo les dicen por dónde andan las tropas españolas: las muerden y desaparecen. Súbitamente regresan y se les echan encima cuando brilla fuerte el sol del mediodía y los soldados se están cocinando dentro de las armaduras. Los lazos corredizos, que Lautaro inventó, voltean a los jinetes.

Además, los araucanos vuelan. Antes de salir a la pelea, se frotan el cuerpo con las plumas de los pájaros más veloces.

(5 y 66)

Canción araucana del jinete fantasma

¿Quién es
el que cabalga en el viento,
como el tigre,
con su cuerpo de fantasma?
Cuando los robles lo ven,
cuando lo ven las personas,
se dicen en voz baja
unos a otros:
«Mira, hermano, ahí viene
el espectro de Caupolicán».

(42)

1558
Michmaloyan

Los tzitzime

Han atrapado y están castigando a Juan Teton, indio predicador del pueblo de Michmaloyan, en el valle de México, y también a quienes lo escucharon y le hicieron caso. Andaba Juan anunciando el fin de un ciclo y decía que estaba próxima la atadura de los años. Entonces, decía, llegará la completa oscuridad, se secarán los verdores y habrá hambre. En bestias se convertirán todos los que no se laven la cabeza para borrar el bautismo. Los *tzitzime,* espantosos pájaros negros, bajarán del cielo y comerán a todos los que no se hayan quitado la marca de los curas.

También había anunciado a los *tzitzime* Martín Océlotl, que fue preso y azotado, despojado y desterrado de Texcoco. También él dijo que no habrá lumbre en la fiesta del fuego nuevo y que se acabará el mundo por culpa de quienes han olvidado las enseñanzas de los padres y los abuelos y ya no saben a quién deben el nacer y el crecer. A través de las tinieblas se abatirán sobre nosotros los *tzitzime,* decía, y devorarán a las mujeres y a los hombres. Según Martín Océlotl, los frailes misioneros

Los nacimientos

son *tzitzime* disfrazados, *enemigos de toda alegría, que ignoran que nacimos para morir y que después de muertos no tendremos placer ni regocijo.*

Y algo así también opinan, sobre los frailes, los antiguos señores que han sobrevivido en Tlaxcala: *Pobres,* dicen. *Pobres. Deben estar enfermos o locos. A medio día, a media noche y al cuarto del alba, cuando todos se regocijan, éstos dan voces y lloran. Mal grande han de tener. Son hombres sin sentido. No buscan placer ni alegría, sino tristeza y soledad.*

(109)

1558
Yuste

¿Quién soy, quién habré sido?

Respirar es una hazaña y la cabeza arde. Ya no caminan los pies, inflados por la gota. Echado en la terraza, el que fuera monarca de la mitad del mundo ahuyenta a los bufones y contempla el crepúsculo en este valle de Extremadura. El sol se está yendo más allá de la serranía morada y los últimos reflejos enrojecen las sombras sobre el convento de los jerónimos.

A paso vencedor ha entrado en muchas ciudades. Ha sido aclamado y odiado. Muchos han dado la vida por él; a muchos más les han arrancado la vida en su nombre. Tras cuarenta años de viajar y pelear, el más alto prisionero de su propio imperio quiere descanso y olvido. Hoy ha hecho celebrar una misa de réquiem por sí mismo. ¿Quién soy, quién habré sido? Por el espejo, ha visto entrar a la muerte. ¿El que miente o el mentido?

Entre batalla y batalla, a la luz de las fogatas, ha firmado más de cuatrocientos empréstitos con banqueros alemanes, genoveses y flamencos, y nunca han traído bastante plata y oro los galeones de América. El que tanto amaba la música ha escuchado más truenos de cañones y caballos que melodías de laúdes; y al cabo de tanta guerra su hijo, Felipe, hereda un imperio en bancarrota.

A través de la niebla, por el norte, Carlos había llegado a España cuando tenía diecisiete años, seguido por su séquito de mercaderes flamencos y banqueros alemanes, en una infinita caravana de carretas y caballos. En aquel entonces él no sabía ni saludar en la lengua de Castilla. Pero mañana la elegirá para despedirse:

—*¡Ay, Jesús!* —serán sus últimas palabras.

(41 y 116)

1559
Ciudad de México

Los dolientes

El águila de los Austrias abre sus alas de oro contra el limpio cielo del altiplano. Sobre un paño negro, rodeada de banderas, resplandece la corona. El túmulo rinde homenaje a Carlos V y también a la muerte, *que a monarca tan invencible venció*.

La corona, copia exacta de la que lucía el emperador de Europa, ha recorrido ayer las calles de México. Sobre almohada de damasco, la trajeron en procesión. La multitud oraba y cantaba tras ella, mientras doblaban a muerto las campanas de todas las iglesias. A caballo desfilaron los señores principales, rasos negros, negros brocados, capotes de terciopelo negro bordados de oro y plata, y bajo palio atravesaron las nubes de incienso el arzobispo, los obispos y sus mitras fulgurantes.

Hace varias noches que no duermen los sastres. La colonia entera viste de luto.

En los arrabales, los aztecas también están de duelo. Hace meses, un año casi, que están de duelo. La peste mata en cantidad. Una fiebre, que no se conocía antes de la conquista, arranca sangre de la nariz y los ojos y mata.

(28)

Consejos de los viejos sabios aztecas

Ahora que ya miras con tus ojos,
date cuenta.
Aquí, es así: no hay alegría,
no hay felicidad.

*Aquí en la tierra es el lugar del mucho llanto,
el lugar donde se rinde el aliento
y donde bien se conoce
el abatimiento y la amargura.
Un viento de obsidiana sopla y se abate
sobre nosotros.
La tierra es lugar de alegría penosa,
de alegría que punza.*

*Pero aunque así fuera,
aunque fuera verdad que sólo se sufre,
aunque así fueran las cosas en la tierra,
¿habrá que estar siempre con miedo?
¿habrá que estar siempre temblando?
¿habrá que vivir siempre llorando?*

*Para que no andemos siempre gimiendo,
para que nunca nos sature la tristeza,
el Señor Nuestro nos ha dado
la risa, el sueño, los alimentos,
nuestra fuerza,
y finalmente
el acto del amor
que siembra gentes.*

(110)

1560
Huexotzingo

La recompensa

Los jefes indígenas de Huexotzingo llevan, ahora, los nombres de sus nuevos señores. Se llaman Felipe de Mendoza, Hernando de Meneses, Miguel de Alvarado, Diego de Chaves o Mateo de la Corona. Pero escriben en su lengua, en lengua náhuatl, y en ella dirigen una larga carta al rey de España: *Infortunados somos, pobres vasallos vuestros de Huexotzingo...*

Explican a Felipe II que no pueden llegar hasta él de otra manera, porque no tienen con qué pagarse el viaje, y por carta cuentan su historia y formulan su demanda. *¿Cómo hablaremos? ¿Quién hablará por nosotros? Infortunados somos.*

Ellos no han dado nunca guerra a los españoles. Veinte leguas caminaron hacia Hernán Cortés y lo abrazaron, lo alimentaron y lo sirvieron y cargaron a sus soldados enfermos. Le dieron hombres y armas y la madera para construir los bergantines que asaltaron Tenochtitlán. Caída la capital de los aztecas, los de Huexotzingo pelearon luego junto a Cortés en la conquista de Michoacán, Jalisco, Colhuacan, Pánuco, Oaxaca, Tehuantepec y Guatemala. Muchos murieron. Y después, *cuando nos dijeron que rompiéramos las piedras y quemáramos las maderas que adorábamos, lo hicimos, y destruimos nuestros templos... Todo lo que mandaron, obedecimos.*

Huexotzingo era un reino independiente cuando los españoles llegaron. Ellos nunca habían pagado tributo a los aztecas. *Nuestros padres, abuelos y antepasados no conocían el tributo y a nadie lo pagaban.*

Ahora, en cambio, los españoles exigen tan altos tributos en dinero y en maíz que *declaramos ante Su Majestad que no pasará mucho tiempo antes de que nuestra ciudad de Huexotzingo desaparezca y muera.*

(120)

1560
Michoacán

Vasco de Quiroga

Cristianismo primitivo, comunismo primitivo: el obispo de Michoacán redacta las ordenanzas para sus comunidades evangélicas. Él las ha fundado inspirándose en la *Utopía* de Tomás Moro, en los profetas bíblicos y en las antiguas tradiciones de los indios de América.

Los pueblos creados por Vasco de Quiroga, donde nadie es dueño de nadie ni de nada y no se conoce el hambre ni el dinero, no se multiplicarán, como él quisiera, por todo México. El Consejo de Indias jamás se tomará en serio los proyectos del insensato obispo ni echará siquiera una ojeada a los libros que él, porfiadamente, recomienda. Pero ya la utopía ha regresado a América, que era su realidad de origen. La quimera de Tomás Moro ha encarnado en el pequeño mundo solidario de Michoacán; y los indios de aquí sentirán suya, en los tiempos por venir, la memoria de Vasco de Quiroga, el alucinado que clavó los ojos en el delirio para ver más allá del tiempo de la infamia.

(227)

1561
Villa de los Bergantines

La primera independencia de América

Lo coronaron ayer. Los monos se asomaron, curiosos, entre los árboles. La boca de Fernando de Guzmán chorreaba jugo de guanábanas y había soles en sus ojos. Uno tras otro, los soldados se arrodillaron ante el trono de palo y paja, besaron la mano del elegido y le juraron obediencia. Después firmaron el acta, con nombre o cruz, todos los que no eran mujeres, ni criados, ni indios, ni negros. El escribano dio fe y testimonio y proclamada quedó la independencia.

Los buscadores de El Dorado, perdidos en medio de la selva, tienen ahora su propio monarca. Nada los ata a España, como no sea el rencor. Han negado vasallaje al rey del otro lado del mar:

—¡No lo conozco! —gritó ayer Lope de Aguirre, puro hueso y cólera, alzando su espada cubierta de moho—. ¡No lo conozco, ni quiero conocerlo, ni tenerlo, ni obedecerlo!

En la choza más grande de la aldea, se instala la corte. A la luz de un candelabro, el príncipe Fernando come incesantes buñuelos de yuca regados de miel. Lo sirven sus pajes, el copero, el copa y jarro, el camarero; entre buñuelo y buñuelo, da órdenes a sus secretarios, dicta decretos a los escribientes y otorga audiencias y mercedes. El tesorero del reino, el capellán, el mayordomo mayor y el maestresala visten jubones en hilachas y tienen las manos hinchadas y los labios partidos. El maese de campo es Lope de Aguirre, cojo, tuerto, casi enano, pellejo quemado, que por las noches conspira y durante el día dirige la construcción de los bergantines.

Suenan los golpes de las hachas y los martillos. Las corrientes del Amazonas han hecho pedazos las naves, pero ya dos nuevas quillas se alzan en la arena. La selva ofrece buena madera. Con el cuero de los caballos, hicieron fuelles; de las herraduras salieron los clavos, los pernos y las bisagras.

Atormentados por los zancudos y los jejenes, envueltos en los vapores de la humedad y la fiebre, los hombres esperan que los barcos crezcan. Comen pasto y carne de buitre, sin sal. Ya no quedan perros ni caballos y los anzuelos no traen más que barro y algas podridas, pero nadie en el campamento duda de que ha llegado la hora de la revancha. Han salido hace meses del Perú, en busca del lago donde dice la leyenda que hay ídolos de oro macizo grandes como muchachos, y al Perú quieren regresar, ahora, en pie de guerra. No van a perder ni un día más persiguiendo la tierra de promisión, porque se han dado cuenta de que ya la conocen y están hartos de maldecir su mala suerte. Navegarán el Amazonas, saldrán al océano, ocuparán la isla Margarita, invadirán Venezuela y Panamá...

Los que duermen sueñan con la plata de Potosí. Aguirre, que jamás cierra el ojo que le queda, la ve despierto.

(123 y 164)

1561
Nueva Valencia del Rey

Aguirre

En el centro del escenario, hacha en mano, aparece Lope de Aguirre rodeado de decenas de espejos. El perfil del rey Felipe II se recorta, negro, inmenso, sobre el telón de fondo.

LOPE DE AGUIRRE *(hablando al público)*.—Caminando nuestra derrota, y pasando por muertes y malas venturas, tardamos más de diez meses y medio en llegar a la boca del río de las Amazonas, que es río grande y temeroso y mal afortunado. Después, tomamos posesión de la isla Margarita. Allí cobré en horca o garrote veinticinco traiciones. Y después, nos abrimos paso en tierra firme. ¡Tiemblan de miedo los soldados del rey Felipe! Pronto saldremos de Venezuela... ¡Pronto entraremos triunfantes en el reino del Perú! *(Se vuelve y enfrenta su propia imagen, lastimosa, en uno de los espejos.)* ¡Yo hice rey a don Fernando de Guzmán en el río de las Amazonas! *(Alza el hacha y parte el espejo.)* ¡Yo lo hice rey y yo lo maté! ¡Y al capitán de su guardia y al teniente general y a cuatro capitanes! *(Mientras habla, va haciendo añicos todos los espejos, uno tras otro.)* ¡Y a su mayordomo y a su capitán clérigo de misa!... ¡Y a una mujer de la liga contra mí, y a un comendador de Rodas, y a un almirante... y a otros seis aliados!... ¡Y nombré de nuevo capitanes y sargento mayor! ¡Y quisiéronme matar y los ahorqué! *(Pulveriza los últimos espejos.)* ¡A todos! ¡A todos!... *(Se sienta, muy sofocado, en el suelo cubierto de cristales. En los puños, vertical, el hacha. La mirada perdida. Largo silencio.)* En mi mocedad pasé el océano a las partes del Perú, por valer más con la lanza en la mano... ¡Un cuarto de siglo!... Misterios, miserias... Yo escarbé cementerios arrancando para otros platerías y jícaras de oro... Monté horcas en el centro de ciudades no nacidas... De a caballo, perseguí gentíos... Los indios huyendo despavoridos a través de las llamas... Caballeros de pomposo título y prestadas ropas de seda, hijosdalgo, hijos de nadie, agonizando en la selva, rabiando, mordiendo tierra, envenenada la sangre por los dardos... En la cordillera, guerreros de acerada armadura atravesados de parte a parte por ventiscas más violentas que cualquier arcabuzazo... Muchos han encontrado sepultura en el vientre de los buitres... Muchos han quedado amarillos como el oro que buscaban... La piel amarilla, los ojos amarillos... Y el oro... *(Deja caer el hacha. Abre con dificultad las manos, que son como garras. Muestra las palmas.)* Desvanecido... Oro hecho sombra o rocío... *(Mira con estupor. Queda mudo, largo rato. Súbitamente, se levanta. De espaldas al público, alza el puño sarmentoso contra la enorme sombra de Felipe II, proyectada, barba en punta, en el telón de fondo.)* ¡Pocos reyes van al infierno, porque pocos sois! *(Camina hacia el telón de fondo, arrastrando su pierna coja.)* ¡Ingrato! ¡Yo he perdido mi cuerpo por defenderte contra los rebeldes del Perú! ¡Te entregué una pierna y un ojo y estas manos que de poco me sirven! ¡Ahora, el rebelde soy yo! ¡Rebelde hasta la muerte por tu ingratitud! *(Encara al público, desenvaina la espada.)* ¡Yo, Príncipe de los rebeldes! ¡Lope de Aguirre el Peregrino, Ira de Dios, Caudillo de los lastimados! ¡No te necesitamos, rey de España! *(Se encienden luces de colores sobre varios puntos del escenario.)* ¡No hemos de dejar ministro tuyo con vida! *(Se abalanza, espada en mano, contra un haz de luz rojiza.)* ¡Oidores, gobernadores, presidentes, visorreyes! ¡Guerra a muerte contra los alcahuetes cortesanos! *(El haz de luz continúa en su sitio, indiferente a la espada que lo corta.)* ¡Usurpadores! ¡Ladrones! *(La espada hiere el aire.)* ¡Vosotros habéis destruido las Indias! *(Arremete contra un haz de luz dorada.)* ¡Letrados, notarios, cagatintas! ¿Hasta cuándo hemos de sufrir vuestros robos en estas tierras ganadas por nosotros? *(Los mandobles atraviesan un haz de luz blanca.)* ¡Frailes, obispos, arzobispos! ¡A ningún indio pobre queréis enterrar! ¡Por penitencia tenéis en la cocina una docena de mozas! ¡Traficantes! ¡Traficantes de sacramentos! ¡Estafadores! *(Y así continúa el inútil torbellino de la espada contra los haces de luz inmutable, que se multiplican en el escenario. Aguirre va perdiendo fuerza y se ve cada vez más solo y pequeñito.)*

(123 y 164)

1561
Nueva Valencia del Rey

De la carta de Lope de Aguirre al rey Felipe II

... *Ya de hecho habemos alcanzado en este reino cuán cruel eres y quebrantador de fe y palabra, y así tenemos en esta tierra tus promesas por de menos crédito que los libros de Martín Lutero, pues tu Visorrey Marqués de Cañete ahorcó a Martín de Robles hombre señalado en tu servicio y al bravoso Tomás Vázquez conquistador del Pirú, y al triste de Alonso Díaz que trabajó más en el descubrimiento deste reino que los exploradores de Moisés en el desierto...*

Mira, mira Rey español, que no seas cruel a tus vasallos ni ingrato, pues estando tu padre y tú en los reinos de España sin ninguna zozobra, te han dado tus vasallos a costa de sangre y hacienda, tantos reinos y señoríos como en estas partes tienes, y mira rey y señor, que no puedes llevar con título de rey justo ningún interés destas partes donde no aventuraste nada, sin que primero los que en ello han trabajado y sudado sean gratificados...

¡Ay, ay, qué lástima tan grande que César y Emperador tu padre, conquistase con las fuerzas de España la superba Germania y gastase tanta moneda llevada destas Indias descubiertas por nosotros, que no te duelas de nuestra vejez y cansancio siquiera para matarnos la hambre un día!...

(123)

1561
Barquisimeto

Restablecen el orden

Abandonado por los suyos, que han preferido el perdón o las mercedes reales, Lope de Aguirre acribilla a puñaladas a su hija Elvira, *para que no venga a ser colchón de bellacos,* y enfrenta a sus verdugos. Les corrige la puntería, *así no, así no, mal tiro,* y cae sin encomendarse a Dios.

Cuando Felipe II lee la carta, sentado en su trono muy lejos de aquí, la cabeza de Aguirre está clavada en una pica, para advertencia de todos los peones del desarrollo europeo.

(123 y 164)

1562
Maní

Se equivoca el fuego

Fray Diego de Landa arroja a las llamas, uno tras otro, los libros de los mayas.

El inquisidor maldice a Satanás y el fuego crepita y devora. Alrededor del quemadero, los herejes aúllan cabeza abajo. Colgados de los pies, desollados a latigazos, los indios reciben baños de cera hirviente mientras crecen las llamaradas y crujen los libros, como quejándose.

Esta noche se convierten en cenizas ocho siglos de literatura maya. En estos largos pliegos de papel de corteza, hablaban los signos y las imágenes: contaban los trabajos y los días, los sueños y las guerras de un pueblo nacido antes que Cristo. Con pinceles de cerdas de jabalí, los sabedores de cosas habían pintado estos libros alumbrados, alumbradores, para que los nietos de los nietos no fueran ciegos y supieran verse y ver la historia de los suyos, para que conocieran el movimiento de las estrellas, la frecuencia de los eclipses y las profecías de los dioses, y para que pudieran llamar a las lluvias y a las buenas cosechas de maíz.

Al centro, el inquisidor quema los libros. En torno de la hoguera inmensa, castiga a los lectores. Mientras tanto, los autores, artistas-sacerdotes muertos hace años o hace siglos, beben chocolate a la fresca sombra del primer árbol del mundo. Ellos están en paz, porque han muerto sabiendo que la memoria no se incendia. ¿Acaso no se cantará y se danzará, por los tiempos de los tiempos, lo que ellos habían pintado?

Cuando le queman sus casitas de papel, la memoria encuentra refugio en las bocas que cantan las glorias de los hombres y los dioses, *cantares que de gente en gente quedan,* y en los cuerpos que danzan al son de los troncos huecos, los caparazones de tortuga y las flautas de caña.

(205 y 219)

1563
Fortín de Arauco

La historia que será

El cerco ahoga. En este fortín de frontera, dos veces quemado y vuelto a nacer, casi no queda agua. Pronto habrá que beber lo poco que se mea. Tantas flechas han caído adentro que los españoles las usan de leña para guisar.

El jefe de los araucanos se acerca, de a caballo, hasta el pie de la muralla:
—¡Capitán! ¿Me oyes?
Lorenzo Bernal se asoma desde lo alto.
El jefe indígena anuncia que rodearán la fortaleza con paja y le prenderán fuego. Dice que no han dejado hombre con vida en Concepción.
—¡Nada! —grita Bernal.
—¡A rendirse, capitán! ¡No tienen salida!
—¡Nada! ¡Nunca!
El caballo se para en dos patas.
—Entonces, ¡morirán!
—Pues moriremos —dice Bernal, y grita: «¡Pero a la larga, ganaremos la guerra! ¡Nosotros seremos cada vez más!»
El indio responde con una carcajada.
—¿Con qué mujeres? —pregunta.
—Si no hay españolas, tendremos las vuestras —dice el capitán, lento, saboreando, y añade:
—*Y les haremos hijos que serán vuestros amos.*

(130)

1564
Plymouth

Hawkins

Los cuatro navíos, al mando del capitán John Hawkins, esperan la marea de la mañana. No bien suban las aguas, partirán rumbo al África, a cazar hombres en las costas de Guinea. Desde allí pondrán proa a las Antillas, para cambiar los esclavos por azúcar, cueros y perlas.

Hace un par de años, Hawkins hizo ese trayecto por su cuenta. En una nave llamada *Jesús,* vendió de contrabando trescientos negros en Santo Domingo. Estalló de furia la reina Isabel cuando lo supo, pero se le desvaneció la ira apenas conoció el balance del viaje. En un santiamén, se hizo socia comercial del audaz *perro de mar* del condado de

Devon, y los condes de Pembroke y Leicester y el alcalde mayor de Londres compraron las primeras acciones de la nueva empresa. Mientras los marineros izan las velas, el capitán Hawkins los arenga desde el puente. La armada británica hará suyas estas órdenes en los siglos por venir:
—*¡Servid a Dios diariamente!* —manda Hawkins a pleno pulmón—. *¡Amaos los unos a los otros! ¡Reservad vuestras provisiones! ¡Cuidaos del fuego! ¡Manteneos en buena compañía!*

(127, 187 y 198)

1564
Bogotá

Desventuras de la vida conyugal

—Di. ¿Me encuentras rara?
—Pues un poco.
—¿Un poco qué?
—Un poco gorda, señora, usted disculpe.
—A ver si adivinas. ¿Gorda estoy de comer o de reír?
—Gorda de amar, pareciera, y no es por ofender.
—Qué va, mujer, si por eso te he llamado...
Está la señora muy preocupada. Poca paciencia ha tenido su cuerpo, incapaz de esperar al marido ausente; y alguien le ha dicho que el traicionado está llegando a Cartagena. Cuando le descubra la barriga... ¿qué no hará ese hombre tan categórico, que decapitando cura los dolores de cabeza?
—Por eso te he llamado, Juana. Ayúdame, tú que eres tan voladora y puedes beber vino de una copa vacía. Dime. ¿Viene mi marido en la flota de Cartagena?
En jofaina de plata, la negra Juana García revuelve aguas, tierras, sangres, yuyos. Sumerge un librito verde y lo deja navegar. Después hunde la nariz:
—No —informa—. No viene. Y si quiere usted ver a su marido, asómese.

Los nacimientos

Se inclina la señora sobre la palangana. A la luz de las velas, lo ve. Él está sentado junto a una bella mujer, en un lugar de muchas sedas, mientras alguien corta un vestido de paño guarnecido.

—¡Ah, farsante! Dime, Juana, ¿qué lugar es éste?

—La casa de un sastre, en la isla de Santo Domingo.

En las espesas aguas aparece la imagen del sastre cortando una manga.

—¿Se la quito? —propone la negra.

—¡Pues quítasela!

La mano emerge de la jofaina con una manga de fino paño chorreando entre los dedos.

La señora tiembla, pero de furia.

—¡Se merece más barrigas, el muy puerco!

Desde un rincón, un perrito ronronea con los ojos entreabiertos.

(194)

1565
Camino de Lima

La espía

En la hacienda de don Antonio Solar, a orillas del río Lurín, han crecido los melones grandes como soles. Es la primera vez que por aquí se plantan estas frutas traídas de España; y el capataz envía al amo diez muestras para su placer y vanagloria. La enormidad de estos melones es comparable al grandor de los rábanos del valle de Cuzapa, que dizque se pueden atar cinco caballos a sus ramas.

Dos indios llevan a Lima, en sendas bolsas, la ofrenda del capataz. Él les ha dado una carta para que la entreguen, con los melones, a don Antonio Solar:

—Si os coméis algún melón —les advirtió—, esta carta lo dirá.

A mitad de camino, cuando están a un par de leguas de la Ciudad de los Reyes, los indios se sientan en un barranco a descansar.

—¿Y qué sabor tendrá esta fruta tan rara?

—Maravillas ha de ofrecer.

—¿Y si probamos? Un melón. Unito.
—*Carta canta* —advierte uno de los indios.
Miran la carta, la odian. Le buscan una prisión. La esconden detrás de una roca, donde nada puede ver, y a rápidas dentelladas devoran un melón, pulpa de agua dulce, sabrosura jamás imaginada, y después se comen otro para emparejar las cargas.
Entonces recogen la carta, la guardan entre sus ropas, se echan las bolsas a la espalda y siguen su camino.

(76)

1565
Yauyos

Esa piedra soy yo

El funcionario del rey aguarda a la bruja, diestra en maldades, que ha de venir a rendir cuentas. A sus pies yace, boca abajo, el ídolo de piedra. La bruja fue sorprendida cuando estaba velando esta huaca a escondidas, y pronto pagará su herejía. Pero antes del castigo, el funcionario quiere escuchar de su boca la confesión de sus charlas con el demonio. Mientras espera que la traigan, se entretiene pisoteando la huaca y meditando sobre el destino de estos indios, que da pesar a Dios haberlos hecho.
Los soldados arrojan a la bruja y la dejan temblando en el umbral.
Entonces la huaca de piedra, fea y vieja, saluda en lengua quechua a la bruja vieja y fea:
—*Bienvenida seas, princesa* —dice la voz, ronca, desde las suelas del funcionario.
El funcionario queda bizco y cae, despatarrado, al piso.
Mientras lo abanica con un sombrero, la vieja se prende a la casaca del desvanecido y clama: «¡No me castigues, señor, no la rompas!»
La vieja quisiera explicarle que en esa piedra viven las divinidades y que, si no fuera por la huaca, ella no sabría cómo se llama,

ni quién es, ni de dónde viene, y andaría por el mundo desnuda y perdida.

(221)

Oración de los incas, en busca de Dios

Óyeme,
desde el mar de arriba en que permaneces,
desde el mar de abajo donde estás.
Creador del mundo,
alfarero del hombre,
Señor de los Señores,
a ti,
con mis ojos que desesperan por verte
o por pura gana de conocerte
pues viéndote yo,
conociéndote,
considerándote,
comprendiéndote,
tú me verás y me conocerás.
El sol, la luna,
el día,
la noche,
el verano,
el invierno,
no en vano caminan,
ordenados,
al señalado lugar
y a buen término llegan.
Por todas partes llevas contigo
tu cetro de rey.
Óyeme,
escúchame.
No sea que me canse,
que me muera.

(105)

1565
Ciudad de México

Ceremonia

Centellea la túnica dorada. Cuarenta y cinco años después de su muerte, Moctezuma encabeza la procesión. Los jinetes irrumpen, al paso, en la plaza mayor de la ciudad de México.

Los bailarines danzan al trueno de los tambores y al lamento de las chirimías. Muchos indios, vestidos de blanco, levantan ramos de flores; otros sostienen enormes cazuelas de barro. El humo del incienso se mezcla con los aromas de los guisos picantes.

Ante el palacio de Cortés, Moctezuma se apea del caballo.

Se abre la puerta. Entre sus pajes, armados con las altas y afiladas partesanas, aparece Cortés.

Moctezuma humilla su cabeza, coronada de plumas y oro y piedras preciosas. Hincado, ofrece guirnaldas de flores. Cortés le toca el hombro. Moctezuma se levanta. Con gesto lento, se arranca la máscara y descubre el rizado cabello y los bigotes de altas puntas de Alonso de Ávila.

Alonso de Ávila, señor de horca y cuchillo, dueño de indios, tierras y minas, entra en el palacio de Martín Cortés, marqués del valle de Oaxaca. El hijo de un conquistador abre su casa al sobrino de otro conquistador.

Hoy comienza oficialmente la conspiración contra el rey de España. En la vida de la colonia, no todo son saraos y torneos, naipes y cacerías.

(28)

1566
Madrid

El fanático de la dignidad humana

Fray Bartolomé de Las Casas está pasando por encima del rey y del Consejo de Indias. ¿Será castigada su desobediencia? A los noventa y dos años, poco le importa. Medio siglo lleva peleando. ¿No están en su hazaña las claves de su tragedia? Muchas batallas le han dejado ganar, hace tiempo lo sabe, porque el resultado de la guerra estaba decidido de antemano.

Los dedos ya no le hacen caso. Dicta la carta. Sin permiso de nadie, se dirige directamente a la Santa Sede. Pide al papa Pío V que mande cesar las guerras contra los indios y que ponga fin al saqueo que usa la cruz como coartada. Mientras dicta se indigna, se le sube la sangre a la cabeza y se le quiebra la voz que le queda, ronca y poca.

Súbitamente, cae al suelo.

(70 y 90)

1566
Madrid

Aunque pierdas, vale la pena

Los labios se mueven, dicen palabras sin sonido.

—¿Me perdonarás, Dios?

Fray Bartolomé pide clemencia en el Juicio Final, por haber creído que los esclavos negros y moros aliviarían la suerte de los indios.

Yace tendido, húmeda la frente, pálido, y no cesan de moverse los labios.

Un trueno se descarga, lento, desde lejos. Fray Bartolomé, el nacedor, el hacedor, cierra los ojos. Aunque siempre fue duro de oído, escucha la lluvia sobre el tejado del convento de Atocha. La lluvia le moja la cara. Sonríe.

Uno de los sacerdotes que lo acompañan murmura algo sobre la rara luz que le ha encendido el rostro. A través de la lluvia, libre de duda y tormento, fray Bartolomé está viajando, por última vez, hacia los verdes mundos donde conoció la alegría.

—Gracias —dicen sus labios, en silencio, mientras lee las oraciones a la luz de los cocuyos y las luciérnagas, salpicado por la lluvia que golpea el techo de hojas de palma.

—Gracias —dice, mientras celebra misa en cobertizos sin paredes y bautiza niños desnudos en los ríos.

Los sacerdotes se persignan. Han caído los últimos granos de la arena del reloj. Alguien da vuelta la ampolleta, para que no se interrumpa el tiempo.

(27, 70 y 90)

1568
Los Teques

Guaicaipuro

Nunca más el río reflejará su rostro, su penacho de altas plumas.

Esta vez los dioses no han escuchado a su mujer, Urquía, que pedía que no lo tocaran las balas ni las enfermedades y que nunca el sueño, hermano de la muerte, olvidara devolverlo al mundo al fin de cada noche.

A balazos los invasores derribaron a Guaicaipuro.

Desde que los indios lo habían elegido jefe, no hubo tregua en este valle ni en la serranía de Ávila. En la recién nacida ciudad de Caracas se persignaban al decir, en voz baja, su nombre.

Ante la muerte y sus funcionarios, el último de los libres ha caído gritando *mátenme, mátenme, líbrense del miedo*.

(158)

1568
Ciudad de México

Los hijos de Cortés

Martín se llama el hijo mayor de Hernán Cortés, hijo natural nacido de la india Malinche. Su padre le dejó, al morir, una flaca pensión anual.

Martín se llama, también, el hijo legal de Hernán Cortés, nacido de una española hija de conde y sobrina de duque. Este Martín ha heredado el blasón y la fortuna: es el marqués del valle de Oaxaca, dueño de miles de indios y leguas en esta tierra que su padre había humillado y amado y elegido para yacer por siempre.

En silla de terciopelo carmesí y bordes de oro, solía pasear Martín, el marqués, por las calles de México. Tras él marchaban sus guardias de librea roja, armados de espadas. Quien se cruzaba con él se descubría, le rendía pleitesía y se sumaba al séquito. El otro Martín, el bastardo, formaba parte de la comitiva.

Martín, el marqués, quiso romper con España y proclamarse rey de México. Cuando la conjura fracasó, balbuceó arrepentimientos y delató nombres. Le perdonaron la vida.

Martín, el bastardo, que ha servido a su hermano en la conspiración y en todo lo demás, se retuerce ahora en la tortura. A su lado, el escribano anota: *Fue desnudado y puesto en la cincha. Amonestado, dijo que no debía nada.*

El verdugo da una vuelta a la rueda. Las cuerdas rompen la carne y estiran los huesos.

El escribano anota: *Se le amonesta de nuevo. Dice que no tiene más que decir que lo que tiene dicho.*

Segunda vuelta de cuerda. Tercera, cuarta, quinta.

(28)

1569
La Habana

San Simón contra las hormigas

Las hormigas acosan la ciudad y arrasan los sembradíos. Han devorado por el ombligo a más de un cristiano de sueño pesado.

En sesión extraordinaria, las autoridades de La Habana resuelven pedir la protección de un santo patrono contra las bibijaguas y otras hormigas bravas.

Ante el reverendo Alonso Álvarez, se celebra el sorteo entre los doce apóstoles. Resulta favorecido san Simón, a quien toman por abogado *para que sea intercesor ante Dios Nuestro Señor, para que quite todas las hormigas de sobre este pueblo, casa e haciendas desta villa y sus términos.*

En retribución, la ciudad celebrará una fiesta anual para honra y reverencia del bienaventurado san Simón, con canto de vísperas, misa, procesión de asistencia obligatoria y corrida de toros.

(161)

1571
Ciudad de México

Delatarás al prójimo

De los balcones cuelgan los escudos de armas, coloridos tapices, terciopelos, banderines. Refulge la armadura del caballero de Santiago, que inclina su estandarte ante el virrey. Los pajes alzan sus grandes hachas, en torno a la inmensa cruz clavada en el cadalso.

El inquisidor general está llegando desde Madrid. Lo anuncian atabales y clarines. Viene a lomo de mula, con joyoso apero, en medio de una multitud de cirios encendidos y capuchas negras.

Bajo su autoridad suprema, serán atormentados o quemados los herejes. Hace siglos, el papa Inocencio IV mandó apremiar con tormentos a los asesinos de las almas y ladrones de la fe de Cristo; y mucho después el papa Paulo III prohibió que la tortura durara más de una hora. Desde entonces, los inquisidores interrumpen su trabajo cada hora, por un ratito. El inquisidor general recién llegado a México cuidará que nunca se use leña verde en las ejecuciones, para que no apeste a malos humos la ciudad; y las ordenará en días de cielo claro, para que todos puedan admirarlas. No se ocupará de los indios, *por ser nuevos en la fe, gente flaca y de poca sustancia.*

El inquisidor general se sienta junto al virrey. Lo saluda una salva de artillería.

Redoblan los tambores y el pregonero proclama el edicto general de la fe. Manda el edicto que todos delaten lo que supieren o hubieren visto u oído, sin reservar mujer, marido, padre ni otro alguno por íntimo que fuere. Están todos obligados a denunciar a vivos o muertos que hayan dicho o creído *palabras u opiniones heréticas, sospechosas, erróneas, temerarias, malsonantes, escandalosas o blasfemas.*

(115 y 139)

1571
Madrid

¿La culpa es del criminal o del testigo?

¿Del espejo o de la cara? El rey no lo piensa dos veces. Por decreto ordena la incautación de todos los manuscritos que ha dejado fray Bartolomé de Las Casas, para que no lleguen a manos de los malos españoles y los enemigos de España. Sobre todo preocupa a Felipe II que pueda publicarse o de alguna manera difundirse la muy voluminosa *Historia de las Indias,* que Las Casas no pudo concluir y que vive, prisionera bajo llave, en el monasterio de San Gregorio.

(70 y 90)

1572
Cuzco

Túpac Amaru I

Viene arrastrando los pies por el empedrado. A lomo de un burro enano, la soga al cuello, Túpac Amaru marcha al degolladero. Adelante, el pregonero lo proclama tirano y traidor.

En la plaza mayor, crece el alboroto.

—Inca, ¿por qué te llevan a cortar la cabeza?

Los murmullos de la multitud indígena se vuelven griterío. *¡Que manden matarnos a todas!,* piden los alaridos de las mujeres.

Desde lo alto del tablado, Túpac Amaru levanta una mano, la apoya sobre el oído y la deja caer parsimoniosamente. Calla, entonces, el gentío.

No hay nada que no sea silencio cuando el sable del verdugo parte el cuello del nieto de Huaina Cápac.

Con Túpac Amaru acaban cuatro siglos de dinastía de los incas y casi cuarenta años de resistencia en las montañas de Vilcabamba. Ya no bajarán sobre el valle del Cuzco los vendavales de la guerra, al ronco ritmo de los pututus.

(76)

Creen los vencidos:

Él volverá y por la tierra andará. Las más altas montañas saben. Como son las más altas, ven más lejos y saben.

Ha sido hijo del sol y de mujer boba.

Él ha encerrado al viento; y al sol, su padre, lo ha amarrado, para que el tiempo dure.

A latigazos, arreándolas, ha llevado piedras hacia las alturas. Con esas piedras hizo templos y fortalezas.

Por donde ha ido, los pájaros han ido. Los pájaros lo saludaban y le alegraban el paso. Por el mucho caminar, han derramado sangre los pies de él. Cuando la sangre de los pies de él se ha mezclado con la tierra, nosotros aprendimos a cultivar. Hemos aprendido a hablar cuando él nos dijo: «Hablen». Él ha sido más fuerte y más joven que nosotros.

No siempre hemos tenido miedo en el pecho. No siempre hemos andado a los tumbos, como el escarabajo de los caminos. Es larga nuestra historia. Nuestra historia ha nacido el día que fuimos arrancados de la boca, de los ojos, de las axilas y de la vagina de la tierra.

El hermano de Inkarrí, Españarrí, le ha cortado la cabeza. Él ha sido. La cabeza de Inkarrí se ha convertido en dinero. Oro y plata han brotado de las tripas llenas de mierda de su vientre.

Los nacimientos

Las más altas montañas saben. La cabeza de Inkarrí está queriendo crecer hacia los pies. Sus pedazos se han de juntar algún día. Ese día, amanecerá al anochecer. Ese día, él andará por la tierra perseguido por los pájaros.

(15 y 162)

1574
Ciudad de México

El primer auto de fe en México

Desde que los pregoneros difundieron el edicto de las delaciones, han llovido las denuncias contra herejes y bígamos y brujas y blasfemos.

Se celebra el auto de fe el primer domingo de Cuaresma. Desde que sale el sol hasta que asoma la noche, el Tribunal del Santo Oficio de la Inquisición dicta las sentencias contra los esperpentos arrancados de las celdas y las cámaras de tortura. Los verdugos trabajan en lo alto del suntuoso tablado, rodeados de lanzas y ovaciones del gentío. *No hay memoria de tanta multitud que haya acudido a ningún regocijo público ni a otra cosa de muy gran solemnidad que en la tierra se haya ofrecido,* dice el virrey de la Nueva España, que asiste al espectáculo sobre sillón de terciopelo y con cojín a los pies.

Se aplica castigo de vela, soga, mordaza, abjuración *de levi* y entre cien y doscientos azotes a un platero, un cuchillero, un dorador, un escribiente y un zapatero *por haber dicho que la simple fornicación no era pecado mortal.* Penas semejantes sufren varios bígamos, y entre ellos el fraile agustino Juan Sarmiento, que con la espalda en carne viva se marcha a remar a galeras cinco años.

Cien azotes reciben el negro Domingo, nacido aquí, *porque tiene la costumbre de renegar de Dios,* y Miguel Franco, mestizo, *porque hacía que su mujer se confesase con él.* Otros cien el boticario sevillano Gaspar de los Reyes, *por haber dicho que era mejor estar amancebado que casado y que a los pobres y afligidos les era lícito perjurar por dinero.*

A remar a galeras, *dura cárcel de traviesos,* van varios luteranos y judíos *que en la leche han mamado su herejía,* unos cuantos ingleses de la armada del pirata John Hawkins y un francés *que llamaba poltronazos al Papa y al Rey.*

En la hoguera acaban sus herejes días un inglés de las minas de Guanajuato y un barbero francés de Yucatán.

(139)

1576
Guanajuato

Dicen los frailes:

Llegó a México hace veinte años. Dos palomas la guiaron hasta Guanajuato. Sin un rasguño llegó, aunque cruzó la mar y atravesó el desierto y se extraviaron los que la traían. El rey nos la envió, en gratitud por las riquezas que a chorros brotan, sin nunca cesar, de las entrañas de estos montes.

Durante más de ocho siglos, ella había vivido en España. A escondidas sobrevivió, oculta de los moros, en una cueva de Granada. Cuando los cristianos la descubrieron y la rescataron, no encontraron en su cuerpo de madera herida alguna. Intacta llegó a Guanajuato. Intacta continúa, haciendo milagros. A pobres y a ricos consuela de la pobreza Nuestra Señora de Guanajuato; y del frío salva a quienes duermen a la intemperie o en abrigado palacio. En su infinita indulgencia, no distingue siervos de señores. No hay quien la invoque y no reciba el favor divino.

Por su gracia se están salvando, ahora, muchos indios de Guanajuato que a ella acuden con arrepentimiento y fe. Ella ha detenido la espada del Señor, que con justa furia castiga en estos días idolatrías y pecados de los indios de México. No han sido tocados por la peste los congojosos que a ella han elevado sus súplicas y le han pagado la debida limosna.

En las demás comarcas, muere por el hambre o la pena el indio al que no mata el tifus. Hay cadáveres en los campos y en las plazas y están llenas de muertos las casas donde, muriendo todos, no ha quedado quien corriera a dar aviso. Por todo México viene alzando la peste un tal olor de podredumbres y humaredas, que hemos de andar los españoles con las narices tapadas.

(79 y 131)

1576
Xochimilco

El apóstol Santiago contra la peste

Aquí han pagado tributo, en dinero y en maíz, hasta los niños de pecho. Si la peste continúa, ¿quién pagará? Brazos de aquí han levantado la catedral de México. Si no cesa la peste, ¿quién sembrará estos campos? ¿Quién hilará y tejerá en los obrajes? ¿Quién alzará iglesias y empedrará calles?

Los franciscanos discuten la situación en el convento. De los treinta mil indios que había en Xochimilco cuando los españoles llegaron, quedan cuatro mil, y exagerando. Muchos murieron peleando junto a Hernán Cortés, conquistando hombres y tierras para él, y más murieron trabajando para él y para Pedro de Alvarado, y muchos más está matando la epidemia.

A fray Jerónimo de Mendieta, guardián del convento, se le ocurre la idea salvadora.

Preparan el sorteo. Un monaguillo, vendados los ojos, revuelve los papelitos en la fuente de plata. En cada papelito está escrito el nombre de un santo de probado predicamento en la corte celestial. El monaguillo elige uno y el padre Mendieta lo desdobla y lee:

—¡Es el apóstol Santiago!

Desde el balcón, lo anuncia a los indios de Xochimilco en la lengua de ellos. El apocalíptico fraile habla de rodillas, alzando los brazos.

—¡Santiago derrotará a la peste!

Le promete un altar.

(79 y 161)

1577
Xochimilco

San Sebastián contra la peste

Durante los duros años de la conquista, se escuchaban ruidos de armas en la tumba de Santiago, en vísperas de cada batalla; y peleaba el apóstol junto a las huestes invasoras, lanza en mano, en su caballo blanco. Está visto que el apóstol Santiago tiene costumbre de matar indios, pero no de salvarlos. La peste, que apenas roza a los españoles, continúa masacrando indios en Xochimilco y en las demás comarcas de México.

Desde su celda, cuando cae la noche, el padre Mendieta escucha alaridos y lamentos más fuertes que los coros de los ángeles.

Alguien ha de interceder ante el Señor, ya que el apóstol Santiago no se interesa, o de aquí a poco Xochimilco quedará sin indios. Discuten los franciscanos y se celebra un nuevo sorteo. El azar elige al bienaventurado Sebastián por santo abogado.

Le prometen un altar.

(79 y 161)

1579
Quito

El hijo de Atahualpa

A Beto, sacerdote indio de la región de Archidona, se le apareció el Diablo en forma de vaca y le dijo que Dios estaba muy enojado con los cristianos y que no iba a defenderlos. Guami, sacerdote indio de Tambisa, ha vivido cinco días en otro mundo. Allá vio maravillas y escuchó a Dios y ahora tiene el poder de la lluvia y el poder de la resurrección. Anuncian Beto y Guami que los indios que no se sumen a la rebelión cosecharán sapos y serpientes en tierras por siempre estériles.

Se hacen los profetas jefes de muchas lanzas. Al sudeste de Quito, se alzan los indios quijos. Asaltan los indios varios poblados y espe-

Los nacimientos

ran, en vano, el levantamiento de la sierra. El hijo del Inca, Francisco Atahualpa, capitán de las tropas españolas, apresa a los conjurados de la sierra y evita la insurrección. Los indios quijos quedan solos.

Tras algunos combates, llega la derrota. Los españoles obligan a todos los indios de la región de Quijos y de los alrededores de Quito a presenciar la ejecución de los profetas Beto y Guami. Los pasean en carro por las calles de Quito, los atormentan con tenazas candentes, los ahorcan, los descuartizan y exhiben sus pedazos. Desde el palco de honor, el capitán Francisco Atahualpa asiste a la ceremonia.

(156)

1580
Buenos Aires

Los fundadores

Hace cerca de medio siglo, un capitán español se hizo a la mar, en Sevilla, rumbo a estas costas sin fama. Volcó en la expedición toda la fortuna que había hecho en el saqueo de Roma.

Aquí fundó una ciudad, un fortín rodeado de ranchos, y desde aquí persiguió, río arriba, la sierra de la plata y el misterioso lago donde duerme el sol.

Diez años antes, Sebastián Gaboto había buscado los tesoros del rey Salomón remontando este Río de la Plata, inocente de su nombre, que sólo tiene barro en una orilla y arena en la otra y conduce a otros ríos que conducen a la selva.

Poco duró la ciudad de don Pedro de Mendoza. Mientras sus soldados se comían entre sí, locos de hambre, el capitán leía a Virgilio y a Erasmo y pronunciaba frases para la inmortalidad. Al poco tiempo, desvanecida la esperanza de otro Perú, quiso volverse a España. No llegó vivo. Después vino Alonso Cabrera, que incendió Buenos Aires en nombre del rey. Él sí pudo regresar a España. Allá mató a la mujer y terminó sus días en un manicomio.

Juan de Garay llega ahora desde Asunción. Santa María de los Buenos Aires nace de nuevo. Acompañan a Garay unos cuantos paraguayos, hijos de conquistadores, que han recibido de sus madres guaraníes la primera leche y la lengua indígena que hablan.

La espada de Garay, clavada en esta tierra, dibuja la sombra de la cruz. Tiritan de frío y de miedo los fundadores. La brisa arranca una música crujiente a las copas de los árboles y más allá, en los campos infinitos, silenciosos espían los indios y los fantasmas.

(74, 97 y 99)

1580
Londres

Drake

—¡Al oro de los galeones! ¡A la plata de Potosí!

¡Viene el Dragón!, chillaban las mujeres; y tocaban a rebato las campanas de las iglesias. En tres años, Francis Drake ha dado la vuelta al mundo. Ha cruzado el ecuador dos veces y ha saqueado los mares de España, desvalijando puertos y navíos desde Chile hasta México.

Regresa ahora con un solo barco y una tripulación de dieciocho moribundos, pero trae tesoros que multiplican por ciento veinte el capital invertido en la expedición. La reina Isabel, principal accionista y autora del plan, convierte al pirata en caballero. Sobre las aguas del Támesis se hace la ceremonia. La espada que lo consagra lleva grabada esta frase de la reina: *Quien te golpea me golpea, Drake.* De rodillas, él ofrece a Su Majestad un prendedor de esmeraldas robado en el Pacífico.

Alzada sobre la niebla y el hollín, Isabel está en la cumbre del imperio que nace. Ella es hija de Enrique VIII y Ana Bolena, que por engendrarla mujer había perdido la cabeza en la torre de Londres. La Reina Virgen devora a sus amantes, trata a puñetazos a sus doncellas de honor y escupe al traje de sus cortesanos.

Francis Bacon será el filósofo y el canciller del nuevo imperio y William Shakespeare su poeta. Francis Drake, el capitán de sus navíos. Burlador de tempestades, amo de las velas y los vientos, el pirata Drake trepa en la corte como por mástiles y jarcias. Petizo fornido, de barba de fuego, ha nacido al borde de la mar y ha sido educado en el temor de Dios. La mar es su casa; y nunca se lanza al asalto sin una Biblia apretada contra el pecho, bajo la casaca.

(149, 187 y 198)

1582
Ciudad de México

¿De qué color es la piel de los leprosos?

El candil avanza violando la oscuridad y a golpes de luz va arrancando caras de la negrura, caras de espectros, manos de espectros, y las clava contra la pared.

    El funcionario no toca nada, las manos enguantadas escondidas bajo el capote, y mira entrecerrando los párpados, como con miedo de contagiarse los ojos. Ha venido el funcionario a comprobar el cumplimiento de la nueva ordenanza sobre este hospital de San Lázaro. Manda el virrey que no se mezclen los enfermos varones. Los blancos y mestizos han de ocupar una sala, otra los negros y los mulatos y otra los indios, solos. Las mujeres, en cambio, sea cual fuere su color o condición, deben estar todas juntas en la misma pieza.

(148)

1583
Copacabana

La madre aymara de Dios

Atraviesa el lago Titicaca en la barca de totora. Ella viaja a su lado. Está vestida de fiesta. En la ciudad de La Paz le han dorado la túnica.

Al desembarcar, la cubre con la manta, para defenderla de la lluvia; y con ella en brazos, tapadita, entra en el pueblo de Copacabana. La lluvia acribilla al gentío que se reúne para recibirlos.
Francisco Tito Yupanqui entra con ella al santuario y la descubre. La suben al altar. Desde lo alto, la Virgen de Copacabana abraza a todos. Ella evitará las pestes y las penas y el mal tiempo de febrero.
El escultor indio la ha tallado en Potosí y desde allá la trajo. Casi dos años estuvo trabajando para que ella naciera con la debida hermosura. Los indios sólo pueden pintar o tallar imágenes que imiten los modelos europeos y Francisco Tito Yupanqui no quiso violar la prohibición. Él se propuso hacer una Virgen idéntica a Nuestra Señora de la Candelaria, pero sus manos han modelado este cuerpo del altiplano, amplios pulmones ansiosos de aire, torso grande y piernas cortas, y esta ancha cara de india, de labios carnosos y ojos almendrados que miran, tristes, la tierra lastimada.

(56 y 163)

1583
Santiago de Chile

Fue libre por un rato

Se alza sobre las manos y cae de bruces. Quiere apoyar un codo y resbala. Consigue clavar una rodilla y se hunde en el barro.
Cara al barro, bajo la lluvia, llora.
Hernando Maravilla no había llorado durante los doscientos latigazos que recibió en las calles de Lima, camino al puerto; y ni una lágrima se le vio en la cara mientras recibía otros doscientos azotes aquí en Santiago.
Ahora lo azota la lluvia, que le arranca la sangre seca y el barro de los revolcones.
—¡Desgraciado! ¡Así muerdes la mano que te alimenta! —dijo la dueña, doña Antonia Nabía, viuda de luto largo, cuando le devolvieron al esclavo fugado.

Los nacimientos

Hernando Maravilla se había escapado porque un día vio una mujer bella como una bandera y no tuvo más remedio que seguirle los pasos. Lo atraparon en Lima y lo interrogó la Inquisición. Fue condenado a cuatrocientos azotes *por haber dicho que los casamientos los hizo el diablo y que no era nada el obispo y que cagazón para el obispo.*

El que nació en el África, nieto de mago, hijo de cazador, se retuerce y llora, con la espalda en carne viva, mientras la lluvia cae sobre Santiago de Chile.

(31 y 138)

1583
Tlatelolco

Sahagún

Solaestoy, solaestoy, canta la torcaza.

Una mujer ofrece flores a una piedra hecha pedazos:

—Señor —dice la mujer a la piedra—. Señor, cómo has sufrido.

Los viejos sabios indígenas ofrecen su testimonio a fray Bernardino de Sahagún: «Que nos dejen morir», piden, «ya que han muerto nuestros dioses».

Fray Bernardino de Ribeira, natural de Sahagún: hijo de san Francisco, pies descalzos, sotana de parches, buscador de la plenitud del Paraíso, buscador de la memoria de estos pueblos vencidos: más de cuarenta años lleva Sahagún recorriendo comarcas de México, el señorío de Huexotzingo, la Tula de los toltecas, la región de Texcoco, para rescatar las imágenes y las palabras de los tiempos pasados. En los doce libros de la *Historia general de las cosas de la Nueva España,* Sahagún y sus jóvenes ayudantes han salvado y reunido las voces antiguas, las fiestas de los indios, sus ritos, sus dioses, su modo de contar el paso de los años y de los astros, sus mitos, sus poemas, su medicina, sus relatos de épocas remotas y de la reciente invasión europea... La historia canta en esta primera gran obra de la antropología americana.

Hace seis años, el rey Felipe II mandó arrancar esos manuscritos de manos de Sahagún, y todos los códices indígenas por él copiados y traducidos, *sin que dellos quede original ni traslado alguno*. ¿Dónde habrán ido a parar esos libros sospechosos de perpetuar y divulgar idolatrías? Nadie sabe. El Consejo de Indias no ha respondido a ninguna de las súplicas del desesperado autor y recopilador. ¿Qué ha hecho el rey con estos cuarenta años de la vida de Sahagún y varios siglos de la vida de México? Dicen en Madrid que se han usado sus páginas para envolver especias.

El viejo Sahagún no se da por vencido. A los ochenta años largos, aprieta contra el pecho unos pocos papeles salvados del desastre, y dicta a sus alumnos, en Tlatelolco, las primeras líneas de una obra nueva, que se llamará *Arte adivinatoria*. Luego, se pondrá a trabajar en un calendario mexicano completo. Cuando acabe el calendario, comenzará el diccionario náhuatl-castellano-latín. Y no bien termine el diccionario...

Afuera aúllan los perros, temiendo lluvia.

(24 y 200)

1583
Ácoma

El pedregoso reino de Cíbola

El capitán Antonio de Espejo, que había hecho grande y rápida fortuna en la frontera de México, ha acudido al llamado de las siete ciudades de oro. Al mando de unos cuantos jinetes guerreros, ha emprendido la odisea del norte; y en vez del fabuloso reino de Cíbola ha encontrado un inmenso desierto, salpicado muy de vez en cuando por pueblos en forma de fortalezas. No hay piedras preciosas colgando de los árboles, porque no hay árboles como no sea en los raros valles; y no hay más fulgor de oro que el que arranca el sol a las rocas cuando las golpea duro.

En esos pueblos alzan los españoles su bandera. Los indios todavía no saben que pronto serán obligados a cambiar de nombre y a levantar templos para adorar a otro dios, aunque el Gran Espíritu de los hopis les anunció hace tiempo que una nueva raza llegaría, raza de hombres de lengua bifurcada, trayendo la codicia y la jactancia. Los hopis reciben al capitán Espejo con ofrendas de tortillas de maíz

Los nacimientos 181

y pavos y pieles; y los indios navajos, de la serranía, les dan la bienvenida trayéndoles agua y maíz.

Más allá, en lo alto del cielo purpúreo, se alza una fortaleza de roca y barro. Desde el filo de la meseta, el pueblo de los ácomas domina el valle, verdoso de maizales irrigados por canales y represas. Los ácomas, enemigos de los navajos, tienen fama de muy feroces; y ni Francisco Vázquez de Coronado, que anduvo por aquí hace cuarenta años, se atrevió a acercarse.

Los ácomas danzan en honor del capitán Espejo y ponen a sus pies mantas de colores, pavos, choclos y pieles de venado.

De aquí a unos años, se negarán a pagar tributos. El asalto durará tres días y tres noches. A los sobrevivientes les cortarán un pie de un hachazo y los jefes serán despeñados por el precipicio.

(89)

Canto nocturno, del pueblo navajo

Casa hecha de alba,
casa hecha de luz del atardecer,
casa hecha de nube oscura...
La nube oscura está en la puerta
y de nube oscura es el sendero que asoma
bajo el relámpago que se alza...
Dichoso, pueda yo caminar.
Dichoso, con lluvias abundantes, pueda caminar.
Dichoso, entre las muchas hojas, pueda caminar.
Dichoso, por el rastro del polen, pueda caminar.
Dichoso, pueda caminar.
Que sea hermoso lo que me espera.
Que sea hermoso lo que dejo atrás.
Que sea hermoso lo que está debajo.
Que sea hermoso lo que hay encima.
Que sea hermoso todo lo que me rodea
y en hermosura acabe.

(42)

1586
Cauri

La peste

La gripe no brilla como la espada de acero, pero no hay indio que pueda esquivarla. Más muertes hacen el tétanos y el tifus que mil lebreles de ojos de fuego y bocas de espuma. La viruela ataca en secreto y el cañón con gran estrépito, entre nubes de chispas y humo de azufre, pero la viruela aniquila más indios que todos los cañones.

Los vientos de la peste están arrasando estas comarcas. A quien golpean, derriban: le devoran el cuerpo, le comen los ojos, le cierran la garganta. Todo huele a podrido.

Mientras tanto, una voz misteriosa recorre el Perú. Anda pisando los talones de la peste y atraviesa las letanías de los moribundos, esta voz que susurra, de oído en oído: «Quien arroje el crucifijo fuera de casa, volverá de la muerte».

(221)

1588
Quito

El nieto de Atahualpa

Sudan oro las columnas, arabescos y follajes de oro; oran los santos de oro y las adoradas vírgenes de dorado manto y el coro de ángeles de alitas de oro: ésta es una de las casas que Quito ofrece al que hace siglos nació en Belén, en paja de pesebre, y murió desnudo.

La familia del Inca Atahualpa tiene un altar en esta iglesia de San Francisco, en el retablo grande del crucero, al lado del evangelio. Al pie del altar, descansan los muertos. El hijo de Atahualpa, que se llamó Francisco como su padre y el asesino de su padre, ocupa la tumba principal. Dios ha de tener en la gloria al capitán Francisco Atahualpa si Dios escucha, como dicen, los pareceres de los que mandan con mayor atención de la que presta a los alaridos de los mandados. El hijo del Inca supo ahogar los alzamientos indígenas en el sur. Él trajo a Quito, prisioneros, a los caciques rebeldes de Cañaribamba y Cuyes y fue recompensado con el cargo de Director de Trabajos Públicos de esta ciudad.

Las hijas y las sobrinas de Francisco han venido a instalar la imagen de santa Catalina que un escultor de Toledo, Juan Bautista Vázquez, ha tallado para que luzca en lo alto del altar de los Atahualpa. Alonso, el hijo de Francisco, envió la imagen desde España; y la familia todavía no sabe que Alonso ha muerto en Madrid mientras santa Catalina atravesaba la mar rumbo a esta iglesia.

Alonso Atahualpa, nieto del Inca, ha muerto en prisión. Sabía tocar el arpa, el violín y el clavicordio. Sólo vestía trajes españoles, cortados por los mejores sastres, y hacía mucho que no pagaba el alquiler de su casa. Los hidalgos no van presos por deudas, pero Alonso fue a parar a la cárcel, denunciado por los sastres, los joyeros, los sombrereros y los guanteros más importantes de Madrid. Tampoco había pagado la talla que su familia está ubicando ahora, entre guirnaldas de oro, en el dorado altar.

(155 y 215)

1588
La Habana

San Marcial contra las hormigas

Las rapaces hormigas siguen mortificando gentes y socavando paredes. Talan árboles, arrasan labranzas y engullen frutas y maíces y carne de distraídos.

En vista de la ineficacia de Simón, santo patrono, el cabildo elige, por unanimidad, otro protector.

La ciudad promete que cada año celebrará su fiesta y guardará su día. San Marcial es el nuevo escudo de La Habana contra los embates de las hormigas bibijaguas. San Marcial, que hace tres siglos fue obispo de Limoges, tiene fama de especialista; y se le atribuye gran influencia ante el Señor.

(161)

1589
Cuzco

Dice que tuvo el sol

Tieso entre las sábanas, Mancio Serra de Leguízamo descarga la conciencia. Ante notario, dicta y jura:

—*Que hallamos estos reinos de tal manera que en todos ellos no había un ladrón, un hombre vicioso, ni holgazán, ni había mujer adúltera ni mala...*

El viejo capitán de Pizarro no quiere irse del mundo sin decir por primera vez:

—*Que las tierras y montes y minas y pastos y caza y maderas y todo género de aprovechamientos estaban gobernados o repartidos de suerte que cada uno conocía y tenía su hacienda, sin que otro ninguno se la ocupase ni tomase...*

Del ejército que conquistó el Perú, don Mancio es el último sobreviviente. Hace más de medio siglo, él fue uno de los que invadieron esta ciudad sagrada del Cuzco, saquearon las joyas de las tumbas y las casas y a golpes de hacha arrancaron las paredes del Templo del Sol, tan cuajado en oro que sus resplandores daban color de difunto a quien entraba. Según dice, recibió del botín la mejor parte: el rostro de oro del sol, con sus rayos y llamas de fuego, que reinaba, inmenso, sobre la ciudad y enceguecía a los cuzqueños a la hora del amanecer.

Don Mancio se jugó el sol a los naipes y lo perdió en una noche.

(118)

1592
Lima

Un auto de fe en Lima

El viento se lleva las cenizas de tres ingleses luteranos, capturados en la isla de Puná. A uno de ellos, Henry Oxley, lo han quemado vivo porque no quiso renegar de su fe.

Flamea el humo en el centro de un círculo de altas lanzas, mientras delira el gentío y el Tribunal del Santo Oficio dicta penas de azotes y otros dolores y humillaciones.

Varios sufren castigo *por casados dos veces* o *por la simple fornicación y otros delitos en razón del pecado de la carne*. Son condenados, *por solicitantes de monjas,* un fraile dominico, un franciscano, un agustino y un jesuita. Juan de la Portilla, soldado, *por jurar por las orejas de Dios*. Isabel de Angulo, mujer de soldado, *porque para que la quisiesen los hombres recitaba en voz baja las palabras de la Consagración*. Bartolomé de Lagares, marinero, *por afirmar que siendo soltero y en pagando, no se comete pecado*. Lorenzo de la Peña, barbero, *que porque le quitaban a su mujer el asiento en la iglesia, dijo que si aquello pasaba así, no había Dios*.

Sale con mordaza rumbo a diez años de cárcel el sevillano Pedro Luis Enríquez, *por haber afirmado que llevando un gallo a un campo donde no hubiese ruido de perros, cortándole la cabeza a medianoche se hallaba dentro una piedrezuela como una avellana, con la cual refregándose los labios, la primera mujer hermosa que se viese, en hablándola, moriría de amor por quien esto hiciese, y que matando un gato en el mes de enero y metiéndole una haba en cada coyuntura y enterrándolo, las habas que así naciesen, yéndolas mordiendo, mirándose a un espejo, tenían virtud de hacerlo a uno invisible; y porque declaró que era cabrón y saludador, y que en señal de ello tenía una cruz en el pecho y otra en el cielo de la boca, y refirió que en la prisión veía resplandores y sentía suavísima fragancia*.

(137)

1593
Guarapari

Anchieta

Ignacio de Loyola señaló el horizonte y ordenó:

—¡Id, e incendiad el mundo!

José de Anchieta era el más joven de los apóstoles que trajeron el mensaje de Cristo, la buena nueva, a las selvas del Brasil. Cuarenta años después, los indios lo llaman *caraibebé,* hombre con alas, y dicen que haciendo la señal de la cruz Anchieta desvía tempestades y convierte a un pez en un jamón y a un moribundo en un atleta. Coros de ángeles bajan del cielo para anunciarle la llegada de los galeones o los ataques de los enemigos, y Dios lo eleva de la tierra cuando reza, arrodillado, las plegarias. Rayos de luz despide su cuerpo enclenque, quemado por el cinturón de cilicio, cuando él se azota compartiendo los tormentos del hijo único de Dios.

Otros milagros le agradecerá el Brasil. De la mano de este santo haraposo han nacido los primeros poemas escritos en esta tierra, la primera gramática tupí-guaraní y las primeras obras de teatro, autos sacramentales que en lengua indígena trasmiten el evangelio mezclando personajes nativos con emperadores romanos y santos cristianos. Anchieta ha sido el primer maestro de escuela y el primer médico del Brasil y ha sido el descubridor y el cronista de los animales y las plantas de esta tierra, en un libro que cuenta cómo cambia de colores el plumaje de los *guarás,* cómo desova el *peixe-boi* en los ríos orientales y cuáles son las costumbres del puercoespín.

A los sesenta años, continúa fundando ciudades y levantando iglesias y hospitales; sobre sus hombros huesudos carga, a la par de los indios, las vigas maestras. Como llamados por su limpia y pobretona luminosidad, los pájaros lo buscan y lo busca la gente. Él camina leguas sin quejarse ni aceptar que lo lleven en redes, a través de estas comarcas donde todo tiene el color del calor y todo nace y se pudre en un instante para volver a nacer, fruta que se hace miel, agua, muerte, semilla de nuevas frutas: hierve la tierra, hierve la mar a fuego lento y Anchieta escribe en la arena, con un palito, sus versos de alabanza al Creador de la vida incesante.

(10 y 38)

1596
Londres

Raleigh

Bailarín del tabaco, artificiero fanfarrón, sir Walter Raleigh echa por la nariz víboras de humo y por la boca anillos y espirales, mientras dice:

—Si me cortan la cabeza, ella caerá feliz con la pipa entre los dientes.
—Apestas —comenta su amigo.
No hay nadie más en la taberna, salvo un esclavito negro que espera sentado en un rincón.
Raleigh está contando que ha descubierto el Paraíso Terrenal en la Guayana, el año pasado, allá donde se esconde la Manoa de oro. Se relame recordando el sabor de los huevos de iguana y cierra los párpados para hablar de las frutas y las hojas que jamás caen de las copas de los árboles.
—Escucha, colega —dice—. Esa obra tuya, la de los jóvenes amantes... Sí, ésa. En aquellos bosques, ¡qué maravilla! La ubicaste en Verona y huele a encierro. Te equivocaste de escenario, querido. Aquellos aires...
El amigo de Raleigh, un calvo de ojos pícaros, sabe que la tal Guayana es un pantano con el cielo siempre negro de mosquitos, pero escucha en silencio y asiente con la cabeza, porque también sabe que Raleigh no le está mintiendo.

(198)

1597
Sevilla

En un lugar de la cárcel

Fue herido y mutilado por los turcos. Fue asaltado por los piratas y azotado por los moros. Fue excomulgado por los curas. Estuvo preso en Argel y en Castro del Río. Ahora está preso en Sevilla.
Sentado en el suelo, ante la cama de piedra, duda. Moja la pluma en el tintero y duda, los ojos fijos en la luz de la vela, la mano útil quieta en el aire.
¿Valdrá la pena insistir? Todavía le duele la respuesta del rey Felipe, cuando por segunda vez le pidió empleo en América: *Busque por acá en qué se le haga merced*. Si han cambiado las cosas desde entonces, han cambiado para peor. Antes tuvo, al menos, la esperanza de una respuesta. Desde hace tiempo el rey de negras ropas, ausente del

mundo, no habla más que con sus propios fantasmas entre los muros de El Escorial.

Miguel de Cervantes, solo en su celda, no escribe al rey. No pide ningún cargo vacante en las Indias. Sobre la hoja desnuda, empieza a contar las malandanzas de un poeta errante, *hidalgo de los de lanza en astillero, adarga antigua, rocín flaco y galgo corredor.*

Suenan tristes ruidos en la cárcel. No los oye.

(46 y 195)

1598
Potosí

Historia de Floriana Rosales, virtuosa mujer de Potosí (en versión abreviada de la crónica de Bartolomé Arzáns de Orsúa y Vela)

Por la grande hermosura que desde la cuna manifestaba como tierna y bella flor, y por ser Ana el nombre de su madre, la bautizaron Floriana.

Ejercitada siempre en la virtud y recogimiento de su casa, la bellísima doncella excusaba el ver y ser vista, pero esto mismo encendía más el deseo de los pretendientes que desde que cumplió doce años la rondaban. Entre ellos, los que con mayor eficacia permanecían en la solicitud eran don Julio Sánchez Farfán, señor de minas, el capitán don Rodrigo de Albuquerque y el gobernador del Tucumán, que por aquí pasó yendo hacia Lima y por haber visto a Floriana en la iglesia se quedó en Potosí.

Por puro despecho, viéndose rechazado, el gobernador del Tucumán retó a duelo al padre de Floriana, y en un paraje de manantiales sacaron espadas y entrambos se acuchillaron hasta que unas damas, con no poco valor, se metieron de por medio.

Ardió en iras Floriana al ver a su padre herido y determinó satisfacer por su mano aquel agravio. Envió a decir al gobernador que a la siguiente noche le esperaba en cierta tienda, donde sin ningún testigo quería hablarle.

Púsose el gobernador una rica gala, que en esto era vanísimo, vicio abominable en los hombres que han cursado en la escuela de Heliogábalo, de quien dijo Herodiano que menospreciaba la vestidura romana y griega por ser hecha de lana y la traía de oro y púrpura con preciosas piedras a lo persiana, como refiere Lampridio. Puntualmente estuvo el gobernador, ataviado de exquisitas telas, y a la hora señalada apareció Floriana trayendo entre las bellas flores de su rostro el venenoso áspid de sus enojos. Sacando una ancha y bien afilada navaja que traía en la manga, como una leona arremetió a cortarle la cara diciéndole muchos baldones. Con la mano rebatió el tajo el gobernador y mostró una daga. Advirtiendo Floriana su riesgo, le arrojó a la cara un envoltorio de mantas, tras lo cual tuvo lugar de empuñar a dos manos un grueso tronco que allí le deparó su fortuna. Tan grande golpe le dio que cayó redondo el gobernador del Tucumán.

Con gran pesadumbre y sobresalto, los padres de Floriana trataron de esconderla en su casa, mas ya no fue posible. El corregidor, máxima autoridad en asuntos de justicia y policía, vino a toda diligencia, y no pudo hacer otra cosa Floriana más de subir a su cuarto y arrojarse por la ventana a la calle. Quiso Dios asirle el faldellín de un madero que sobresalía del marco de la ventana, y quedó ella pendiente con la cabeza abajo.

Una criada que conocía a don Julio Sánchez Farfán y sabía que amaba a su señora, le dijo que fuese al callejón que estaba a las espaldas de las casas y viese si Floriana andaba por allí, porque había rato que se arrojó por la ventana. Mas como el capitán Rodrigo de Albuquerque viese hablar en secreto a don Julio con la criada, fuele siguiendo hasta el callejón.

Llegó don Julio a punto que la afligida Floriana, que buen tiempo llevaba colgada, con ansias mortales pedía ya favor diciendo que se ahogaba. Acercóse el amante caballero y extendiendo los brazos tomóla de los hombros y tirándola fuertemente cayó con ella al suelo.

En esto acudió el capitán Rodrigo, y con palabras de enamorado cubrió con su capa a Floriana y la levantó. Viéndolo así don Julio, ardiente en celos se puso de pie y sacando un puñal embistió al capitán diciéndole era traidor villano. Herido de muerte en el pecho, cayó en tierra el capitán pidiendo confesión, oyendo lo cual Floriana maldijo su fortuna y los padecimientos de su honra y se marchó a toda prisa.

Púsose Floriana en hábitos de india para ausentarse de esta villa de Potosí, mas cuando estaba por montar en una mula no faltó quien avisase al corregidor, que vino al punto para ponerla en prisión. Cuando el corregidor vio a Floriana, el niño ciego que llaman Cupido le atravesó el corazón con terrible flecha, de parte a parte. Tomóla, anhelante, de las manos, y la llevó a palacio.

Dadas las diez de la noche, hora en que había de ir a la alcoba del corregidor, Floriana ató una soga al balcón y se descolgó hasta ponerse en manos de don Julio, que la esperaba debajo. Dijo la doncella a don Julio que antes de dar un solo paso le hiciese juramento de seguridad en su persona y pureza.

Viendo el caballero el peligro que corrían, pues ya se había descubierto la fuga, tomó a Floriana sobre sus hombros y corrió cargándola hacia la lejana plaza del Gato. Voló sobre piedras y barro, sudando y trasudando, y cuando por fin pudo sentarse a descansar y bajó a Floriana de su espalda, se desplomó repentinamente.

Juzgando fuese algún desmayo, ella puso la cabeza de don Julio en su regazo. Mas advirtiendo que era muerto, con gran sobresalto se puso de pie y huyó hacia los barrios de San Lorenzo, en el mes de marzo de aquel año de 1598.

Allí permaneció escondida, decidida a guardar perpetua castidad y a seguir siendo, hasta el fin de sus días, obediente sierva del Señor.

(21)

Coplas españolas de cantar y bailar

*Yo he visto a un hombre vivir
con más de cien puñaladas
y luego lo vi morir
por una sola mirada.*

*En lo profundo del mar
suspiraba una ballena
y en los suspiros decía:
«Quien tiene amor, tiene pena».*

*Quiero cantar ahora
que tengo ganas,
por si acaso me toca
llorar mañana.*

(196)

1598
Ciudad de Panamá

Horas de sueño y suerte

Simón de Torres, boticario de Panamá, quisiera dormir, pero no puede desprender la mirada del agujero del techo. Cada vez que cierra los párpados, los ojos se abren solos y se clavan allí. Simón enciende y apaga y enciende la pipa, mientras espanta mosquitos con el humo o con la mano, y da vueltas y revueltas, empapado, hirviendo, en la cama chueca por el derrumbamiento del otro día. Las estrellas le hacen guiñadas por el agujero y él quisiera no pensar. Así van pasando las horas hasta que canta el gallo, anunciando el día o llamando gallinas.

Hace una semana, una mujer se desplomó del techo y cayó sobre Simón.

—¿Quién, quién, quién eres? —tartamudeó el boticario.

—Tenemos poco tiempo —dijo ella, mientras se arrancaba la ropa.

Al amanecer se alzó, lustrosa, sabrosa, y se vistió en un santiamén.

—¿Adónde vas?

—A Nombre de Dios. Allá he dejado el pan en el horno.

—¡Pero si está a veinte leguas! —se asombró el boticario.

—A dieciocho —corrigió ella. Y mientras desaparecía, advirtió:

—Cuídate. Quien entra en mí pierde la memoria.

(157)

1599
Quito

Los zambos de Esmeraldas

Miran vigilando. No mueven ni las pestañas. Desconfían. Ese pincel que les está robando la imagen, ¿no les estará robando el alma? El pincel es mágico como el espejo. Como el espejo, se apodera de la gente. De vez en cuando estornudan, por culpa de estos fríos de Quito, y el artista los rezonga. Incómodos, medio ahorcados por las golas, vuelven a ponerse en pose, rígidos, hasta el próximo estornudo. Llevan en esta ciudad algunos días y todavía no entienden por qué gente tan poderosa se ha venido a vivir en un lugar tan frío, ni entienden por qué las casas tienen puertas ni por qué las puertas tienen cerraduras, trancas y candados.

Hace medio siglo, la tempestad estrelló un barco negrero contra los arrecifes de la costa, cerquita de la boca del río Esmeraldas. El barco llevaba esclavos de Guinea para vender en Lima. Los negros se fugaron y se perdieron monte adentro. Fundaron aldeas y tuvieron hijos con mujeres indígenas y esos hijos también se multiplicaron. De los tres que el pintor Andrés Sánchez Gallque está retratando ahora, dos nacieron de esa mezcla de africanos y ecuatorianas. El otro, Francisco de Arobe, vino de Guinea. Tenía diez años cuando el naufragio.

Los han disfrazado de floridos señores, sayos y capas, puños de encaje, sombreros, para que no hagan mala impresión al rey cuando reciba, en Madrid, este retrato de sus nuevos súbditos, *estos bárbaros que hasta ahora habían sido invencibles*. También llevan lanzas en las manos, collares de dientes y conchas sobre las ropas españolas; y en los rostros lucen adornos de oro que les atraviesan las orejas, las narices y los labios.

(176)

1599
Río Chagres

No hablan los sabios

Éste es el camino más brillante del mundo. De mar a mar serpentea el largo hilo de plata. Infinitas hileras de mulas atraviesan la selva, agobiadas por los metales de Potosí, rumbo a los galeones que esperan en Portobelo.
 Los monitos acompañan la ruta de la plata volando de rama en rama a través de Panamá. Chillando sin tregua, se burlan de los arrieros y les arrojan proyectiles de guayaba.
 A orillas del río Chagres, fray Diego de Ocaña los está admirando. Para atravesar el río, los monos forman una cadena desde la copa de un árbol, agarrándose unos a otros por las colas: la cadena se balancea y toma impulso hasta que un envión fuerte la arroja hacia las ramas más altas de la otra orilla.
 El indio peruano que carga el equipaje de Ocaña se le acerca y comenta:
 —Padre, éstos son gente. No hablan para que los españoles no se den cuenta. Si ven que son gente, los mandan a trabajar a las minas.

(157)

1599
La Imperial

Las flechas llameantes

La rebelión estalla en las costas del Pacífico y los truenos sacuden la cordillera de los Andes.
 Martín García Óñez de Loyola, sobrino de san Ignacio, había venido del Perú con fama de cazador incansable y certero matador. Allá había capturado a Túpac Amaru, el último de los Incas. Lo mandaron de gobernador a Chile para que amansara a los araucanos. Aquí mató indios, robó ovejas y quemó sementeras sin dejar un

grano. Ahora los araucanos pasean su cabeza en la punta de una lanza.

Los indios llaman a la pelea soplando huesos de cristianos a modo de trompetas. Máscaras de guerra, corazas de cuero: la caballería araucana arrasa el sur. Siete poblaciones se desploman, una tras otra, bajo la lluvia de flechas de fuego. La presa se hace cazador. Los araucanos ponen sitio a La Imperial. Para dejarla sin agua, desvían el curso del río.

Medio reino de Chile, todo el sur del Bío-Bío, vuelve a ser araucano.

Los indios dicen, señalando la lanza: *Éste es mi amo. Éste no me manda que le saque oro, ni que le traiga hierbas ni leña, ni que le guarde el ganado, ni que le siembre ni siegue. Con este amo quiero andar.*

(66 y 94)

1599
Santa Marta

Hacen la guerra para hacer el amor

La rebelión estalla en las costas del Caribe y los truenos sacuden la sierra Nevada. Los indios se alzan por la libertad del amor.

En la fiesta de la luna llena, bailan los dioses en el cuerpo del jefe Cuchacique y dan magia a sus brazos. Desde los pueblos de Jeriboca y Bonda, las voces de la guerra despiertan la tierra toda de los indios tairona y sacuden a Masinga y Masinguilla, Zaca y Mamazaca, Mendiguaca y Rotama, Buritaca y Tairama, Maroma, Taironaca, Guachaca, Chonea, Cinto y Nahuanje, Mamatoco, Ciénaga, Dursino y Gairaca, Origua y Durama, Dibocaca, Daona, Chengue y Masaca, Daodama, Sacasa, Cominca, Guarinea, Mauracataca, Choquenca y Masanga.

El jefe Cuchacique viste la piel del jaguar. Flechas que silban, flechas que queman, flechas que envenenan: los tairona incendian capillas, rompen cruces y matan frailes, peleando contra el dios enemigo que les prohíbe las costumbres.

Desde lo más lejano de los tiempos, en estas tierras se divorciaba quien quería y hacían el amor los hermanos, si tenían ganas, y la mujer con el hombre o el hombre con el hombre o la mujer con la mujer. Así fue en estas tierras hasta que llegaron los hombres de negro y los hombres de hierro, que arrojan a los perros a quienes aman como los antepasados amaban.

Los tairona celebran las primeras victorias. En sus templos, que el enemigo llama casas del Diablo, tocan la flauta en los huesos de los vencidos, beben vino de maíz y danzan al son de los tambores y las trompetas de caracoles. Los guerreros han cerrado todos los pasos y caminos hacia Santa Marta y se preparan para el asalto final.

(189)

1600
Santa Marta

Ellos tenían una patria

El fuego demora en arder. Qué lento arde.

Ruidos de hierro, ambular de armaduras. El asalto a Santa Marta ha fracasado y el gobernador ha dictado sentencia de arrasamiento. Armas y soldados han llegado desde Cartagena en el momento preciso y los tairona, desangrados por tantos años de tributos y esclavitudes, se desparraman en derrota.

Exterminio por el fuego. Arden las poblaciones y las plantaciones, los maizales y los algodonales, los campos de yuca y papas, las arboledas de frutales. Arden los regadíos y las sementeras que alegraban la vista y daban de comer, los campos de labranza donde los tairona hacían el amor a pleno día, porque nacen ciegos los niños hechos en la oscuridad.

¿Cuántos mundos iluminan estos incendios? El que estaba y se veía, el que estaba y no se veía...

Desterrados al cabo de setenta y cinco años de revueltas, los tairona huyen por las montañas hacia los más áridos y lejanos rincones, donde no hay pescado ni maíz. Hacia allá los expulsan, sierra arriba, para arrancarles la tierra y la memoria: para que allá lejos se aíslen y olviden, en la soledad, los cantos de cuando estaban juntos, federación de pueblos libres, y eran poderosos y vestían mantos de colorido algodón y collares de oro y piedras fulgurantes: para que nunca más recuerden que sus abuelos fueron jaguares.

A las espaldas, dejan ruinas y sepulturas.

Sopla el viento, soplan las almas en pena, y el fuego se aleja bailando.

(189)

Técnica de la caza y de la pesca

En lo hondo de la selva amazónica, un pescador de la tribu de los desana se sienta sobre una roca alta y contempla el río. Las aguas se deslizan, llevan peces, pulen piedras, aguas doradas por las primeras luces del día. El pescador mira y mira y siente que el viejo río se hace flujo de su sangre por las venas. No pescará el pescador hasta que haya enamorado a las mujeres de los peces.

Cerquita, en la aldea, se prepara el cazador. Ya vomitó, ya se bañó en el río, ya está limpio por dentro y por fuera. Bebe ahora infusiones de plantas que tienen el color del venado, para que sus aromas le impregnen el cuerpo, y se pinta la cara con la máscara que el venado prefiere. Después de soplar humo de tabaco sobre sus armas, camina suavemente hacia el manantial donde el venado bebe. Allí arroja jugo de piña, que es leche de la hija del sol.

El cazador ha dormido solo estas últimas noches. No ha estado con mujeres ni ha soñado con ellas, para no dar celos al animal que perseguirá y penetrará con la lanza o las flechas.

(189)

1600
Potosí

La octava maravilla del mundo

Incesantes caravanas de llamas y mulas llevan al puerto de Arica la plata que, por todas sus bocas, sangra el cerro de Potosí. Al cabo de larga navegación, los lingotes se vuelcan en Europa para financiar, allá, la guerra, la paz y el progreso.

A cambio llegan a Potosí, desde Sevilla o por contrabando, vinos de España y sombreros y sedas de Francia, encajes, espejos y tapices de Flandes, espadas alemanas y papelería genovesa, medias de Nápoles, cristales de Venecia, ceras de Chipre, diamantes de Ceilán, marfiles de la India y perfumes de Arabia, Malaca y Goa, alfombras de Persia y porcelanas de China, esclavos negros de Cabo Verde y Angola y caballos chilenos de mucho brío.

Todo es carísimo en esta ciudad, la más cara del mundo. Sólo resultan baratas la chicha y las hojas de coca. Los indios, arrancados a la fuerza de las comunidades de todo el Perú, pasan el domingo en los corrales, danzando en torno a los tambores y bebiendo chicha hasta rodar por los suelos. Al amanecer del lunes los arrean cerro adentro y mascando coca persiguen, a golpes de barreta, las vetas de plata, serpientes blanquiverdes que asoman y huyen por las tripas de ese vientre inmenso, ninguna luz, aire ninguno. Allí trabajan los indios toda la semana, prisioneros, respirando polvo que mata los pulmones y mascando coca que engaña al hambre y disfraza la extenuación, sin saber cuándo anochece ni cuándo amanece, hasta que al fin del sábado suena el toque de oración y salida. Avanzan entonces, abriéndose paso con velas encendidas, y emergen el domingo al alba, que así de hondos son los socavones y los infinitos túneles y galerías.

Un cura, recién llegado a Potosí, los ve aparecer en los suburbios de la ciudad, larga procesión de fantasmas escuálidos, las espaldas marcadas por el látigo, y comenta:

—No quiero ver este retrato del infierno.

—Pues cierre usted los ojos —le aconsejan.

—No puedo —dice el cura—. Con los ojos cerrados, veo más.

(21 y 157)

Profecías

Anoche se han casado, ante el fuego, según quiere la tradición, y han escuchado las palabras sagradas.
A ella:
—*Que cuando él se encienda en fuego de amor, no estés helada.*
Y a él:
—*Que cuando ella se encienda en fuego de amor, no estés helado.*
Al resplandor del fuego se despiertan, abrazados, se felicitan con los ojos y se cuentan los sueños.
Durante el sueño, viaja el alma fuera del cuerpo y conoce, en una eternidad o parpadeo, lo que ocurrirá. Los bellos sueños se convidan; y para eso se despiertan muy tempranito las parejas. Los sueños malos, en cambio, se arrojan a los perros.
Los sueños malos, pesadillas de abismos o buitres o monstruos, pueden anunciar lo peor. Y lo peor, aquí, es que te obliguen a ir a las minas de azogue de Huancavélica o al lejano cerro de la plata en Potosí.

(150 y 151)

Cantar del Cuzco

Una llama quisiera
que de oro tuviera el pelo,
brillante como el sol,
fuerte como el amor
y suave como la nube
que la aurora deshace,
para tejer un cordón
donde marcaría,
nudo tras nudo,
las lunas que pasan,
las flores que mueren.

(202)

1600
Ciudad de México

Las carrozas

Han vuelto las carrozas a las anchas calles de México.

Hace más de veinte años, el ascético Felipe II las había prohibido. Decía el decreto que el uso del coche apoltrona a los hombres y los acostumbra a la vida regalona y haragana; y que así pierden músculos para el arte de la guerra.

Muerto Felipe II, las carrozas reinan nuevamente en esta ciudad. Por dentro, sedas y cristales; por fuera, oro y carey y el blasón en la portezuela. Despiden un aroma de maderas finas y ruedan con andar de góndola y mecer de cuna; tras las cortinas saluda y sonríe la nobleza colonial. En el alto pescante, entre flecos y borlones de seda, se alza el cochero, desdeñoso, casi rey; y los caballos calzan herraduras de plata.

Siguen prohibidos los carruajes para los indios, las putas y los castigados por la Inquisición.

(213)

1601
Valladolid

Quevedo

Hace veinte años que España reina sobre Portugal y todas sus colonias, de modo que puede un español pasearse por el mundo sin pisar tierra extranjera.

Pero España es la nación más cara de Europa: produce cada vez menos cosas y cada vez más monedas. De los treinta y cinco millones de escudos nacidos hace seis años, no queda ni la sombra. No son alentadores los datos que acaba de publicar aquí don Martín González de Cellorigo en su *Memorial de la política necesaria:* por obra del azar y de la herencia, cada español que trabaja mantiene a treinta. Para los rentistas, trabajar es pecado. Los hidalgos tienen por campo de batalla las alcobas; y crecen en España menos árboles que frailes y mendigos.

Camino de Génova marchan las galeras cargadas con la plata de América. Ni el aroma dejan en España los metales que llegan desde México y el Perú. Tal parece que la hazaña de la conquista hubiera sido cumplida por los mercaderes y los banqueros alemanes, genoveses, franceses y flamencos.

Vive en Valladolid un muchacho cojitranco y miope, puro de sangre y con espada y lengua de mucho filo. Por la noche, mientras el paje le arranca las botas, medita coplas. A la mañana siguiente se deslizan las serpientes por debajo de los portones del palacio real.

Con la cabeza hundida en la almohada, el joven Francisco de Quevedo y Villegas piensa en quien al cobarde hace guerrero y ablanda al juez más severo; y maldiciendo este oficio de poeta se alza en la cama, se restriega los ojos, arrima la lámpara y de un tirón se saca de adentro los versos que no lo dejan dormir. Hablan los versos de don Dinero, que

> *nace en las Indias honrado,*
> *donde el mundo le acompaña,*
> *viene a morir en España*
> *y es en Génova enterrado.*

(64, 183 y 218)

1602
Recife

La primera expedición contra Palmares

En los ingenios, que estrujan y exprimen cañas y hombres, se mide el trabajo de cada esclavo como se mide el peso de las cañas y la presión del trapiche y el calor del horno. La fuerza de un esclavo se agota en cinco años, pero en un solo año recupera su dueño el precio que por él ha pagado. Cuando los esclavos dejan de ser brazos útiles y se convierten en bocas inútiles, reciben el regalo de la libertad.

Los nacimientos

En las sierras del nordeste del Brasil se esconden los esclavos que conquistan la libertad antes de que los volteen la súbita vejez o la temprana muerte. Palmares se llaman los santuarios donde se refugian los cimarrones, en las florestas de altas palmas de Alagoas.

El gobernador general del Brasil envía la primera expedición contra Palmares. La integran unos pocos blancos y mestizos pobres, ansiosos por capturar y vender negros, unos cuantos indios a quienes se han prometido peines, cuchillos y espejitos, y muchos mulatos.

Al volver del río Itapicurú, el comandante de la expedición, Bartolomeu Bezerra, anuncia en Recife: *El foco de la rebelión ha sido destruido.* Y le creen.

(32 y 69)

1603
Roma

Las cuatro partes del mundo

Se publica en Roma una edición ilustrada y ampliada de la *Iconología* de Cesare Ripa.

El diccionario de imágenes simbólicas muestra el mundo tal como se ve desde la orilla norte del Mediterráneo.

Arriba aparece Europa, la reina, con sus emblemas de poder. La respaldan caballos y lanzas. Con una mano sostiene las columnas del templo; en la otra ostenta el cetro. Lleva una corona en la cabeza y otras coronas yacen a sus pies, entre mitras y libros y pinceles, cítaras y arpas. Junto al cuerno de la abundancia, reposan el compás y la regla.

Abajo, a la derecha, el Asia. Ofrece café, pimienta, incienso. La adornan guirnaldas de flores y frutas. Un camello, echado, la espera.

Al costado, el África es una morena morisca, con una cabeza de elefante por cimera. Luce al pecho un collar de corales. La rodean el león, la serpiente, el escorpión y las espigas.

Debajo de todos, América, *mujer de rostro espantoso de mirar.* Lleva plumas sobre la desnuda piel olivácea. A los pies, tiene una cabeza humana recién cortada y un lagarto. Está armada de arco y flechas.

(125)

1603
Santiago de Chile

La jauría

El cabildo de Santiago ha comprado una nueva marca de plata para herrar a los indios esclavos en la cara. El gobernador, Alonso de Ribera, manda que se destine a gastos de guerra y sustento de soldados la quinta parte del valor de cada araucano vendido en los puertos de Valdivia y Arica.

Se suceden las cacerías. Los soldados atraviesan el Bío-Bío y en las noches pegan sus zarpazos. Incendian y degüellan y regresan acarreando hombres, mujeres y niños atados por el pescuezo. Una vez marcados, los venden al Perú.

El gobernador alza el botijo de vino y brinda por las batallas ganadas. Brinda a la flamenca, como Pedro de Valdivia. Primero, por todos los hidalgos y las damas que le van viniendo a la memoria, trago tras trago. Cuando se acaba la gente, brinda por los santos y los ángeles; y nunca olvida agradecerles el pretexto.

(94)

1605
Lima

La noche del Juicio Final

Recién pasada la Navidad, los cañonazos de la tierra han volado la ciudad de Arequipa. Reventó la cordillera y la tierra vomitó los cimientos de las casas. Quedó la gente descuartizada bajo los escombros

Los nacimientos

y las cosechas quemadas bajo las cenizas. Se alzó la mar, mientras tanto, y ahogó el puerto de Arica.

Ayer, cuando atardecía, un fraile descalzo convocó a la multitud en la plaza de Lima. Anunció que esta ciudad libertina se hundiría en las próximas horas y con ella sus alrededores hasta donde se perdía la vista.

—¡Nadie podrá huir! —gritaba, aullaba—. ¡Ni el más veloz de los caballos ni la más rauda nave podrán escapar!

Cuando el sol se puso, ya estaban las calles llenas de penitentes que se azotaban a la luz de los hachones. Los pecadores gritaban sus culpas en las esquinas y desde los balcones los ricos arrojaban a la calle las vajillas de plata y las ropas de fiesta. Espeluznantes secretos se revelaban a viva voz. Las esposas infieles arrancaban adoquines de la calle para golpearse el pecho. Los ladrones y los seductores se arrodillaban ante sus víctimas, los amos besaban los pies de sus esclavos y los mendigos no tenían manos para tanta limosna. La Iglesia recibió anoche más dinero que en todas las cuaresmas de toda su historia. Quien no buscaba cura para confesarse, buscaba cura para casarse. Estaban abarrotados los templos de gente que quiso yacer a su amparo.

Y después, amaneció.

El sol brilla como nunca en Lima. Los penitentes buscan ungüentos para sus espaldas desolladas y los amos persiguen a sus esclavos. Las recién casadas preguntan por sus flamantes maridos, que la luz del día evaporó; los arrepentidos andan por las calles en busca de pecados nuevos. Se escuchan llantos y maldiciones detrás de cada puerta. No hay un mendigo que no se haya perdido de vista. También los curas se han escondido, para contar las montañas de monedas que Dios aceptó anoche. Con el dinero que sobra, las iglesias de Lima comprarán en España auténticas plumas del arcángel Gabriel.

(157)

1607
Sevilla

La fresa

El capitán Alonso González de Nájera, que ha vivido seis años en Chile, recuerda y cuenta.

Habla de los que nacen entre trompetas y tambores, la noble hueste que viste cota de malla desde la cuna y hace muralla de sus cuerpos ante el embate de los indios. Asegura que la lluvia arranca granos de oro a la tierra chilena y que los indios pagan el tributo con el oro que sacan de las barrigas de las lagartijas.

También cuenta de una fruta rara, de color y hechura de corazón, que al roce de los dientes estalla en dulces jugos. Bien podría competir, por vistosa, sabrosa y olorosa, con las más regaladas frutas de España, *aunque allá en Chile la agravian llamándola frutilla.*

(66)

1608
Puerto Príncipe

Silvestre de Balboa

En la casa de barro y palma de Silvestre de Balboa, escribano del cabildo de Puerto Príncipe, nace el primer poema épico de la historia de Cuba. Dedica el autor sus octavas reales al obispo Altamirano, que hace cuatro años fue secuestrado por el pirata francés Gilbert Giron en el puerto de Manzanillo.

Al navío del pirata ascendieron, desde el reino de Neptuno, focas y nereidas condolidas del obispo, que no quiso en su defensa aceptar nada. Consiguieron los vecinos de Manzanillo reunir doscientos ducados, mil cueros y otras vituallas y por fin el corsario luterano soltó su presa. Desde los bosques llegaron a la playa, para dar la bienvenida al obispo rescatado, sátiros, faunos y semicapros que le trajeron guanábanas y otras delicias. Vinieron de los prados las napeas, cargadas de mameyes, piñas, tunas, aguacates, tabaco; y vistiendo enaguas las dríades bajaron de los árboles, plenos los brazos de silvestres pitajayas y frutos del árbol birijí y de la alta jagua. También recibió el obispo Altamirano guabinas, dajaos y otros peces de río de manos de las náyades; y las ninfas de las fuentes y los estanques le regalaron unas sabrosas tortugas jicoteas de Masabo. Cuando se disponían los piratas a cobrar el rescate, cayeron sobre ellos unos pocos mancebos, flor y nata de Manzanillo, que valientemente les dieron su merecido. Fue un negro esclavo, llamado Salvador, quien atravesó con su lanza el pecho del pirata Gilbert Giron:

> *¡Oh Salvador criollo, negro honrado!*
> *Vuele tu fama y nunca se consuma;*
> *que en alabanza de tan buen soldado*
> *es bien que no se cansen lengua y pluma.*

Henchido de admiración y espanto, Silvestre de Balboa invoca a Troya y compara con Aquiles y Ulises a los vecinos de Manzanillo, después de haberlos mezclado con ninfas, faunos y centauros. Pero entre las portentosas deidades se han abierto paso, humildemente, las gentes de este pueblo, un negro esclavo que se portó como un héroe y muchas frutas, hierbas y animales de esta isla que el autor llama y ama por sus nombres.

(23)

1608
Sevilla

Mateo Alemán

Mateo Alemán sube al navío que parte hacia México. Para poder viajar a las Indias, ha sobornado al secretario del rey y ha demostrado pureza de sangre.

Judío de padre y madre y con algún pariente quemado por la Inquisición, Mateo Alemán se ha inventado un cristianísimo linaje y un imponente escudo de armas, y de paso ha convertido a su amante, Francisca de Calderón, en su hija mayor.

El novelista supo aprender las artes de su personaje, Guzmán de Alfarache, *diestro en el oficio de la florida picardía,* quien muda de traje, de nombre y de ciudad para borrar estigmas y escapar de la pobreza. *Bailar tengo al son que todos, dure lo que durare,* explica Guzmán de Alfarache en la novela que España está leyendo.

(6 y 147)

1608
Córdoba

El Inca Garcilaso

A los setenta años, se inclina sobre la mesa, moja la pluma en el tintero de cuerno y escribe disculpando.

Es hombre de prosa minuciosa y galana. Elogia al invasor en la lengua del invasor, que ha hecho suya. Con una mano saluda la conquista, por ser obra de la Divina Providencia: los conquistadores, brazos de Dios, han evangelizado el Nuevo Mundo y la tragedia ha pagado el precio de la salvación. Con la otra mano dice adiós al reino de los incas, *antes destruido que conocido,* y lo evoca con nostalgias de paraíso. Una mano pertenece a su padre, capitán de Pizarro. La otra es de su madre, prima de Atahualpa, que ese capitán humilló y arrojó a los brazos de un soldado.

Como América, el Inca Garcilaso de la Vega ha nacido de una violación. Como América, vive desgarrado.

Aunque hace medio siglo que está en Europa, todavía escucha, como si fueran de recién, las voces de la infancia en el Cuzco, *cosas recibidas en las mantillas y la leche:* en esa ciudad arrasada vino al mundo ocho años después de la entrada de los españoles, y en esa ciudad bebió, de labios de su madre, las historias que vienen del lejano día en que el sol dejó caer, sobre el lago Titicaca, al príncipe y a la princesa nacidos de sus amores con la luna.

(76)

Los nacimientos

1609
Santiago de Chile

Las reglas de la mesa

Se lo dijeron esta mañana, cuando le trajeron el humoso, aromoso chocolate. De un brinco, el gobernador se despegó de las sábanas de Holanda: el rey de España ha decidido legalizar la esclavitud de los indios capturados en guerra.

Casi un año demoró la noticia en atravesar el océano y la cordillera. Hace ya tiempo que en Chile se venden araucanos ante escribano público, y al que pretende escapar le cortan los tendones; pero el visto bueno del rey cerrará la boca de algunos protestones.

—*Bendiga Dios este pan...*

El gobernador ofrece una cena a los domadores de estas tierras ariscas. Los invitados beben vino del país en cuerno de buey y comen panes de maíz envueltos en hojas de maíz, la sabrosa humita, plato de indios. Como había recomendado Alfonso el Sabio, toman con tres dedos los bocados de carne con ají; y como quería Erasmo de Rotterdam, no roen los huesos, ni arrojan bajo la mesa las cáscaras de la fruta. Después de tomar el agüita caliente de quelén-quelén, se limpian con un escarbadientes sin dejarlo luego entre los labios ni en la oreja.

(94 y 172)

1611
Yarutini

El extirpador de idolatrías

A golpes de pico están rompiendo a Cápac Huanca.

El sacerdote Francisco de Ávila grita a sus indios que se apuren. Todavía quedan muchos ídolos por descubrir y triturar en estas tierras del Perú, donde él no conoce persona que no incurra en el pecado de idolatría. Jamás descansa la cólera divina. Ávila, azote de los hechiceros, vive sin sentarse.

Pero a sus siervos, que saben, cada golpe les duele. Esta gran roca es un hombre elegido y salvado por el dios Pariacaca. Cápac Huanca fue el único que compartió con él su chicha de maíz y sus hojas de coca, cuando Pariacaca se disfrazó con andrajos y vino a Yarutini y aquí suplicó que le dieran de beber y mascar. Esta gran roca es un hombre generoso. Pariacaca lo enfrió y lo convirtió en piedra, para que no lo volara el huracán de castigo que se llevó de un soplo a todos los demás.

Ávila hace arrojar sus pedazos al abismo. En su lugar, clava una cruz.

Después pregunta a los indios la historia de Cápac Huanca; y la escribe.

(14)

1612
San Pedro de Omapacha

El golpeado golpea

El símbolo de la autoridad, trenza de cuero, punta de cuerda, silba en el aire y muerde. Arranca en tiras el pellejo y raja la carne.

Desnudo, atado a la piedra del suplicio, aguanta el castigo Cristóbal de León Mullohuamani, cacique de la comunidad de Omapacha. Los gemidos se suceden al ritmo del látigo.

De la celda al cepo, del cepo al azote, vive el cacique en agonía. Él ha osado protestar ante el virrey de Lima y no ha entregado los indios que debía: por su culpa han faltado brazos para llevar vino desde los llanos al Cuzco y para hilar y tejer ropa como el corregidor mandó.

El verdugo, un esclavo negro, descarga el látigo con ganas. Esa espalda no es mejor ni peor que otra cualquiera.

(179)

1613
Londres

Shakespeare

La Compañía de Virginia se está llevando el gran chasco en las costas del norte de América, sin oro ni plata, pero por toda Inglaterra circulan sus panfletos de propaganda anunciando que allá los ingleses cambian a los indios *perlas del Cielo por perlas de la tierra.*

No hace mucho que John Donne exploraba el cuerpo de su amante, en un poema, como quien descubre América; y Virginia, el oro de Virginia, es el tema central de las fiestas de la boda de la princesa Isabel. En honor de la hija del rey, se representa una mascarada de George Chapman que gira en torno de una gran roca de oro, símbolo de Virginia o de las ilusiones de sus accionistas: el oro, clave de todos los poderes, secreto de la vida perseguido por los alquimistas, hijo del sol como la plata es hija de la luna y el cobre nace de Venus. Hay oro en las zonas calientes del mundo, donde el sol siembra, generoso, sus rayos.

En las celebraciones del casamiento de la princesa, también se pone en escena una obra de William Shakespeare, *La tempestad,* inspirada en el naufragio de un barco de la Compañía de Virginia en las Bermudas. El gran creador de almas y maravillas ubica esta vez su drama en una isla del Mediterráneo que más parece del mar Caribe. Allí el duque Próspero encuentra a Calibán, hijo de la bruja Sycorax, adoradora del dios de los indios de la Patagonia. Calibán es *un salvaje,* un indio de esos que Shakespeare ha visto en alguna exhibición de Londres: *cosa de la oscuridad,* más bestia que hombre, no aprende más que a maldecir y no tiene capacidad de juicio ni sentido de la responsabilidad. Sólo de esclavo, o atado como un mono, podría encontrar un lugar en la sociedad humana, o sea, la sociedad europea, a la que no le interesa para nada incorporarse.

(207)

1614
Lima

Actas del cabildo de Lima: nace la censura teatral

En este cabildo se trató y dixo que por no haberse examinado las comedias que se han representado en esta ciudad, ha resultado haberse dicho muchas cosas en perjuicio de partes y contra la autoridad y honestidad que se debe a esta república. Y para que cesen los dichos inconvenientes para en adelante conviene proveerse de remedio. Y habiéndose tratado y conferido sobre ello, se acordó y mandó que se notifique a los autores de comedias que al presente son y en adelante fueren, que en ninguna manera representen comedia ninguna ni la hagan representar sin que primero se haya visto y examinado e aprobado por la persona queste cabildo para ello nombrase, so pena de doscientos pesos de a nueve reales...

(122)

1614
Lima

Se prohíben las danzas de los indios del Perú

Alas de cóndor, cabeza de guacamayo, pieles de jaguar: danzan los indios peruanos su antiguo Raymi en pleno Corpus Christi. En lengua quechua celebran sus invocaciones al sol, a la hora de la siembra, o rinden al sol homenaje cuando ocurre un nacimiento o llega el tiempo de la cosecha.

Para que con la ayuda de Nuestro Señor se supriman las ocasiones de caer en la idolatría, y el demonio no pueda continuar ejerciendo sus engaños, decide el arzobispo de Lima que *no deberá consentirse que ni en dialecto local ni en lengua general se celebren danzas, cantos ni taquies.* Anuncia el arzobispo terribles castigos y manda quemar todos los instrumentos indígenas, incluyendo la dulce quena, mensajera de amores:

*A la orilla dormirás,
a medianoche vendré...*

(21)

1615
Lima

Guamán Poma

A los setenta años, se inclina sobre la mesa, moja la pluma en el tintero de cuerno y escribe y dibuja desafiando.

Es hombre de prosa atropellada y rota. Maldice al invasor en la lengua del invasor, que no es la suya, y la hace estallar. La lengua de Castilla dos por tres tropieza con palabras quechuas y aymaras, pero al fin y al cabo Castilla es Castilla por los indios, y *sin los indios Vuestra Magestad no vale cosa.*

Hoy Guamán Poma de Ayala termina su carta al rey de España. Al principio estaba dirigida a Felipe II, que se murió mientras Guamán la hacía. Ahora quiere entregarla en mano propia a Felipe III. El peregrino ha deambulado de aldea en aldea, *caminando el autor por la siera con mucha neve,* comiendo si podía y llevando siempre a cuestas su creciente manuscrito de dibujos y palabras. *Del mundo buelbe el autor... Andubo en el mundo llorando en todo el camino* y por fin ha llegado a Lima. Desde aquí se propone viajar a España. Cómo hará, no sabe. ¿Qué importa? Nadie conoce a Guamán, nadie lo escucha, y el monarca está muy lejos y muy alto; pero Guamán, pluma en mano, lo trata de igual a igual, lo tutea y le explica qué debe hacer.

Desterrado de su provincia, desnudo, ningunado, Guamán no vacila en proclamarse heredero de las reales dinastías de los yarovilcas y los incas y se autodesigna Consejero del Rey, Primer Indio Cronista, Príncipe del Reino y Segundo de Mando. Ha escrito esta larga carta desde el orgullo: su linaje proviene de los antiguos señores de Huánuco y en el nombre que se puso ha recogido al halcón y al puma del escudo de armas de sus antepasados, que mandaban las tierras del norte del Perú desde antes de los incas y los españoles.

Escribir esta carta es llorar. Palabras, imágenes, lágrimas de la rabia. *Los yndios son propietarios naturales deste rreyno y los españoles naturales de españa aca en este rreyno son estrangeros.* Santiago Apóstol, de uniforme militar, pisotea a un nativo caído. En los banquetes, los platos están llenos de minúsculas mujeres. El arriero lleva una canasta repleta de hijos mestizos del cura. *También es castigo de dios murir muchos yndios minas de azogue y de plata.* En todo el Perú, *adonde habia cien no hay diez.* «¿Comes este oro?», pregunta el Inca, y el conquistador responde: «Este oro comemos».

Hoy Guamán termina su carta. Ha vivido para ella. Medio siglo le ha llevado escribirla y dibujarla. Son casi mil doscientas páginas. Hoy Guamán termina su carta y muere.

Ni Felipe III ni rey alguno la conocerá jamás. Durante tres siglos andará perdida por el mundo.

(124, 125 y 179)

1616
Madrid

Cervantes

—¿Qué nuevas traes de nuestro padre?

—Yace, señor, entre lágrimas y rezos. Hinchado está, y de color ceniza. Ya ha puesto el alma en paz con el escribano y con el cura. Las lloronas esperan.

—Si tuviera yo el bálsamo de Fierabrás... ¡Dos tragos y al punto sanaría!

—¿A los setenta años que casi tiene, y en agonía? ¿Con seis dientes en la boca y una sola mano que sirve? ¿Con cicatrices tantas de batallas, afrentas y prisiones? De nada serviría ese feo Blas.

—No digo dos tragos. ¡Dos gotas!

—Tarde llegaría.

—¿Que ha muerto, decís?

—Muriendo está.

Los nacimientos

—Descúbrete, Sancho. Y tú, Rocinante, abaja la testuz. ¡Ah, príncipe de las armas! ¡Rey de las letras!
—Sin él, señor, ¿qué será de nosotros?
—Nada hemos de hacer que no sea en su alabanza.
—¿Adónde iremos a parar, tan solos?
—Iremos a donde él quiso y no pudo.
—¿Adónde, señor?
—A enderezar lo que tuerto está en las costas de Cartagena, la hondonada de La Paz y los bosques de Soconusco.
—A que nos muelan por allá los huesos.
—Has de saber, Sancho, hermano mío de caminos y carreras, que en las Indias la gloria aguarda a los caballeros andantes, sedientos de justicia y fama...
—Como han sido pocos los garrotazos...
—... y reciben los escuderos, en recompensa, inmensos reinos jamás explorados.
—¿No los habrá más cerca?
—Y tú, Rocinante, entérate: en las Indias, los caballos calzan plata y oro muerden. ¡Son tenidos por dioses!
—Tras mil palizas, mil y una.
—Calla, Sancho.
—¿No nos dijo nuestro padre que América es refugio de malandrines y santuario de putas?
—¡Calla, te digo!
—Quien a las Indias se embarca, nos dijo, en los muelles deja la conciencia.
—¡Pues allá iremos, a lavar la honra de quien libres nos parió en la cárcel!
—¿Y si aquí lo lloramos?
—¿Homenaje llamas a semejante traición? ¡Ah, bellaco! ¡Volveremos al camino! Si para quedarse en el mundo nos hizo, por el mundo lo llevaremos. ¡Alcánzame la celada! ¡La adarga al brazo, Sancho! ¡La lanza!

(46)

1616
Potosí

Retratos de una procesión

Cerro mago de Potosí: en estos altos páramos enemigos, que sólo ofrecían soledad y frío, ha hecho brotar la ciudad más poblada del mundo.

Altas cruces de plata encabezan la procesión, que avanza entre dos hileras de estandartes y espadas. Sobre las calles de plata, herraduras de plata; resuenan los caballos lujosos de terciopelos y perladas bridas. Para confirmación de los que mandan y consuelo de los que sirven, la plata desfila, fulgurante, pisafuerte, sabedora de que no hay espacio de la tierra o el cielo que no pueda comprar.

Se ha vestido de fiesta la ciudad; los balcones lucen colgaduras y blasones; desde un mar de crujientes sedas, espuma de encajes y cataratas de perlas, las señoras miran y admiran la cabalgata que avanza con estrépito de trompetas, chirimías y roncos atabales. Unos cuantos caballeros llevan parche negro al ojo y bultos y llagas en la frente, que no son marcas de la guerra, sino de la sífilis; pero volando van y vienen, de los balcones a la calle, de la calle a los balcones, los besos y los piropos.

Se abren paso, enmascarados, el Interés y la Codicia. Canta la Codicia, máscara de culebras, mientras el caballo hace cabriolas:

> *Raíz de todos los males*
> *me llaman, y es mi trofeo*
> *no satisfacer deseo.*

Y contesta el Interés, calzas negras, jubón negro bordado de oro, máscara negra bajo la negra gorra de mucha plumería:

> *Si yo he vencido al amor*
> *y el amor vence a la muerte*
> *yo soy más que todos fuerte.*

Encabeza el obispo un lento y largo ejército de curas y encapuchados nazarenos armados de altos cirios y candelabros de plata, hasta que la trompetería de los heraldos se impone sobre el tintineo de las campanillas anunciando a la Virgen de Guadalupe, Luz de los que esperan, Espejo de justicia, Refugio de los pecadores, Consuelo de los afligidos, Palma verde, Vara florecida, Piedra refulgente. Ella llega en oleajes de oro y nácar, en brazos de cincuenta indios; ahogada por la mucha joyería, asiste con ojos de asombro al bullicio de los querubines de alas de plata y al espectacularoso despliegue de sus adoradores. En blanco corcel irrumpe el Caballero de la Ardiente Espada, seguido por un batallón de pajes y lacayos de blancas libreas. El Caballero arroja lejos su sombrero y canta a la Virgen:

> *En mi dama, aunque morena,*
> *tal hermosura se encierra*
> *que suspende a cielo y tierra.*

Lacayos y pajes de librea morada corren tras el Caballero del Amor Divino, que viene trotando, jinete romano, al viento los faldones de morada seda: ante la Virgen cae de rodillas y humilla la frente coronada de laurel, pero cuando hincha el pecho para cantar sus coplas, estalla una fusilería de humo de azufre. Ha invadido la calle el carro de los Demonios, y nadie presta la menor atención al Caballero del Amor Divino.

El príncipe Tartáreo, adorador de Mahoma, abre sus alas de murciélago, y la princesa Proserpina, melena y cola de serpientes, lanza desde lo alto blasfemias y carcajadas que la corte de los diablos celebra. En alguna parte resuena de pronto el nombre de Jesucristo y el carro del Infierno revienta en una explosión descomunal. El príncipe Tartáreo y la princesa Proserpina atraviesan de un salto el humo y las llamas y ruedan, prisioneros, a los pies de la Madre de Dios.

Se cubre la calle de angelitos, halos y alas de plata centelleante, y alegran el aire sones de violones y guitarras, cítaras y chirimías. Los músicos, vestidos de doncellas, festejan la llegada de la Misericordia, la Justicia, la Paz y la Verdad, cuatro airosas hijas de Potosí erguidas sobre sillones de plata y terciopelo. Tienen cabeza y pecho de indio los caballos que tiran del carruaje.

Y llega entonces, arrollando, la Serpiente. Sobre mil piernas de indios se desliza el inmenso reptil, abiertas las fauces llameantes, metiendo miedo y fuego en la romería, y a los pies de la Virgen desafía y combate. Cuando los soldados le cortan la cabeza a golpes de hacha y espada, de las entrañas de la Sierpe emerge, con su orgullo hecho pedacitos, el Inca. Arrastrando sus asombrosas vestiduras, el hijo del Sol cae de rodillas ante la Divina Luz. Luce la Virgen manto de oro, rubíes y perlas grandes como garbanzos, y más que nunca brilla, por encima de sus ojos atónitos, la cruz de oro de la corona imperial.

Después, la multitud. Artesanos de todos los oficios y pícaros y mendigos capaces de arrancar lágrimas a un ojo de vidrio: los mestizos, hijos de la violencia, ni siervos ni señores, marchan a pie. Prohíbe la ley que tengan caballos ni armas, como prohíbe a los mulatos el uso de parasoles, para que nadie disimule el estigma que mancha la sangre hasta la sexta generación. Con los mestizos y los mulatos vienen los cuarterones y los zambos y todos los mezclados, los mil colores de los hijos del cazador y su presa.

Detrás, cierra la procesión una multitud de indios cargados de frutas y flores y fuentes de comida humeante. Ante la Virgen imploran los indios perdón y consuelo.

Más allá, algunos negros barren la basura dejada por todos los demás.

(21 y 157)

1616
Santiago Papasquiaro

El Dios de los amos, ¿es el Dios de los siervos?

Habló de la vida libre un viejo profeta indio. Vestido a la antigua usanza, anduvo por estos desiertos y serranías levantando polvo y cantando, al triste son de un tronco hueco, las hazañas de los antepasados y la perdida libertad. Predicó el viejo la guerra contra quienes han arrebatado a los indios las tierras y los dioses y los hacen reventar en los socavones de Zacatecas. Resucitarán quienes mueran en la guerra necesaria, anunció, y renacerán jóvenes y veloces los ancianos que mueran peleando.

Los tepehuanes robaron mosquetes y tallaron y escondieron muchos arcos y flechas, porque ellos son arqueros diestros como Estrella

Los nacimientos

de la mañana, el flechador divino. Robaron y mataron caballos, para comer su agilidad, y mulas para comerles la fuerza.

La rebelión estalló en Santiago Papasquiaro, al norte de Durango. Los tepehuanes, los indios más cristianos de la región, los primeros conversos, pisaron las hostias; y cuando el padre Bernardo Cisneros pidió clemencia, le contestaron *Dominus Vobiscum*. Al sur, en el Mezquital, rompieron a machetazos la cara de la Virgen y bebieron vino en los cálices. En el pueblo de Zape, indios vestidos con sotanas y bonetes de jesuitas persiguieron por los bosques a los españoles fugitivos. En Santa Catarina, descargaron sus macanas sobre el padre Hernando del Tovar mientras le decían: *A ver si te salva Dios*. El padre Juan del Valle quedó tendido en tierra, desnudo, en el aire la mano que hacía la señal de la cruz y la otra mano cubriendo su sexo jamás usado.

Pero poco ha durado la insurrección. En los llanos de Cacaria, las tropas coloniales han fulminado a los indios. Cae una lluvia roja sobre los muertos. La lluvia atraviesa el aire espeso de polvo y acribilla a los muertos con balas de barro rojo.

En Zacatecas repican las campanas, llamando a los banquetes de celebración. Los señores de las minas suspiran aliviados. No faltará mano de obra en los socavones. Nada interrumpirá la prosperidad del reino. Podrán ellos seguir meando tranquilos en bacinillas de plata labrada y nadie impedirá que acudan a misa sus señoras acompañadas de cien criados y veinte doncellas.

(30)

1617
Londres

Humos de Virginia en la niebla de Londres

Dramatis personae:

EL REY (Jacobo I de Inglaterra, VI de Escocia). Ha escrito: *El tabaco convierte en una cocina las partes interiores del hombre, ensuciándolas o infectándolas con una especie de hollín untuoso y grasosiento*. También ha escrito que quien fuma imita *las bárbaras y bestiales maneras de los salvajes y serviles indios sin Dios.*

JOHN ROLFE. Colono inglés de Virginia. Uno de los miembros más distinguidos de ese *pueblo señalado y elegido por el dedo de Dios* —según el propio Rolfe define a los suyos—. Con semillas llevadas a Virginia desde la isla de Trinidad, ha hecho buenas mezclas de tabaco en sus plantaciones. Hace tres años despachó hacia Londres, en las bodegas del *Elizabeth,* cuatro toneles llenos de hojas, que han iniciado el reciente pero ya fructífero comercio de tabaco con Inglaterra. Bien se puede decir que John Rolfe ha colocado al tabaco en el trono de Virginia, como planta reina de poder absoluto. El año pasado vino a Londres con el gobernador Dale, buscando nuevos colonos y nuevas inversiones para la Compañía de Virginia y prometiendo fabulosas ganancias a sus accionistas, porque el tabaco será a Virginia lo que la plata es al Perú. También vino para presentar ante el rey Jacobo a su esposa, la princesa india Pocahontas, bautizada Rebeca.

SIR THOMAS DALE. Gobernador de Virginia hasta el año pasado. Autorizó la boda de John Rolfe y la princesa Pocahontas, primer matrimonio anglo-indio en la historia de Virginia, en el entendido de que era un acto de alta conveniencia política, que contribuiría al pacífico suministro de granos y brazos por parte de la población indígena. Sin embargo, en su solicitud de permiso, John Rolfe no mencionaba este aspecto del asunto. Tampoco mencionaba para nada el amor, aunque sí se ocupaba de negar terminantemente cualquier *desenfrenado deseo* hacia su hermosa novia de dieciocho años de edad. Decía Rolfe que quería casarse con esa pagana *de ruda educación, bárbaras maneras y generación condenada, por el bien de esta plantación, por el honor de nuestro país, por la gloria de Dios, por mi propia salvación y para convertir al verdadero conocimiento de Dios y Jesucristo a una criatura incrédula.*

POCAHONTAS. También llamada Matoaka mientras vivió con los indios. Hija predilecta del gran jefe Powhatan. Desde que casó con John Rolfe, Pocahontas renunció a la idolatría, pasó a llamarse Rebeca y cubrió con ropa inglesa sus desnudeces. Luciendo sombrero de copa y altos encajes al cuello, llegó a Londres y fue recibida en la corte. Hablaba como inglesa y creía como inglesa; devotamente compartía la fe calvinista de su esposo y el tabaco de Virginia encontró en ella a la muy hábil y exótica promotora que necesitaba para imponerse en Londres. De enfermedad inglesa murió. Navegando por el Támesis de regreso a Virginia, y mientras el barco esperaba vientos favorables, Pocahontas exhaló su último suspiro en brazos de John Rolfe, en Gravesend, en el mes de marzo de este año de 1617. No había cumplido veintiún años.

OPECHANCANOUGH. Tío de Pocahontas, hermano mayor del gran jefe Powhatan. Fue Opechancanough quien entregó a la novia en la iglesia protestante de Jamestown, desnuda iglesia de troncos, hace tres años. No dijo una palabra durante la ceremonia, ni antes, ni después, pero Pocahontas contó a John Rolfe la historia de su tío. Opechancanough vivió en otros tiempos en España y en México, fue cristiano y se llamó Luis de Velasco, pero no bien lo devolvieron a su tierra arrojó al fuego el crucifijo y la capa y la gola, degolló a los curas que lo acompañaban y recuperó su nombre de Opechancanough, que en lengua de los algonquinos significa *el que tiene el alma limpia*.

Alguien que fue actor del Teatro del Globo en los años de Shakespeare ha reunido los datos de esta historia y se pregunta ahora, ante una jarra de cerveza, qué hará con ellos. ¿Escribirá una tragedia de amor o un drama moralizante sobre el tabaco y sus poderes maléficos? ¿O quizá una mascarada que tenga por tema la conquista de América? La obra tendría un éxito seguro, porque todo Londres habla de la princesa Pocahontas y su fugaz paso por aquí. Esa mujer... Ella sola era un harem. Todo Londres la sueña desnuda entre los árboles, con flores aromosas en el pelo. ¿Qué ángel vengador la atravesó con su espada invisible? ¿Ha expiado ella los pecados de su pueblo pagano? ¿O fue esa muerte una advertencia de Dios a su marido? El tabaco, hijo ilegítimo de Proserpina y Baco... ¿No ampara Satanás el misterioso pacto entre esa hierba y el fuego? ¿No sopla Satanás el humo que marea a los virtuosos? Y la escondida lascivia del puritano John Rolfe... Y el pasado de Opechancanough, antes llamado Luis de Velasco, traidor o vengador... Opechancanough entrando a la iglesia con la princesa del brazo... Alto, erguido, mudo...

—No, no —concluye el indiscreto cazador de historias, mientras paga sus cervezas y sale a la calle—. Esta historia es demasiado buena para escribirla. Como suele decir el galeno Silva, poeta de las Indias: «Si la escribo, ¿qué me quedará para contar a mis amigos?»

(36, 159 y 207)

1618
Lima

Mundo poco

El amo de Fabiana Criolla ha muerto. En su testamento, le ha rebajado el precio de la libertad, de doscientos a ciento cincuenta pesos.

Fabiana ha pasado toda la noche sin dormir, preguntándose cuánto valdrá su caja de palosanto llena de canela en polvo. Ella no sabe sumar, de modo que no puede calcular las libertades que ha comprado, con su trabajo, a lo largo del medio siglo que lleva en el mundo, ni el precio de los hijos que le han hecho y le han arrancado.

No bien despunta el alba, acude el pájaro a golpear la ventana con el pico. Cada día, el mismo pájaro avisa que es hora de despertarse y andar.

Fabiana bosteza, se sienta en la estera y se mira los pies gastaditos.

(31)

1618
Luanda

El embarque

Han sido atrapados por las redes de los cazadores y marchan hacia la costa, atados unos a otros por el cuello, mientras resuenan los tambores del dolor en las aldeas.

Los nacimientos

En la costa africana, un esclavo vale cuarenta collares de vidrio o un pito con cadena o un par de pistolas o un puñado de balas. Los mosquetes y los machetes, el aguardiente, las sedas de China y los percales de la India se pagan con carne humana.

Un fraile recorre las filas de cautivos en la plaza principal del puerto de Luanda. Cada esclavo recibe una pizca de sal en la lengua, una salpicadura de agua bendita en la cabeza y un nombre cristiano. Los intérpretes traducen el sermón: *Ahora sois hijos de Dios...* El sacerdote les manda no pensar en las tierras que abandonan y no comer carne de perro, rata ni caballo. Les recuerda la epístola de san Pablo a los efesios (*Siervos, ¡servid a vuestros amos!*) y la maldición de Noé contra los hijos de Cam, que quedaron negros por los siglos de los siglos.

Ven el mar por primera vez y los aterroriza esa enorme bestia que ruge. Creen que los blancos se los llevan a un lejano matadero, para comérselos y hacer aceite y grasa de ellos. Los látigos de piel de hipopótamo los empujan a las enormes canoas que atraviesan las rompientes. En las naves, los amenazan los cañones de popa y proa, con las mechas encendidas. Los grillos y las cadenas impiden que se arrojen a la mar.

Muchos morirán en la travesía. Los sobrevivientes serán vendidos en los mercados de América y otra vez señalados con el hierro candente.

Nunca olvidarán a sus dioses. Oxalá, a la vez hombre y mujer, se disfrazará de san Jerónimo y santa Bárbara. Obatalá será Jesucristo; y Oshún, espíritu de la sensualidad y las aguas frescas, se convertirá en la Virgen de la Candelaria, la Concepción, la Caridad o los Placeres, y será santa Ana en la isla de Trinidad. Por detrás de san Jorge, san Antonio o san Miguel, asomarán los hierros de Ogum, dios de la guerra; y dentro de san Lázaro cantará Babalú. Los truenos y los fuegos del temible Shangó transfigurarán a san Juan Bautista y a santa Bárbara. En Cuba Elegguá seguirá teniendo dos caras, la vida y la muerte, y al sur del Brasil Exu tendrá dos cabezas, Dios y el Diablo, para ofrecer a sus fieles consuelo y venganza.

(68, 127, 129 y 160)

1618
Lima

Un portero de color oscuro

Los amigos revuelcan sus capas rotosas y barren el piso con sus sombreros. Cumplida la mutua reverencia, se elogian:
—¡Maravilla ese muñón!
—¿Y esa llaga tuya? ¡Tremenda está!
Atraviesan juntos el descampado, perseguidos por las moscas. Conversan mientras mean, de espaldas al viento.
—Tiempo sin verte.
—Como mosca he corrido. Sufriendo, sufriendo.
—Ay.
Lagartija extrae un mendrugo de la bolsa, le echa aliento, le saca lustre y convida a Pidepán. Sentados en una piedra, contemplan las flores de los abrojos.
Pidepán muerde con sus tres dientes, y cuenta:
—En la Audiencia, buenas limosnas había... El mejorcito lugar de Lima. Pero me ha echado el portero. A las patadas me ha sacado.
—¿El Juan Ochoa?
—Satanás, ha de llamarse. Allá sabe mi Dios que yo nada le hice.
—Ya no está el Juan Ochoa.
—¿Cierto?
—Como a perro lo han echado. Ya no es portero de la Audiencia, ni nada.
Pidepán, vengado, sonríe. Estira los dedos de sus pies descalzos.
—Por sus maldades, habrá sido.
—No, pues.
—¿Por bruto, lo han echado?
—No, no. Por hijo de mulata y nieto de negra. Por eso.

(31)

1620
Madrid

Las danzas del Diablo vienen de América

Gracias al cadáver de san Isidro, que en las últimas noches ha dormido a su lado, el rey Felipe III se siente mejor. Este mediodía ha comido y bebido sin ahogarse. Sus platos favoritos le han encendido los ojos y ha vaciado de un trago la copa de vino.

Moja ahora sus dedos en la fuente de agua que un paje, arrodillado, le ofrece. El *panetier* alcanza la servilleta al mayordomo semanero. El mayordomo semanero la pasa al mayordomo mayor. El mayordomo mayor se inclina ante el duque de Uceda. El duque recoge la servilleta. Humillando su frente, la tiende al rey. Mientras el rey se seca las manos, el trinchante le sacude las miguitas de la ropa y el sacerdote eleva una oración de gracias a Dios.

Felipe bosteza, se desata el alto cuello de encajes, pregunta qué hay de nuevo.

El duque cuenta que han venido a palacio los de la Junta de Hospitales. Se quejan de que el público se niega a ir al teatro desde que el rey prohibió los bailes; y los hospitales viven de los corrales de comedias. «Señor», han dicho los de la Junta al duque, «desde que no hay bailes no hay entradas. Los enfermos se mueren. No tenemos con qué pagar las vendas ni los médicos». Los actores recitan versos de Lope de Vega que elogian al indio americano:

> *Taquitán mitanacuní,*
> *español de aquí para allí.*
> *... En España no hay amor,*
> *créolo ansí:*
> *allá reina el interés*
> *y amor aquí.*

Pero de América el público exige cantares salados y danzas de las que pegan fuego a los más honestos. De nada vale que los actores hagan llorar a las piedras y reír a los muertos, ni que las artes de la tramoya arranquen relámpagos a las nubes de cartón. «Si los teatros siguen vacíos», gimen los de la Junta, «los hospitales tendrán que cerrar».

—Les contesté —dice el duque— que Su Alteza decidiría.

Felipe se rasca la barbilla, se investiga las uñas.

—Si Su Majestad no ha mudado de parecer... Lo prohibido, prohibido está, y bien prohibido.

La zarabanda y la chacona hacen brillar los sexos en la oscuridad. El padre Mariana ha denunciado estas danzas, *inventos de negros y de salvajes americanos, infernales en las palabras y en los meneos*. Hasta en las procesiones se escuchan sus coplas de elogio al pecado; y cuando brotan sus lascivos sones de las panderetas y las castañuelas, ya no son dueñas de sus piernas las monjas de los conventos y la cosquilla del Diablo les dispara las caderas y los vientres.

La mirada del rey persigue los andares de una mosca gorda, haragana, entre los restos del banquete.

—Y tú, ¿qué opinas? —pregunta el rey a la mosca.

El duque se da por aludido:

—Esos bailes de truhanes son música de aquelarres, como bien ha dicho Su Majestad, y el lugar de las brujas está en las hogueras de la plaza Mayor.

Los manjares han desaparecido de la mesa, pero persiste en el aire el pegajoso aroma.

Balcuceante, ordena el rey a la mosca:

—Decide tú.

—Ni el peor enemigo podría acusar a Su Alteza de intolerancia —insiste el duque—. Indulgente ha sido Su Majestad. En tiempos del rey su padre, que Dios lo tenga en la gloria...

—¿No eres tú quien manda? —murmura Felipe.

—... ¡otros premios recibía quien osara bailar la zarabanda! ¡Doscientos azotes y a remar a galeras!

—Tú, digo —susurra el rey, y cierra los ojos.

—Tú —y un espumoso globito, saliva que siempre le sobra en la boca, asoma entre los labios.

El duque insinúa una protesta y en seguida calla y retrocede en puntas de pie.

Felipe se va hundiendo en el sopor, pesadas las pestañas, y sueña con una mujer gorda y desnuda que devora barajas.

(186)

1622
Sevilla

Las ratas

El padre Antonio Vázquez de Espinosa, recién llegado de América, es el invitado de honor.

Mientras los criados sirven los trozos de pavo con salsa, estalla en el aire la espuma de las olas, alta y blanca mar enloquecida por la tempestad; y cuando llegan los pollos rellenos se descerraja sobre la mesa la lluvia de los trópicos. Cuenta el padre Antonio que en la costa de la mar Caribe llueve de tal manera que esperando que cese la lluvia quedan embarazadas las mujeres y les nacen los hijos: cuando escampa, ya son hombres.

Los demás invitados, atentos al relato y al banquete, comen y callan; el cura tiene la boca llena de palabras y olvida los platos. Desde el suelo, sentados sobre almohadones, los niños y las mujeres escuchan como en misa.

Ha sido una hazaña la travesía entre el puerto hondureño de Trujillo y Sanlúcar de Barrameda. Han navegado las naves a los tumbos, atormentadas por las borrascas; a varias embarcaciones se las tragó la brava mar y a muchos marineros los tiburones. Pero nada peor, y baja la voz el padre Antonio, nada peor que las ratas.

En castigo por los muchos pecados que se cometen en América, y porque nadie se embarca confesado y comulgado como es debido, Dios sembró de ratas las naves. Las metió en los pañoles, entre los víveres, y bajo el alcázar; en la cámara de popa, en los camarotes y hasta en la silla del piloto: tantas ratas, y tan grandes, que causaban espanto y admiración. Cuatro quintales de pan robaron las ratas de la cámara donde el cura dormía, y los bizcochos que había bajo la escotilla. Devoraron los jamones y los tocinos del tumbadillo de popa. Cuando iban los sedientos a buscar agua, encontraban ratas ahogadas, flotando en las vasijas. Cuando iban los hambrientos al gallinero, no hallaban más que huesos y plumas y alguna que otra gallina tumbada, con las patas roídas. Ni los papagayos, en sus jaulas, se salvaron de las embestidas. Los marineros vigilaban los restos de agua y comida noche y día, armados de palos y cuchillos, y las ratas acometían y les mordían las manos y se devoraban entre sí.

Entre las aceitunas y las frutas, han llegado las ratas. Están intactos los postres. Nadie prueba una gota de vino.

—¿Queréis escuchar las oraciones nuevas que inventé? Como las viejas plegarias no aplacaban las iras del Señor...

Nadie contesta.

Tosen los hombres, llevándose la servilleta a la boca. De las mujeres que deambulaban dando órdenes al servicio, no queda ninguna. Las que escuchaban sentadas en el suelo bizquean boquiabiertas. Los niños ven al padre Antonio con trompa larga, tremendos dientes y bigotes, y tuercen el pescuezo buscándole el rabo bajo la mesa.

(201)

1624
Lima

Se vende gente

—¡Camina!
—¡Corre!
—¡Canta!
—¿Qué tachas tiene?
—¡Abre esa boca!
—¿Borracho es, o pendenciero?
—¿Cuánto ofrece, señor?
—¿Y enfermedades?
—¡Si vale el doble!
—¡Corre!
—¡No me engañe usted, que lo devuelvo!
—¡Salta, perro!
—¡Una pieza así no se regala!
—¡Que levante los brazos!
—¡Que cante fuerte!

—Esa negra, ¿con la cría o sin la cría?
—¡A ver los dientes!

Se los llevan de una oreja. Les marcarán el nombre del comprador en las mejillas o la frente y serán instrumentos de trabajo en las plantaciones, las pesquerías y las minas y armas de guerra en los campos de batalla. Serán parteras y nodrizas, dando vida, y quitándola serán verdugos y sepultureros. Serán juglares y carne de cama.

Está el corral de esclavos en pleno centro de Lima, pero el cabildo acaba de votar el traslado. Los negros en oferta se alojarán en un barracón al otro lado del río Rímac, junto al matadero de San Lázaro. Allí estarán bastante lejos de la ciudad, para que los vientos se lleven sus aires corrompidos y contagiosos.

(31 y 160)

1624
Lima

El negro azota al negro

Tres esclavos africanos han recorrido las calles de Lima con las manos atadas y una cuerda al cuello. Los verdugos, negros también, caminaban detrás. Cada pocos pasos, un latigazo, hasta sumar cien; y cuando caían, los azotes eran de regalo.

El alcalde había dado la orden. Los esclavos habían entrado naipes al cementerio de la catedral, convirtiéndolo en sala de juego, con las lápidas como mesas; y bien sabía el alcalde que mal no venía el escarmiento para los negros en general, que tan insolentes y numerosos son, y tan amigos del alboroto.

Ahora yacen, los castigados, en el patio de la casa de su amo.

Tienen las espaldas en carne viva. Aúllan mientras les lavan las llagas con orina y aguardiente.

El amo maldice al alcalde, agita el puño, jura venganzas. No se juega así con la propiedad ajena.

(31)

1624
Lima

«La endiablada»

Luz de luna a la una, que anuncia la campana de la iglesia, y don Juan de Mogrovejo de la Cerda sale de la taberna y se echa a caminar por la noche de Lima, aromosa de azahares.

Al llegar al cruce de la calle del Trato, escucha raras voces o ecos; se detiene y para la oreja.

Un tal Asmodeo está diciendo que ha cambiado varias veces de residencia desde que su navío partió de Sevilla. Al llegar a Portobelo habitó los cuerpos de varios mercaderes que *a la trampa llaman trato, al hurto ganancia y a la ganzúa vara de medir;* y en Panamá se mudó y pasó a vivir adentro de un hipócrita de la caballería, de nombre falso, que *se sabía de memoria la copia de los duques, el calendario de los marqueses y la letanía de los condes...*

—Cuéntame, Asmodeo. ¿Guardaba ese sujeto los mandamientos de la caballería moderna?

—Todos, Amonio. Mentía y no pagaba deudas ni hacía caso del sexto mandamiento; se levantaba siempre tarde, hablaba en misa y sentía frío todo el tiempo, que dizque es de buen gusto. Y mira que es difícil sentir frío en Panamá, con aquellos calores que ya quisiera nuestro infierno. En Panamá las piedras sudan y dice la gente: «Apúrate con la sopa, que se calienta».

El indiscreto don Juan de Mogrovejo de la Cerda no puede ver a Asmodeo ni a Amonio, que se hablan de lejos, pero le basta con saber que tales nombres no figuran en el santoral y con oler el inconfundible tufo de azufre que ha invadido el aire, por si no alcanzara el tema de charla tan elocuente. Don Juan aplasta su espalda contra la alta cruz de la esquina del Trato, cuya sombra impide, a través de la calle, que Amonio y Asmodeo se aproximen; se persigna y al punto invoca toda una escuadra de santos para su protección y socorro. Pero rezar no puede, porque quiere escuchar. No va a perderse palabra de esto.

Asmodeo cuenta que salió del cuerpo de aquel caballero para meterse en un clérigo renegado y luego, en viaje al Perú, encontró posada en las entrañas de una beata especializada en vender doncellas.

Los nacimientos

—*Así he llegado a Lima, en cuyos laberintos mucho norte me serán tus advertencias. Dame noticia de estas dilatadas provincias... ¿Son bien ganadas las haciendas tratando?*
—*Si lo fueran, más desocupado estuviera el infierno.*
—*¿Por qué camino he de tentar a los mercaderes?*
—*Procurando que lo sean y dejándolos.*
—*A los superiores, ¿tiénenlos aquí amor o respeto?*
—*Miedo.*
—*¿Pues qué ha de hacer el que quisiere premio?*
—*No merecerlo.*

Don Juan invoca a la Virgen de Atocha, busca el rosario, que se le ha olvidado, y aprieta el pomo de la espada, mientras continúa el cuestionario sobre Lima que Amonio, al punto, responde.
—*En cuanto a los presumidos de la gala, te pregunto si se visten bien.*
—*Pudieran, por lo mucho que todo el año cortan.*
—*¿Tanto murmuran?*
—*De suerte que en Lima todas las horas son críticas.*
—*Dime agora, ¿por qué llaman a los Franciscos, Panchos; a los Luises, Luchos; a las Isabelas, Chabelas?...*
—*Lo primero por no decir verdad; lo segundo por no nombrar los santos.*

Sufre entonces don Juan un inoportuno ataque de tos. Escucha gritar: *¡Huyamos, huyamos!*, y al cabo de un largo silencio se despega de la cruz que lo protegía. Con las rodillas tembleques, se asoma a la calle de los Mercaderes y a los portales de la Provincia. De los charlatanes, no queda ni el humito.

(57)

1624
Sevilla

El último capítulo de la «Vida del Buscón»

El río refleja al hombre que lo interroga.
—¿Adónde envío al truhán? ¿He de mandarlo a la muerte?
Bailan sobre el Guadalquivir, desde el muelle de piedra, las botas chuecas. Este hombre tiene la costumbre de agitar los pies mientras piensa.

—Yo decido. Fui yo quien lo hizo nacer hijo de barbero y bruja y sobrino de verdugo. Yo lo coroné príncipe de la vida buscona en el reino de los piojos, los mendigos y los ahorcados.

Fulguran los lentes en las aguas verdosas, clavados en las profundidades, preguntando, preguntones:

—¿Qué hago? Yo le enseñé a robar pollos y a implorar limosna por las llagas de Cristo. De mí aprendió maestrías en dados y naipes y lances de estoque. Con artes mías fue galán de monjas y cómico de la legua.

Francisco de Quevedo frunce la nariz para acomodar los lentes.

—Yo decido. ¡Qué más remedio queda! No se ha visto novela, en la historia de las letras, que no tenga capítulo final.

Estira el pescuezo ante los galeones que vienen, arriando velas, hacia los muelles.

—Nadie lo ha sufrido como yo. ¿No hice mías sus hambres, cuando le gruñían las tripas y ni los exploradores le encontraban los ojos en la cara? Si don Pablos ha de morir, matarlo debo. Él es ceniza, como yo, que sobró a la llama.

Desde lejos, un niño andrajoso mira al caballero que se rasca la cabeza, inclinado sobre el río. «Una lechuza», piensa el niño. Y piensa: «La lechuza está loca. Quiere pescar sin anzuelo».

Y Quevedo piensa:

—¿Matarlo? ¿No es fama, acaso, que trae mala suerte romper espejos? Matarlo. ¿Y si se tomara el crimen por justo castigo a su mal vivir? ¡Menuda alegría para inquisidores y censores! De sólo imaginarles la dicha, se me revuelven las tripas.

Estalla, entonces, un vuelerío de gaviotas. Un navío de América está echando anclas. De un salto, Quevedo se echa a caminar. El niño lo persigue, imitándole el andar patizambo.

Resplandece la cara del escritor. En los muelles ha encontrado el destino que su personaje merece. Enviará a don Pablos, el buscón, a las Indias. ¿Dónde, sino en América, podía terminar sus días? Ya tiene desembocadura su novela y Quevedo se hunde, alucinado, en esta ciudad de Sevilla donde sueñan los hombres con navegaciones y las mujeres con regresos.

(183)

1624
Ciudad de México

El río de la cólera

La multitud, que cubre toda la plaza mayor y las calles vecinas, arroja maldiciones y pedradas al palacio del virrey. Los adoquines y los gritos, *traidor, ladrón, perro, Judas,* se estrellan contra los postigos y los portones, cerrados a cal y canto. Los insultos al virrey se mezclan con los vivas al arzobispo, que lo ha excomulgado por especular con el pan de esta ciudad. Desde hace tiempo, el virrey viene acaparando todo el maíz y el trigo en sus graneros privados; y así juega a su antojo con los precios. Echa humo el gentío. *¡Que lo ahorquen! ¡A palos! ¡Que lo maten a palos!* Unos piden la cabeza del oficial que ha profanado la iglesia llevándose a rastras al arzobispo; otros exigen linchar a Mejía, testaferro de los negocios del virrey; y todos quieren freír en aceite al virrey acaparador.

Surgen picas, chuzos, alabardas; se escuchan tiros de pistolas y mosquetes. Manos invisibles enarbolan el pendón del rey, en la azotea del palacio, y piden auxilio los alaridos de las trompetas; pero nadie acude a defender al virrey acorralado. Los principales del reino se han encerrado en sus palacios y se han escurrido por los agujeros los jueces y los oficiales. Ningún soldado obedece órdenes.

Las paredes de la cárcel de la esquina no resisten la embestida. Los presos se incorporan a la furiosa marea. Caen los portones del palacio, el fuego devora las puertas y la muchedumbre invade los salones, huracán que arranca cortinajes, revienta arcones y devora lo que encuentra.

El virrey, disfrazado de fraile, ha huido por un túnel secreto, hacia el convento de San Francisco.

(72)

1625
Ciudad de México

¿Qué le parece esta ciudad?

El padre Thomas Gage, recién llegado, se entretiene en el paseo de la Alameda. Con dientes en los ojos contempla a las damas que se deslizan, flotando, bajo el túnel de altos árboles. Ninguna lleva la pañoleta o la mantilla por debajo de la cintura, para mejor lucir el meneo de las caderas y el garboso andar; y detrás de cada señora viene un séquito de negras y mulatas fulgurantes, los pechos saltando del escote, fuego y juego: llevan rosas en los zapatos de taco muy alto y palabras de amor bordadas en las cintas de seda que les ciñen las frentes.

A lomo de indio, el cura llega al palacio de gobierno.

El virrey le ofrece confitura de piñas y chocolate caliente y le pregunta qué le parece esta ciudad.

En pleno recital de elogios a México, mujeres y carruajes y avenidas, lo interrumpe el dueño de casa:

—¿Sabe usted que yo he salvado mi vida por un pelo? Y por un pelo de calvo...

De la boca del virrey brota, en catarata, la historia del motín del año pasado.

Al cabo de mucho humo y sangre y dos jícaras de chocolate agotadas sorbito a sorbito, el padre Gage se entera de que el virrey ha pasado un año escondido en el convento de San Francisco, y todavía no puede asomar la nariz fuera del palacio sin arriesgar una pedrada. Sin embargo, el arzobispo revoltoso está sufriendo el castigo del exilio en la pobretona y lejana Zamora, unos cuantos curas han sido condenados a remar en galeras y para aplastar la insolencia de la plebe ha bastado con ahorcar a tres o cuatro agitadores.

—Si por mí fuera, los ahorcaría a todos —dice el virrey. Se levanta del sillón, proclama:

—¡A todos! ¡A toda esta maldita ciudad! —y vuelve a sentarse.

—Éstas son tierras siempre prontas para la rebelión —resopla—. ¡Yo he limpiado de bandidos los caminos de México!

Y agrega, confidencial, estirando el pescuezo:

Los nacimientos

—¿Sabe usted? Los hijos de los españoles, los nacidos aquí... A la cabeza del tumulto, ¿quiénes estaban? ¡Ellos! ¡Los criollos! Se sienten en patria propia, quieren mandar...

El padre Gage mira con ojos de místico la pesada araña de cristal que amenaza su cabeza, y opina:

—Gravemente se ofende a Dios. Una segunda Sodoma... Lo he visto con mis ojos, esta tarde. Deleites mundanos...

El virrey cabecea confirmando.

—Como el heno serán trasegados —sentencia el cura—. Como la yerba verde recién cortada, se secarán.

Bebe el último sorbo de chocolate.

—Salmo treinta y siete —concluye, apoyando suavemente la tacita en el plato.

(72)

1625

Samayac

Se prohíben las danzas de los indios de Guatemala

Proclaman los frailes que ya no hay memoria ni rastro de los ritos y antiguas costumbres de la región de la Verapaz, pero se gastan la voz los pregoneros anunciando, en las plazas, los sucesivos edictos de prohibición.

Juan Maldonado, oidor de la Real Audiencia, dicta ahora, en el pueblo de Samayac, nuevas ordenanzas *contra los bailes dañosos a la conciencia de los indios y a la guarda de la ley cristiana que profesan,* porque tales bailes *traen a la memoria sacrificios y ritos antiguos y hacen ofensas a Nuestro Señor.* Los indios dilapidan dinero en plumas, vestidos y máscaras y *pierden mucho tiempo en ensayos y borracheras, por lo que dejan de acudir al beneficio de sus haciendas, paga de sus tributos y sustento de sus casas.*

Recibirá cien azotes quien dance el *tun.* En el *tun* tienen los indios *pacto con los demonios.* El *tun,* o Rabinal Achí, es un baile de la fertilidad, dramatizado con máscaras y palabras, y el *tun* es también el tronco hueco cuyo ritmo acompañan largas trompetas de sonido largo mientras transcurre el drama del Varón de los quichés, prisionero de los rabinales: los vencedores cantan y bailan en homenaje a la grandeza del vencido, que dignamente dice adiós a su tierra y sube al bramadero donde será sacrificado.

(3)

1626
Potosí

Un Dios castigador

La laguna embistió, rompió el dique, invadió la ciudad. A muchos trituró la inundación.

Las mulas arrancaron del barro a la gente partida. A las fosas comunes fueron a parar, entreverados, españoles, criollos, mestizos, indios. También las casas de Potosí parecían cadáveres rotos.

No se calmaron las furias de la laguna Caricari hasta que los curas sacaron en procesión al Cristo de la Vera Cruz. Al verlo venir, se detuvieron las aguas.

Desde los púlpitos de todo el Perú, se escuchan en estos días los mismos sermones:

—¡Pecadores! ¿Hasta cuándo jugaréis con la bondad del Señor? Dios es de sufrida paciencia. ¿Hasta cuándo, pecadores? ¿No han sido suficientes los avisos y castigos?

En estos dilatados y opulentos reinos, la reventazón de la laguna de Potosí no es ninguna novedad.

Hace cuarenta y cinco años, una piedra gigantesca se desplomó súbitamente sobre un pueblo de indios hechiceros, en Achocalla, a un par de leguas de la ciudad de La Paz. Del pueblo hundido sólo se salvó el cacique, que quedó mudo y contó la historia por señas. Otra piedra inmensa sepultó poco después un pueblo de indios herejes en Yanaoca, cerca del Cuzco. Al año siguiente, la tierra se abrió y tragó hombres y casas en Arequipa; y como la ciudad no había escarmentado, nuevamente mostró sus fauces la tierra al poco tiempo y no dejó en

Los nacimientos

pie más que el convento de San Francisco. En 1586, la mar ahogó la ciudad de San Marcos de Arica, y todos sus puertos y playas.

Al nacer el siglo nuevo, reventó el volcán de Ubinas. Tanta fue su cólera que las cenizas atravesaron por tierra la cordillera y por mar llegaron hasta las costas de Nicaragua.

Dos estrellas de advertencia aparecieron en este cielo en 1617. No querían irse. Se alejaron, por fin, gracias a los sacrificios y las promesas de las beatas de todo el Perú, que rezaron cinco novenas sin parar.

(141)

1628
Chiapas

El obispo y el chocolate

No le echa pimienta negra, como hacen los que sufren de frío en el hígado. No le pone maíz, porque hincha. Lo riega generosamente de canela, que vacía la vejiga, mejora la vista y fortalece el corazón. Tampoco escatima los ajíes picantes bien molidos. Agrega agua de azahares, azúcar blanca y achiote para dar color; y jamás olvida un puñado de anís, dos de vainilla y el polvito de rosas de Alejandría.

Fray Thomas Gage adora el espumoso chocolate bien preparado. Si no se mojan en chocolate, no tienen sabor los dulces ni los mazapanes. Él necesita una taza de chocolate a media mañana para seguir andando, otra después de comer para levantarse de la mesa y otra para estirar la noche y alejar el sueño.

Desde que llegó a Chiapas, sin embargo, ni lo prueba. La barriga protesta; pero prefiere fray Thomas malvivir entre mareos y desmayos, con tal de evitar la desgracia que mató al obispo Bernardo de Salazar.

Hasta no hace mucho, las damas de esta ciudad acudían a misa acompañadas por un cortejo de pajes y criadas que además de cargar el reclinatorio de terciopelo, llevaban brasero, caldero y jícara para preparar chocolate. Por ser débiles de estómago, las damas no podían aguantar sin el caliente elixir las oraciones de una misa rezada, y mucho menos una misa mayor. Así fue hasta que el obispo Bernardo de Salazar decidió prohibirles la costumbre, por la confusión y el barullo que metían en la iglesia.

Las señoras se vengaron. Una mañana, el obispo apareció muerto en su despacho. A sus pies se encontró, rota en pedazos, la taza de chocolate que alguien le había servido.

(72)

1628
Madrid

Hidalguías se ofrecen

Frente a las costas de Matanzas, en Cuba, la flota española ha caído en manos del corsario Piet Heyn. Toda la plata que venía de México y el Perú irá a parar a Holanda. En Amsterdam elevan a Heyn al rango de gran almirante y le preparan un recibimiento de héroe nacional. Los niños holandeses cantarán por siempre:

Piet Heyn, Piet Heyn.
Pequeño era su nombre
pero grande fue lo que hizo.

En Madrid se agarran la cabeza. Del tesoro real no queda más que un agujero.

El rey decide, entre otras medidas de emergencia, poner en venta nuevos títulos de hidalguía. Se concede la hidalguía *por hechos señalados*. ¿Y qué hecho hay más señalado que tener dinero para comprarla? A cambio de cuatro mil ducados, cualquier plebeyo despierta convertido en noble de larga antigüedad; y amanece con la sangre limpia quien hasta anoche era hijo de judío o nieto de musulmán.

Pero los títulos de segunda mano salen más baratos. Sobran en Castilla los nobles que andarían con el culo al aire si no los cubriera la capa, hidalgos de mesa ilusoria que viven sacudiendo invisibles miguitas del coleto y los bigotes: ellos ofrecen al mejor postor el derecho al uso del *don,* que es lo único que les queda.

Con los nobles que andan en carroza de plata, los venidos a menos sólo tienen en común el sentido del honor y la nostalgia de la gloria, el horror al trabajo —mendigar es menos indigno— y el asco al baño, que es costumbre de moros, ajena a la religión católica y mal vista por la Inquisición.

(64 y 218)

Coplas del que fue a las Indias, cantadas en España

A Ronda se va por peros,
a Argonales por manzanas,
a las Indias por dinero
y a la sierra por serranas.

Mi marido fue a las Indias
para aumentar su caudal:
trajo mucho que decir,
pero poco que contar.

Mi marido fue a las Indias
y me trajo una navaja
con un letrero que dice:
«Si quieres comer, trabaja».

A las Indias van los hombres,
a las Indias, por ganar.
¡Las Indias aquí las tienen,
si quisieran trabajar!

(19)

1629
Las Cangrejeras

Bascuñán

La cabeza cruje y duele. Tendido en el barrial, entre la montonera de muertos, Francisco Núñez de Pineda y Bascuñán abre los ojos. El mundo es un revoltijo de sangre y barro, acribillado por la lluvia, que gira y se voltea y chapotea y gira.

Los indios se le echan encima. Le arrancan la coraza y el casco de hierro, hundido por el golpe que lo derribó, y lo desnudan a los tirones. Francisco alcanza a persignarse antes de que lo aten a un árbol.

La tormenta le azota la cara. El mundo deja de menearse. Una voz de adentro le dice, a través de la gritería de los araucanos: «Estás en un estero de la comarca de Chillán, en tu tierra de Chile. Esta lluvia es la que ha mojado la pólvora. Este viento es el que apagó las mechas. Perdiste. Escuchas a los indios, que discuten tu muerte».

Francisco musita una última oración.

Súbitamente, una ráfaga de plumas de colores atraviesa la lluvia. Los araucanos abren paso al caballo blanco, que irrumpe echando fuego por las narices y espuma por la boca. El jinete, enmascarado por un yelmo, pega un brusco tirón de riendas. El caballo se alza en dos patas ante Maulicán, vencedor de la batalla. Todos enmudecen.

«Es el verdugo», piensa Francisco. «Ahora, se acabó.»

El florido jinete se inclina y dice algo a Maulicán. Francisco no escucha más que las voces de la lluvia y el viento. Pero cuando el jinete vuelve ancas y desaparece, Maulicán desata a su prisionero, se quita la capa y lo cubre.

Después, los caballos galopan hacia el sur.

(26)

1629
Orillas del río Bío-Bío

Putapichun

A poco andar, ven venir un gentío desde la lejana cordillera. Maulicán talonea su caballo y se adelanta al encuentro del cacique Putapichun.

Los de la cordillera también traen un prisionero, que viene tropezando entre los caballos, con una soga al cuello.

Sobre una loma rasa, Putapichun clava su lanza de tres puntas. Hace desatar al prisionero y le arroja una rama a los pies.

—Nombra a los capitanes más valientes de tu ejército.
—No conozco —tartamudea el soldado.
—Nombra uno —ordena Putapichun.
—No recuerdo.
—Nombra uno.
Y nombra al padre de Francisco.
—Otro.

Y nombra otro. A cada nombre, debe quebrar la rama. Francisco asiste a la escena con los dientes apretados. El soldado nombra doce capitanes. Tiene doce palitos en la mano.

—Ahora, cava un hoyo.

El prisionero arroja al fondo los palitos, uno por uno, repitiendo los nombres.

—Echa tierra. Cúbrelos.

Entonces, sentencia Putapichun:

—Ya están enterrados los doce valientes capitanes.

Y el verdugo desploma sobre el prisionero el garrote erizado de clavos.

Le arrancan el corazón. Convidan a Maulicán el primer sorbo de sangre. El humo del tabaco flota en el aire, mientras pasa el corazón de mano en mano.

Después Putapichun, veloz en la guerra y lento en el hablar, dice a Maulicán:

—Hemos venido a comprarte al capitán que llevas. Sabemos que es hijo de Álvaro, el gran jefe por quien nuestras tierras han temblado.

Le ofrece una hija suya, cien ovejas de Castilla, cinco llamas, tres caballos con silla labrada y varios collares de piedras ricas:

—Con todo eso, se pagan diez españoles y sobra.

Francisco traga saliva. Maulicán mira al suelo. Al rato, dice:

—Antes, debo llevarlo a vista de mi padre y de los demás jefes de mi comarca de Repocura. Quiero mostrarles esta prenda de mi valor.

—Esperaremos —acepta Putapichun.

«Anda mi vida naciendo de muerte en muerte», piensa Francisco. Le zumban los oídos.

(26)

1629
Orillas del río Imperial

Maulicán

—¿Te has bañado en el río? Arrímate al fuego. Estás temblando. Siéntate y bebe. Vamos, capitán. ¿Estás mudo? Si hablas nuestra lengua como uno de los nuestros... Come, bebe. Nos espera un largo viaje. ¿No te gusta nuestra chicha? ¿No te gusta nuestra carne sin sal? Nuestros tambores no hacen bailar tus pies. Tienes buena suerte, capitán niño. Ustedes queman las caras de los cautivos con el hierro que no se borra. Tienes mala suerte, capitán niño. Ahora tu libertad es mía. Me duelo de ti. Bebe, bebe, arroja el miedo de tu corazón. No te tendrán los que te buscan con ira. Te esconderé. Nunca te venderé. Tu destino está en manos del Dueño del mundo y de los hombres. Él es justo. Así. Toma. ¿Más? Antes de que llegue el sol, partiremos hacia Repocura. Quiero ver a mi padre y celebrarlo. Mi padre es muy viejo. Pronto su espíritu se irá a comer papas negras más allá de los picos de nieve. ¿Escuchas los pasos de la noche caminando? Nuestros cuerpos están limpios y vigorosos para iniciar la marcha. Nos esperan los caballos. Mi corazón late fuerte, capitán niño. ¿Escuchas los tambores de mi corazón? ¿Escuchas la música de mi alegría?

(26)

1629
Comarca de Repocura

Para decir adiós

Luna tras luna, ha pasado el tiempo. Es mucho lo que Francisco ha escuchado y aprendido en estos meses de cautiverio. Ha conocido, y alguna vez escribirá, la otra versión de esta larga guerra de Chile, *justa guerra que los indios movieron contra los que los engañaron y agraviaron y tuvieron como a esclavos, y aún peor.*

En el bosque, arrodillado ante una cruz de ramas de arrayán, Francisco reza oraciones de gratitud. Esta noche emprenderá el camino hacia el fortín de Nacimiento. Allí será canjeado por tres jefes araucanos prisioneros. Viajará protegido por cien lanzas.

Camina, ahora, hacia el rancherío. Bajo la enramada, lo espera un círculo de ponchos rotosos y rostros de barro. De boca en boca anda la chicha de frutilla o de manzana.

El venerable Tereupillán recibe el ramo de canelo, que es la palabra, y alzándolo dedica una larga alabanza a cada uno de los caciques presentes. Elogia luego a Maulicán, guerrero bravío, que en batalla obtuvo un preso tan valioso y supo guardarlo vivo.

—*No es de corazones generosos* —dice Tereupillán— *quitar la vida a sangre fría. Cuando nosotros tomamos las armas contra los españoles tiranos que perseguidos y vejados nos tenían, sólo en las batallas no sentí compasión por ellos. Pero después, cuando cautivos los veía, grande dolor y pena me causaban y lastimada el alma me tenían, que verdaderamente no odiábamos sus personas. Sus codicias, sí. Sus crueldades, sí. Sus soberbias, sí.*

Y volviéndose a Francisco, dice:

—*Y tú, capitán, amigo y compañero, que te ausentas de nosotros y nos dejas lastimados, tristes y sin consuelo, no nos olvides.*

Tereupillán deja caer el ramo de canelo en el centro del círculo y los araucanos despiertan a la tierra, golpeándola con los pies.

(26)

1630
Motocintle

No traicionan a sus muertos

Durante casi dos años había predicado fray Francisco Bravo en este pueblo de Motocintle.

Un día anunció a los indios que había sido llamado desde España. Él quería regresar a Guatemala, dijo, y quedarse para siempre aquí, junto a su querido rebaño, pero allá en España sus superiores le negarían el permiso.

—Solamente el oro podría convencerlos —advirtió fray Francisco.

—Oro no tenemos —dijeron los indios.

—Sí tenéis —desmintió el cura—. Yo sé que hay un criadero de oro escondido en Motocintle.

—Ese oro no nos pertenece —explicaron ellos—. Ese oro es de nuestros antepasados. Nosotros nomás lo estamos cuidando. Si algo falta, ¿qué les diremos cuando vuelvan al mundo?

—Yo sólo sé lo que dirán mis superiores en España. Me dirán: «Si tanto te aman los indios de ese pueblo donde quieres quedarte, ¿cómo estás tan pobre?»

Se reunieron los indios en asamblea para discutir el asunto.

Un domingo, después de la misa, vendaron los ojos de fray Francisco y lo hicieron dar vueltas hasta marearlo. Todos fueron tras él, desde los viejos hasta los niños de pecho. Al llegar al fondo de una gruta, le quitaron la venda. El cura pestañeaba, lastimados los ojos por el fulgor del oro, más oro que el de todos los tesoros de las mil y una noches, y sus manos tembleques no sabían por dónde empezar. Convirtió en bolsón la sotana y cargó lo que pudo. Después juró por Dios y los santos evangelios que jamás revelaría el secreto y recibió una mula y tortillas para el viaje.

Al tiempo, llegó a la real audiencia de Guatemala una carta de fray Francisco Bravo desde el puerto de Veracruz. Con gran dolor del alma cumplía el sacerdote su deber, *en acto de servicio al rey por tratarse de importante y esmerado negocio*. Daba noticias del posible rumbo del oro: «Creo haber andado a escasa distancia del pueblo. Corría a la izquier-

da un arroyo...» Enviaba algunas pepitas de muestra y prometía emplear el resto en devociones a un santo de Málaga.
  Ahora irrumpen a caballo en Motocintle el juez y los soldados. Vistiendo túnica roja y con una vara blanca colgada del pecho, el juez Juan Maldonado exhorta a los indios a entregar el oro.
  Les promete y garantiza buen trato.
  Los amenaza con rigores y castigos.
  Encierra a unos cuantos en prisión.
  A otros aplica el cepo y da tormento.
  A otros hace subir las escaleras del patíbulo.
  Y nada.

(71)

1630
Lima

María, matrona de la farándula

—¡Cada día tengo más problemas y menos marido! —suspira María del Castillo. A sus pies, el tramoyista, el apuntador y la primera actriz le ofrecen consuelo y brisas de abanico.
  En el turbio crepúsculo, los guardias de la Inquisición han arrancado a Juan de los brazos de María y lo han arrojado a la cárcel porque lenguas envenenadas dicen que él dijo, mientras escuchaba el evangelio:
  —*¡Ea! ¡Que no hay más que vivir y morir!*
  Pocas horas antes, en la plaza mayor y por las cuatro calles que dan a la esquina de los Mercaderes, el negro Lázaro había pregonado las nuevas órdenes del virrey sobre los corrales de comedias.
  Manda el virrey, conde de Chinchón, que una pared de adobe separe a las mujeres de los hombres en el teatro, bajo pena de cárcel y multa a quien invada el territorio del otro sexo. También dispone que acaben las comedias más temprano, a la campana de oración, y que entren y salgan hombres y mujeres por puertas diferentes, para que no continúen las graves ofensas contra Dios Nuestro Señor en

la oscuridad de los callejones. Y por si fuera poco, el virrey ha decidido que se rebajen las entradas.

—¡Nunca me tendrá! —clama María—. ¡Por mucha guerra que me haga, nunca me tendrá!

María del Castillo, gran jefa de los cómicos de Lima, lleva intactos el donaire y la belleza que la han hecho célebre, y a los sesenta años largos se ríe todavía de las *tapadas,* que con el mantón se cubren un ojo: como ella tiene hermosos los dos, a cara descubierta mira, seduce y asusta. Era casi niña cuando eligió este oficio de maga; y hace medio siglo que hechiza gentíos desde los escenarios de Lima. Aunque quisiera, explica, ya no podría cambiar el teatro por el convento, que no la querría Dios por esposa después de tres matrimonios tan disfrutados.

Por mucho que ahora los inquisidores la dejen sin marido y los decretos de gobierno pretendan espantar al público, María jura que no entrará en la cama del virrey.

—¡Nunca, nunca!

Contra viento y marea, solita y sola, ella seguirá ofreciendo obras de capa y espada en su corral de comedias, detrás del monasterio de San Agustín. De aquí a poco repondrá *La monja alférez,* del notable ingenio peninsular Juan Pérez de Montalbán, y estrenará un par de obras bien condimentadas, para que todos bailen y canten y tiemblen de emoción en esta ciudad donde nunca pasa nada, tan aburrida que en un bostezo se te mueren dos tías.

(122)

1631
Guatemala Antigua

Una tarde de música en el convento de la Concepción

En el jardín del convento, Juana canta y tañe el laúd. Luz verde, troncos verdes, verde brisa: estaba muerto el aire hasta que ella lo ha tocado con las palabras y la música.

Juana es la hija del juez Maldonado, que reparte los indios de Guatemala en labranzas, minas y talleres. De mil ducados fue la dote

Los nacimientos

para su matrimonio con Jesús, y en el convento la sirven seis esclavas negras. Mientras Juana canta letras propias o ajenas, las esclavas, paradas a distancia, escuchan y esperan.

El obispo, sentado ante la monja, no puede contener las muecas. Mira la cabeza de Juana inclinada sobre el mástil del laúd, el cuello desnudo, la boca abriéndose, alumbrosa, y se da orden de estarse quieto. Es fama que jamás muda de expresión al dar un beso o un pésame, pero ahora se frunce esa cara inmutable: se le tuerce la boca y le aletean, sublevados, los párpados. Su firme pulso parece ajeno a esta mano que sostiene, temblequeando, una copita.

Las melodías, alabanzas de Dios o melancolías profanas, se elevan en el follaje. Más allá se alza el verde volcán de agua y el obispo quisiera concentrarse en aquellos sembradíos de maíz y de trigo y en los manantiales que brillan en la ladera.

Ese volcán tiene presa el agua. Quien se le arrima escucha hervores de marmita. La última vez que vomitó, hace menos de un siglo, ahogó la ciudad que Pedro de Alvarado había fundado al pie. Aquí, cada verano tiembla la tierra, prometiendo furias; y vive la ciudad en vilo, entre dos volcanes que le cortan la respiración. Éste la amenaza con el diluvio. El otro, con el infierno.

A espaldas del obispo, frente al volcán de agua, se alza el volcán de fuego. Las llamas que asoman por la boca permiten leer cartas a una legua, en plena noche. De tiempo en tiempo suena un trueno de cañones y el volcán bombardea el mundo a pedradas: dispara rocas tan grandes que no las moverían veinte mulas y llena el cielo de ceniza y el aire de azufre que apesta.

Vuela la voz de la muchacha.

El obispo mira el suelo, queriendo contar hormigas, pero se le deslizan los ojos hacia los pies de Juana, que los zapatos ocultan y delatan, y la mirada recorre todo ese cuerpo bien labrado que palpita bajo el hábito blanco, mientras la memoria despierta súbitamente y lo viaja hacia la infancia. El obispo recuerda aquellas ganas que sentía, incontenibles, de morder la hostia en plena misa, y el pánico de que la hostia sangrara; y después navega por un mar de palabras no dichas y cartas no escritas y sueños no contados.

De tanto callar, el silencio suena. El obispo advierte de pronto que hace un buen rato que Juana ha dejado de cantar y tocar.

El laúd reposa sobre sus rodillas y mira al obispo, muy sonreída, con esos ojos que ni ella se merece. Un aura verde le flota alrededor.

El obispo sufre un ataque de tos. El anís cae al suelo y se le ampollan las manos de tanto aplaudir.

—¡Te haré superiora! —chilla—. ¡Te haré abadesa!

(72)

Coplas populares del que ama callando

Quiero decir y no digo
y estoy sin decir diciendo.
Quiero y no quiero querer
y estoy sin querer queriendo.

Tengo un dolor no sé dónde,
nacido de no sé qué.
Sanaré yo no sé cuándo
si me cura quien yo sé.

Cada vez que me miras
y yo te miro,
con los ojos te digo
lo que no digo.
Como no te hallo
te miro y callo.

(196)

1633
Pinola

Gloria in excelsis Deo

La nigua es más pequeña que una pulga y más feroz que un tigre. Se mete por los pies y tumba al que se rasca. No ataca a los indios, pero no perdona a los extranjeros.

Los nacimientos

Dos meses ha pasado en guerra el padre Thomas Gage, echado en cama, y mientras celebra su victoria contra la nigua, hace un balance del tiempo vivido en Guatemala. A no ser por la nigua, no se puede quejar. En los pueblos lo reciben al son de las trompetas, bajo palio de ramajes y flores. Tiene los criados que quiere y un palafrenero le lleva el caballo de la brida.

Cobra su sueldo, puntualmente, en plata, trigo, maíz, cacao y gallinas. Las misas que ofrece aquí en Pinola y en Mixco se pagan aparte, y aparte los bautismos, matrimonios y entierros, y las oraciones que reza por encargo para conjurar langostas, pestes o terremotos. Si se incluyen las ofrendas a los santos a su cargo, que tiene muchos, y las de Nochebuena y Semana Santa, el padre Gage recibe más de dos mil escudos por año, libres de polvo y paja, además del vino y la sotana gratis.

El sueldo del cura viene de los tributos que pagan los indios a don Juan de Guzmán, dueño de estos hombres y estas tierras. Como sólo pagan tributo los casados, y los indios son rápidos en el saber y maliciar, los funcionarios obligan al matrimonio a los niños de doce y trece años y los casa el cura mientras les crece el cuerpo.

(72 y 135)

1634
Madrid

¿Quién se escondía bajo la cuna de tu esposa?

El Consejo Supremo del Santo Oficio de la Inquisición, velando por la limpieza de la sangre, decide que en lo sucesivo se hará una prolija investigación antes de que sus funcionarios contraigan matrimonio.

Todos los que trabajan para la Inquisición, el portero y el fiscal, el torturador y el verdugo, el médico y el pinche de cocina, deberán presentar la genealogía de dos siglos de la mujer que han elegido, *para evitar que casen con personas infectas.*

Personas infectas, o sea: con litros o gotas de sangre india o sangre negra, o con tatarabuelos de fe judía o cultura islámica o devoción de cualquier herejía.

(115)

1636
Quito

La tercera mitad

Durante veinte años largos ha sido el mandamás del reino de Quito, presidente del gobierno y rey del amor, la baraja y la misa. Todos los demás caminan o corren al paso de su cabalgadura.

En Madrid, el Consejo de Indias lo ha declarado culpable de cincuenta y seis fechorías, pero la mala noticia no ha cruzado todavía la mar. Tendrá que pagar multa por la tienda que hace veinte años instaló en la audiencia real, para vender las sedas y las tafetas chinas que había traído de contrabando, y por infinitos escándalos con casadas, viudas y vírgenes; y también por el casino que instaló en la sala de bordar de su casa, al lado de la capilla privada donde comulgaba todos los días. Las ruedas de naipes han dejado a don Antonio de Morga doscientos mil pesos de ganancias por las entradas que ha cobrado, sin contar las hazañas de sus ágiles dedos desplumadores. (Por deudas de diez pesos, don Antonio ha condenado a muchos indios a pasar el resto de sus vidas atados a los telares en los obrajes.)

Pero la resolución del Consejo de Indias todavía no ha llegado a Quito. No es eso lo que preocupa a don Antonio.

Está de pie en la sala, desnudo ante el espejo labrado en oro, y ve a otro. Busca su cuerpo de toro y no lo encuentra. Bajo el soposo vientre y entre las piernas flacas cuelga, muda, la llave que había sabido abrir todas las cerraduras de mujer.

Se busca el alma y el espejo no la tiene. ¿Quién ha robado la mitad piadosa del hombre que daba sermones a los frailes y era más devoto que el obispo? ¿Y el fulgor en sus ojos de místico? Sólo hay apagones y arrugas sobre la blanca barba.

Los nacimientos

Don Antonio de Morga da unos pasos hasta rozar el espejo y pregunta por su tercera mitad. Tiene que haber una región donde han buscado refugio los sueños soñados y olvidados. Tiene que haberla: un lugar donde los ojos, gastados de tanto mirar, hayan guardado los colores del mundo; y los oídos, ya casi sordos, las melodías. Busca algún sabor invicto, algún aroma que no se haya desvanecido, alguna tibieza que persista en la mano.

No reconoce nada que esté a salvo y merezca quedarse. El espejo sólo devuelve a un viejo vacío que morirá esta noche.

(176)

1637
Boca del río de Sucre

Dieguillo

Hace unos días, el padre Thomas Gage aprendió a escapar de los caimanes. Si uno huye en zig-zag, los caimanes se desconciertan. Ellos sólo saben correr en línea recta.

En cambio, nadie le ha enseñado a escapar de los piratas. Pero, ¿acaso conoce alguien la manera de huir de dos buenos navíos holandeses en una fragata lenta y sin cañones?

Recién salida a la mar Caribe, la fragata arría las velas y se rinde.

Más desinflada que las velas, yace por los suelos el alma del padre Gage. Con él viaja todo el dinero que ha juntado en América durante los doce años que pasó salvando sacrílegos y arrancando muertos del infierno.

Los esquifes van y vienen. Se llevan los piratas el tocino, la harina, la miel, las gallinas, la grasa y los cueros. También casi toda la fortuna que el cura traía en perlas y en oro. No toda, porque le han respetado la cama y él había cosido al colchón buena parte de sus bienes.

El capitán de los piratas, un mulato fornido, lo recibe en su camarote. No le da la mano, pero le ofrece asiento y un jarro de ron con pimienta. Un sudor frío brota de la nuca del cura y le recorre la espalda. Apura un trago. Al capitán Diego Grillo lo conoce de oídas.

Sabe que pirateaba a las órdenes del temible Pata de Palo y que ahora roba por su cuenta, con patente de corso de los holandeses. Dicen que Dieguillo mata por no perder la puntería.

El cura implora, balbucea que no le han dejado más que la sotana que lleva puesta. Mientras le llena el jarro, el pirata cuenta, sordo, sin parpadear, los maltratos que sufrió cuando era esclavo del gobernador de Campeche.

—Mi madre es esclava, todavía, en La Habana. ¿No conoces a mi madre? Es tan buena, la pobre, que da vergüenza.

—Yo no soy español —gimotea el cura—. Yo soy inglés —dice y repite, en vano—. Mi nación no es enemiga de la vuestra. ¿No son buenas amigas, Inglaterra y Holanda?

—Hoy gano, mañana pierdo —dice el corsario. Retiene un buche de ron, lo envía de a poquito a la garganta.

—Mira —ordena, y se arranca la casaca. Muestra la espalda, los costurones de los azotes.

Se escuchan ruidos que vienen de cubierta. El sacerdote los agradece, porque ocultan los latidos de su corazón desbocado.

—Yo soy inglés...

Una vena late, desesperada, en la frente del padre Gage. La saliva se niega a pasar por la garganta.

—Llevadme a Holanda. Os lo ruego, señor, llevadme a Holanda. ¡Por favor! No puede un hombre generoso abandonarme así, desnudo y sin...

De un tirón, el capitán desprende su brazo de las mil manos del cura. Golpea el piso con un bastón y dos hombres acuden.

—¡Fuera con él!

Se despide de espaldas, mientras se mira al espejo.

—Si pasas por La Habana —dice—, no dejes de visitar a mi madre. Dale memorias. Dile... Dile que me va muy bien.

Mientras regresa a su fragata, el padre Gage siente calambres en la barriga. Andan picadas las olas y el cura maldice a quien le dijo, allá en Jerez de la Frontera, hace doce años, que estaba América empedrada de oro y plata y que había que caminar con cuidado para no tropezar con los diamantes.

(72)

1637
Bahía de Massachusetts

«Dios es inglés»,

dijo el piadoso John Aylmer, pastor de almas, hace unos cuantos años. Y John Winthrop, fundador de la colonia de la bahía de Massachusetts, afirma que los ingleses pueden apropiarse de las tierras de los indios tan legítimamente como Abraham entre los sodomitas: *Lo que es común a todos no pertenece a nadie. Este pueblo salvaje mandaba sobre vastas tierras sin título ni propiedad.* Winthrop es el jefe de los puritanos que llegaron en el *Arbella,* hace cuatro años. Vino con sus siete hijos. El reverendo John Cotton despidió a los peregrinos en los muelles de Southampton asegurándoles que Dios los conduciría volando sobre ellos como un águila, desde la vieja Inglaterra, tierra de iniquidades, hacia la tierra prometida.

Para construir la nueva Jerusalén en lo alto de la colina, vienen los puritanos. Diez años antes del *Arbella,* llegó el *Mayflower* a Plymouth, cuando ya otros ingleses, ansiosos de oro, habían alcanzado, al sur, las costas de Virginia. Las familias puritanas huyen del rey y sus obispos. Dejan atrás los impuestos y las guerras, el hambre y las pestes. También huyen de las amenazas del cambio en el viejo orden. Como dice Winthrop, abogado de Cambridge nacido en cuna noble, *Dios todopoderoso, en su más santa y sabia providencia, ha dispuesto que en la condición humana de todos los tiempos unos han de ser ricos y otros pobres; unos altos y eminentes en poder y dignidad y otros mediocres y sometidos.*

La primera vez vieron los indios una isla andante. El mástil era un árbol, y las velas, blancas nubes. Cuando la isla se detuvo, los indios se acercaron, en sus canoas, para recoger fresas. En lugar de fresas, encontraron la viruela.

La viruela arrasó las comunidades indias y despejó el terreno a los mensajeros de Dios, elegidos de Dios, pueblo de Israel en las arenas de Canaán. Como moscas han muerto los que aquí vivían desde hace más de tres mil años. La viruela, dice Winthrop, ha sido enviada por Dios para obligar a los colonos ingleses a ocupar las tierras desalojadas por la peste.

(35, 153 y 204)

1637
Mystic Fort

Del testimonio de John Underhill, puritano de Connecticut, sobre una matanza de indios pequot

Ellos no sabían nada de nuestra llegada. Estando cerca del fuerte, nos encomendamos a Dios y suplicamos Su asistencia en tan pesada empresa...

No pudimos sino admirar a la Divina Providencia cuando nuestros soldados, inexpertos en el uso de las armas, lanzaron una descarga tan cerrada que parecía que el dedo de Dios hubiera encendido la mecha con el pedernal. Al romper el día, la andanada provocó terror en los indios, que estaban profundamente dormidos, y escuchamos los más lastimeros gritos. Si Dios no hubiera preparado los corazones nuestros para Su servicio, hubiéramos sido movidos a conmiseración. Pero habiéndonos Dios despojado de piedad, nos dispusimos a cumplir nuestro trabajo sin compasión, considerando la sangre que los indios habían derramado cuando trataron bárbaramente y asesinaron a unos treinta de nuestros compatriotas. Con nuestras espadas en la mano derecha y nuestras carabinas o mosquetes en la mano izquierda, atacamos...

Muchos murieron quemados en el fuerte... Otros fueron forzados a salir y nuestros soldados los recibían con las puntas de las espadas. Cayeron hombres, mujeres y niños; los que escapaban de nosotros caían en manos de nuestros indios aliados, que esperaban en la retaguardia. Según los indios pequot, había unas cuatrocientas almas en ese fuerte, y ni siquiera cinco lograron escapar de nuestras manos. Grande y lastimosa fue la visión de la sangre para los jóvenes soldados que nunca habían estado en guerra, viendo tantas almas que yacían boqueando en el suelo y tan amontonadas que en algunas partes no se podía pasar.

Se podría preguntar: ¿Y por qué tanta furia? (Como alguien ha dicho.) ¿No deberían los cristianos tener más clemencia y compasión? Y yo respondo recordando la guerra de David. Cuando un pueblo ha llegado a tal colmo de sangre y pecado contra Dios y el hombre, David no respeta a las personas, sino que las desgarra y las destroza con su espada y les da la muerte más terrible. A veces las Escrituras declaran que las mu-

jeres y los niños deben perecer junto a sus padres. A veces se dan casos distintos, pero no vamos a discutir sobre eso ahora. Suficiente luz recibimos de la Palabra de Dios para nuestros procederes.

(204)

1639
Lima

Martín de Porres

Tocan a muerto las campanas de la iglesia de Santo Domingo. A la luz de las velas, bañado en sudores de hielo, Martín de Porres ha entregado su alma después de mucho pelear contra el Demonio con el auxilio de María Santísima y santa Catalina Virgen y Mártir. Murió en su cama, con una piedra por almohada y una calavera al lado, mientras el virrey de Lima, de rodillas, le besaba la mano y le rogaba que intercediera para que le hicieran un lugarcito allá en el Cielo.

Martín de Porres había nacido de una esclava negra y de su amo, caballero de abolengo y puro solar español, que no la embarazó por disponer de ella como cosa, sino por aplicar el principio cristiano de que en la cama todas son iguales ante Dios.

A los quince años, Martín fue donado al convento de los frailes dominicos. Aquí vivió sus trabajos y milagros. Nunca lo ordenaron sacerdote, por ser mulato; pero abrazando con amor la escoba, ha barrido cada día los salones, los claustros, la enfermería y la iglesia. Navaja en mano afeitaba a los doscientos curas del convento; atendía a los enfermos y distribuía la ropa limpia con aroma de romero.

Cuando supo que el convento sufría penurias de dinero, se presentó ante el prior:

—*Ave María.*
—*Gratia plena.*
—*Venda vuesa merced a este perro mulato* —se ofreció.

Acostaba en su cama a los mendigos ulcerosos de la calle y oraba de rodillas durante toda la noche. Lo hacía blanco de nieve la luz sobrenatural; blancas llamas salían de su rostro cuando cruzaba el claustro a medianoche, volando cual divino meteoro, rumbo a la soledad de la celda. Atravesaba puertas cerradas con candado y rezaba, a veces, arrodillado en el aire, lejos del suelo; los ángeles lo acompañaban al coro llevando luces en las manos. Sin salir de Lima consolaba a los cautivos en Argel y salvaba almas en Filipinas, China y Japón; sin moverse de su celda, tocaba las campanadas del ángelus. Curaba a los moribundos con paños mojados en sangre de gallo negro y polvos de sapo y mediante conjuros aprendidos de su madre. Con el dedo rozaba una muela y suprimía el dolor y convertía en cicatrices las heridas abiertas; hacía blanco el azúcar oscuro y apagaba incendios con la mirada. El obispo tuvo que prohibirle tanto milagro sin permiso.

Después de los maitines se desnudaba y se azotaba la espalda con un látigo de nervios de buey rematado en gruesos nudos, y mientras se arrancaba sangre gritaba:

—*¡Perro mulato vil! ¿Hasta cuándo ha de durar tu vida pecadora?*

Con ojos suplicosos, lacrimosos, siempre pidiendo perdón, pasó por el mundo el primer santo de piel oscura del blanquísimo santoral de la Iglesia católica.

(216)

1639
San Miguel de Tucumán

De una denuncia contra el obispo de Tucumán, enviada al Tribunal de la Inquisición en Lima

Con la sinceridad y verdad que a tan santo Tribunal se debe hablar, denuncio de la persona del reverendo obispo de Tucumán, don Fr. Melchor Maldonado de Saavedra, del cual he oído cosas gravísimas sospechosas en nuestra santa fe católica, y corren generalmente entre todo este obispado. Que en Salta, estando confirmando, llegó una niña de buen parecer, y la dijo: «Mejor es vuestra merced para tomada que para confirmada»; y en Córdoba este pasado año de 1638 llegó otra en presencia de mucha gente y alzándose la saya dijo:

«¡Zape! Que no la he de confirmar para abajo sino para arriba»; y con la primera se amancebó con publicidad...

(140)

1639
Potosí

El testamento del mercader

Entre las cortinas, asoma la nariz del escribano. Huele a cera la alcoba, y a muerte. A la luz de la única vela, se adivina la calavera bajo la piel del moribundo.

—¿Qué esperas, buitre?

No abre los ojos el mercader, pero su voz suena invicta.

—Mi sombra y yo hemos discutido y decidido —dice. Y suspira. Y ordena al notario:

—No has de añadir ni quitar cosa alguna. ¿Me oyes? Te pagaré con doscientos pesos en aves, para que con sus plumas, y las que usas para escribir, vueles a los infiernos. ¿Me estás oyendo? ¡Ay! Cada día que vivo es un día que alquilo. Cada día más caro me cuesta. ¡Escribe, anda! Date prisa. Mando que con la cuarta parte de la plata que dejo, se hagan en la plazuela del puente unas grandes letrinas, para que nobles y plebeyos de Potosí rindan allí homenaje, cada día, a mi memoria. Otra cuarta parte de mis barras y monedas se ha de enterrar en el corral de esta mi casa, y a sus puertas se pondrán cuatro perros de los más bravos, atados con cadenas y con buena ración, para guardar este entierro.

No se le enreda la lengua y continúa, sin tomar aliento:

—Y que con otra cuarta parte de mis riquezas, se cocinen los más exquisitos manjares y puestos en mis fuentes de plata se metan en una profunda zanja, con todos los mantenimientos de mis despensas, porque quiero que se harten los gusanos como conmigo lo harán. Y mando...

Agita el dedo índice, que proyecta una sombra de garrote sobre el blanco muro:

—Y mando... que a mi propio entierro no acuda persona alguna, sino que acompañen mi cuerpo todos los asnos que hubiere en Potosí, ataviados con riquísimos vestidos y las joyas mejores, que se proveerán con lo que reste de mis dineros.

(21)

Dicen los indios:

¿Que tiene dueño la tierra? ¿Cómo así? ¿Cómo se ha de vender? ¿Cómo se ha de comprar? Si ella no nos pertenece, pues. Nosotros somos de ella. Sus hijos somos. Así siempre, siempre. Tierra viva. Como cría a los gusanos, así nos cría. Tiene huesos y sangre. Leche tiene, y nos da de mamar. Pelo tiene, pasto, paja, árboles. Ella sabe parir papas. Hace nacer casas. Gente hace nacer. Ella nos cuida y nosotros la cuidamos. Ella bebe chicha, acepta nuestro convite. Hijos suyos somos. ¿Cómo se ha de vender? ¿Cómo se ha de comprar?

(15 y 84)

1640
San Salvador de Bahía

Vieira

Centellea la boca mientras lanza palabras armadas como ejércitos. El orador más peligroso del Brasil es un sacerdote portugués criado en Bahía, bahiano de alma.

Los holandeses han invadido estas tierras y el jesuita António Vieira pregunta a los señores coloniales *si no somos nosotros de color tan oscuro respecto a los holandeses, como los indios respecto a nosotros*. Desde el púlpito, el dueño de la palabra increpa a los dueños de la tierra y de la gente:

—*¿He de ser señor porque he nacido más lejos del sol, y otros han de ser esclavos porque nacieron más cerca? ¡No puede haber mayor inconsideración del entendimiento, ni mayor error de juicio entre los hombres!*

En la iglesita de la Ayuda, la más antigua del Brasil, António Vieira acusa también a Dios, culpable de ayudar a los invasores holandeses:

—*¡Aunque nosotros somos los pecadores, Dios mío, vos habéis de ser, hoy, el arrepentido!*

(33, 171 y 226)

1641
Lima

Ávila

Ha interrogado a miles y miles de indios, sin encontrar uno que no fuera hereje. Ha desbaratado ídolos y adoratorios, ha quemado momias; ha rapado cabezas y ha desollado espaldas a latigazos. A su paso, el viento de la fe cristiana ha purificado al Perú.

El sacerdote Francisco de Ávila tiene sesenta y cinco años cuando siente que las fuerzas lo abandonan, anda medio sordo y le duele hasta la ropa; y decide que no se irá del mundo sin conseguir lo que viene queriendo desde que era muchacho. Solicita, entonces, su ingreso a la Compañía de Jesús.

—No,

contesta el rector de los jesuitas, Antonio Vázquez.

—No,

porque *por más que diga que es hombre docto y gran lenguaraz, Francisco de Ávila representa su condición de mestizo.*

(14)

1641
Mbororé

Las misiones

Vienen los *mamelucos* de la región de San Pablo, cazadores de indios, devoradores de tierras: avanzan *a son de caja, bandera tendida y orden militar,* trueno de guerra, viento de guerra, a través del Paraguay. Traen largas cuerdas con collares para los indios que atraparán y venderán por esclavos en las plantaciones del Brasil.

Los *mamelucos* o *bandeirantes* llevan años arrasando las misiones de los jesuitas. De las trece misiones del Guayrá, no quedan más que piedras y carbones. Nuevas comunidades evangélicas han nacido del éxodo, aguas abajo del Paraná; pero los ataques, incesantes, continúan. En las misiones, la serpiente encuentra a los pajaritos reunidos y engordados, millares de indios entrenados para el trabajo y la inocencia, sin armas, fáciles para el zarpazo. Bajo la tutela de los sacerdotes, los guaraníes comparten una vida regimentada, sin propiedad privada ni dinero ni pena de muerte, sin lujo ni escasez, y marchan al trabajo cantando al son de las flautas. Nada pueden sus flechas de caña contra los arcabuces de los *mamelucos,* que *prueban los aceros de sus alfanjes en hender los niños en dos partes* y por trofeo se llevan jirones de sotanas y caravanas de esclavos.

Pero esta vez, una sorpresa espera a los invasores. El rey de España, asustado por la fragilidad de estas fronteras, ha ordenado que se entreguen armas de fuego a los guaraníes. Los *mamelucos* huyen en desbandada.

De las casas brotan penachos de humo y cantos de alabanza a Dios. El humo, que no es de incendio sino de chimeneas, celebra la victoria.

(143)

Los nacimientos 259

1641
Madrid

La eternidad contra la historia

El conde-duque de Olivares se muerde los puños y maldice bajito. Es mucho lo que manda, al cabo de veinte años de tanto hacer y deshacer en la corte, pero más fuerte pisa Dios.

La Junta de Teólogos acaba de rechazar el proyecto de canalización de los ríos Tajo y Manzanares, que tan bien vendría a los páramos de Castilla. Los ríos quedarán como Dios los hizo, y al archivo irán a parar los planos de los ingenieros Carducci y Martelli.

En Francia anuncian que pronto se abrirá el gran canal del Languedoc, para unir el Mediterráneo con el valle del Garona. Mientras tanto, en esta España que ha conquistado América, la Junta de Teólogos decide que *atenta contra la Divina Providencia quien intenta mejorar lo que ella, por motivos inescrutables, ha querido que sea imperfecto*. Si Dios hubiera deseado que los ríos fueran navegables, los habría hecho navegables.

(128)

1644
Jamestown

Opechancanough

Antes de que un soldado inglés lo fulmine por la espalda, el jefe Opechancanough se pregunta: «¿Dónde está el guardián invisible de mis viajes? ¿Quién me ha robado la sombra?»

A los cien años, ha sido derrotado. Había acudido en litera al campo de batalla.

Hace más de ochenta años, el almirante Pedro Menéndez de Avilés se lo llevó a Cádiz. Lo presentó en la corte de Felipe II: *He aquí un bello príncipe indio de la Florida*. Le pusieron calzas, jubón y gola. En un convento dominicano de Sevilla le enseñaron la lengua y la religión de los castellanos. Después, en México, el virrey le regaló su nombre y Opechancanough pasó a llamarse Luis de Velasco. Al tiempo regresó a la tierra de sus padres, como intérprete y guía de los jesuitas. Su gente creyó que volvía de la muerte. Predicó el cristianismo y después se desnudó y degolló a los jesuitas y volvió a llamarse como antes.

Desde aquel entonces, ha matado mucho y ha visto mucho. Ha visto las llamas devorando aldeas y campos de cultivo, y a sus hermanos vendidos al mejor postor, en esta región que los ingleses bautizaron Virginia en memoria de una reina virgen de espíritu. Ha visto a la viruela tragándose hombres y al tabaco, avasallante, devorando tierras. Ha visto cómo eran borradas del mapa diecisiete de las veintiocho comunidades que aquí había, y cómo a las otras les daban a elegir entre la diáspora y la guerra. Treinta mil indios dieron la bienvenida a los navegantes ingleses que llegaron a la bahía de Chesapeake, una fresca mañana de 1607. Sobreviven tres mil.

(36 y 207)

1645
Quito

Mariana de Jesús

Año de catástrofes para la ciudad. Una cinta negra cuelga de cada puerta. Los invisibles ejércitos del sarampión y la difteria han invadido y están arrasando. La noche se ha desplomado en seguida del amanecer y el volcán Pichincha, el rey de nieve, ha reventado: un gran vómito de lava y fuego ha caído sobre los campos y un huracán de ceniza ha barrido la ciudad.

—¡Pecadores, pecadores!

Como el volcán, el padre Alonso de Rojas echa llamaradas por la boca. Desde el púlpito refulgente de la iglesia de los jesuitas, iglesia de oro, el padre Alonso se golpea el pecho, que retumba mientras llora, grita, clama:

—¡Acepta, Señor, el sacrificio del más humilde de tus siervos! ¡Que mi sangre y mi carne expíen los pecados de Quito!

Entonces una muchacha se alza al pie del púlpito y serenamente dice:

Los nacimientos 261

—Yo.

Ante el gentío que desborda la iglesia, Mariana anuncia que es ella la elegida. Ella calmará la cólera de Dios. Ella será castigada por todos los castigos que su ciudad merece.

Mariana jamás ha jugado a ser feliz ni ha soñado que lo era, ni ha dormido nunca más de cuatro horas. La única vez que un hombre le rozó la mano, quedó enferma, y con fiebre, durante una semana. Desde muy niña decidió ser la esposa de Dios y no le brinda su amor en el convento sino en las calles y los campos: no bordando ni haciendo dulces y jaleas en la paz de los claustros, sino orando de rodillas sobre las espinas y las piedras y buscando pan para los pobres, remedio para los enfermos y luz para los anochecidos que ignoran la ley divina.

A veces, Mariana se siente llamada por el rumor de la lluvia o el crepitar del fuego, pero siempre suena más fuerte el trueno de Dios: ese Dios de la ira, barba de serpientes, ojos de rayo, que en sueños se le aparece desnudo para ponerla a prueba.

Mariana regresa a su casa, se tiende en la cama y se dispone a morir en lugar de todos. Ella paga el perdón. Ofrece a Dios su carne para que coma y su sangre y sus lágrimas para que beba hasta marearse y olvidar.

Así cesarán las plagas, se calmará el volcán y la tierra dejará de temblar.

(176)

1645
Potosí

Historia de Estefanía, pecadora mujer de Potosí (en versión abreviada de la crónica de Bartolomé Arzáns de Orsúa y Vela)

Nació Estefanía en esta Villa imperial y creció en hermosura a tal grado que más no pudo subirlo la naturaleza.

A los catorce años de su edad se salió de casa la bellísima doncella, aconsejada de otras perdidas mujeres, y habiendo entendido su madre la abominable determinación con que esta hija se le apartaba, llena de pesar en breves días acabó la vida.

No por ello se enmendó la hija, que habiendo ya perdido el tesoro inestimable de la virginidad, vistiéndose profanamente se hizo pública y escandalosa pecadora.

Viendo su hermano tanto descrédito y mala fama, la llamó a su casa y díjole: «Aunque te pese me has de oír, que mientras estuvieres en pecado mortal eres enemiga de Dios y esclava del demonio, y demás de esto degeneras de tu nobleza y deshonras todo tu linaje. Mira, hermana, lo que haces, levántate de ese cieno, teme a Dios y haz penitencia». A lo cual Estefanía respondió: «¿Qué necesidad tienes de mí, hipocritón?» Y mientras el hermano la reprendía, en un momento desnudó ella la cortadora daga que de la pared colgaba y con diabólica fiereza arremetió diciendo: «Sólo esta respuesta merecían tus razones». Dejólo muerto en un lago de sangre y después disfrazó aquella maldad con fingido sentimiento, vistiéndose de luto y ponderando la lástima.

También su anciano padre, pesaroso por la muerte del buen hijo y el escándalo de la mala hija, procuró reducirla con buenas razones que contra su voluntad escuchaba la despiadada. En vez de la enmienda, dio ella en aborrecer al venerable viejo y a la medianoche puso fuego a la techumbre de su casa. Saltó de la cama el turbado anciano, gritando a toda voz: «¡Fuego, fuego!», mas cayeron las vigas que sustentaban el techo y allí mismo lo abrasó el terrible elemento.

Viéndose libre Estefanía, con más desenfreno se dio a mayores vicios y pecados.

Arribó en esos días a esta Villa de Potosí un hombre de los reinos de España, mercader de los más opulentos que en aquellos galeones vinieron al Perú, y llegó a sus noticias la hermosura y gracia de aquella pública pecadora. Solicitóla, y cuando más gustosos se hallaban en sus torpezas, un amante antiguo de la dama, armado de todas las armas y con dos bravas pistolas, apareció decidido a vengar su agravio.

Halló el antiguo amante sola a la mujer, mas con engañosas palabras detuvo ella su airado ánimo, y cuando hubo mitigado tan arrebatada cólera, con gran presteza sacó de la manga un cuchillo y cayó al suelo muerto el infeliz.

Refirió Estefanía el suceso al rico mercader. Pasados algunos meses, estando él muy atormentado por los celos, amenazóla con acusarla a la justicia del homicidio hecho. En esos días fueron juntos a bañarse a la laguna de Tarapaya. Arrojó ella de sí sus ricos vestidos, quedando patente la nieve de su cuerpo salpicada de bellísimo carmín, y desnuda se echó al agua. Siguióla el descuidado mercader y estando juntos en la mitad de la laguna, con toda la fuerza de sus brazos metió ella la cabeza del desventurado dentro del agua.

No se crea que pararon allí sus abominaciones. De un golpe de alfanje acabó con la vida de un caballero de ilustre sangre; y a otros dos mató con veneno que envió en una merienda. Por sus intrigas traspasáronse otros los pechos a estacadas, quedando Estefanía alegrísima de que se derramara sangre por su causa.

Y así fue hasta el año de 1645, cuando escuchó la pecadora un sermón del padre Francisco Patiño, siervo de Dios de cuyas admirables virtudes gozaba en este tiempo Potosí, y socorrióla Dios con un rayo de su divina gracia. Y fue tan grande el dolor de Estefanía que comenzó a derramar arroyos de lágrimas, con grandes suspiros y sollozos que parecía se le arrancaba el alma, y cuando acabó el sermón arrojóse a los pies del sacerdote pidiéndole confesión.

Exhortóla el padre a penitencia y absolvióla, que bien se sabe con cuánta felicidad se entregan las mujeres en manos de la serpiente, por tachas heredadas de la que tentó a Adán. Se levantó Estefanía de los pies del confesor cual otra Magdalena y cuando iba camino de su casa, ¡oh, dichosa pecadora!, mereció que se le apareciese María Santísima y le dijese: «Hija, ya estás perdonada. Yo he pedido por ti a mi Hijo, porque en tu niñez rezabas mi rosario».

(21)

1647
Santiago de Chile

Se prohíbe el juego de los indios de Chile

El capitán general, don Martín de Mujica, proclama por caja y pendón la prohibición del juego de la *chueca,* que los araucanos practican, según su tradición, golpeando una pelota con palos de punta corva, en cancha rodeada de ramajes verdes.

Con cien azotes serán castigados los indios que no cumplan; y con multa los demás, porque mucho se ha difundido la infame *chueca* entre la soldadesca criolla.

Dice el bando del capitán general que se dicta la prohibición *para que se eviten pecados tan contra la honra de Dios Nuestro Señor* y porque corriendo la pelota los indios se entrenan para la guerra: *del juego nacen alborotos y así después corre la flecha entre ellos.* Es una indecencia, dice, que en la *chueca* se junten hombres y mujeres casi desnudos, *vestidos apenas de plumas y pieles de animales en los que fundan la ventura de ganar.* Al comienzo invocan a los dioses para que la bola sea favorable a sus proezas y carreras y al final, todos abrazados, beben chicha a mares.

(173)

1648
Olinda

Excelencias de la carne de cañón

Era niño cuando lo arrancaron de su aldea africana, lo embarcaron en Luanda y lo vendieron en Recife. Ya era hombre cuando huyó de los cañaverales y se refugió en uno de los baluartes negros de Palmares.

No bien los holandeses entraron en Brasil, los portugueses prometieron la libertad a los esclavos que combatieran contra los invasores. Los cimarrones de Palmares decidieron que esa guerra no era la suya: tanto daba que fueran holandeses o portugueses quienes empuñaran el látigo en los cañaverales y los ingenios. Pero él, Henrique Dias, acudió a ofrecerse. Desde entonces comanda un regimiento de negros que pelean por la corona portuguesa en el nordeste brasileño. Los portugueses lo han hecho hidalgo caballero.

Desde Olinda, el capitán Henrique Dias envía una carta de intimidación al ejército holandés acantonado en Recife. Advierte que de cuatro naciones se compone su regimiento, el Tercio de los Henriques: *Minas, ardas, angolas y criollos: éstos son tan malévolos que no temen ni deben; los minas tan bravos, que donde no pueden llegar con el brazo llegan con el nombre; los ardas tan fogosos, que todo quieren cortar de un solo golpe; y los angolas tan robustos, que ningún trabajo los cansa. Consideren ustedes, ahora, si no han de romper a toda Holanda hombres que todo rompieron.*

(69 y 217)

1649
Sainte Marie des Hurons

El lenguaje de los sueños

—Pobrecitos, piensa el padre Ragueneau, mientras contempla a los indios hurones rodeando de regalos y rituales a un hombre que ha soñado, anoche, un sueño misterioso. La comunidad le da de comer en la boca y danza para él; lo acarician las muchachas, lo frotan con ceniza. Después, sentados todos en rueda, se ponen a adivinarle el sueño. Persiguen el sueño a flechazos de imágenes o palabras y él va diciendo: «No, no», hasta que alguien dice: «Río», y entonces, entre todos, consiguen atraparlo: el río, una corriente furiosa, una mujer sola en una canoa, ella ha perdido el remo, el río se la lleva, la mujer no grita, sonríe, parece feliz... «¿Soy yo?», pregunta una de las mujeres. «¿Soy yo?», pregunta otra. La comunidad llama a la que tiene ojos que penetran hasta los más escondidos deseos, para que ella interprete los símbolos del sueño. Mientras bebe un té de hierbas, la vidente invoca a su espíritu guardián y va descifrando el mensaje.

Creen los hurones, como todos los pueblos iroqueses, que el sueño transfigura las cosas más triviales y las convierte en símbolos al tocarlas con los dedos del deseo. Creen que el sueño es el lenguaje de los deseos no realizados y llaman *ondinnonk* a los secretos deseos del alma, que la vigilia ignora. Los *ondinnonk* asoman en los viajes que hace el alma mientras duerme el cuerpo.

—Pobrecitos —piensa el padre Ragueneau.

Para los hurones, se hace culpable de gran crimen quien no respeta lo que el sueño dice. El sueño manda. Si el soñador no cumple sus órdenes, el alma se enoja y enferma al cuerpo o lo mata. Todos los pueblos de la familia iroquesa saben que la enfermedad puede venir de guerra o accidente, o de la bruja que mete en el cuerpo dientes de oso o astillas de hueso, pero también viene del alma, cuando ella quiere algo que no le dan.

El padre Ragueneau discute con otros jesuitas franceses que predican en la región. Él defiende a los indios del Canadá: *Resulta tan fácil llamar sacrilegio a lo que es mera estupidez...*

Algunos sacerdotes ven los cuernos de Satanás asomando en estas supersticiones; y están escandalizados porque dos por tres sueñan los indios contra el sexto mandamiento y al día siguiente se libran a terapéuticas orgías. Habitualmente andan los indios casi desnudos, mirándose y tocándose en demoníaca libertad, y se casan y se descasan cuando quieren; y basta con que el sueño lo ordene para que se desate la fiesta del *andacwandat,* que es siempre ocasión de frenéticos pecados. El padre Ragueneau no niega que puede encontrar el Diablo tierra abonada en esta sociedad sin jueces, ni comisarios, ni cárceles, ni propietarios, donde las mujeres comparten el mando con los hombres y juntos adoran dioses falsos, pero reivindica el fondo de inocencia de estas almas primitivas, todavía ignorantes de la ley de Dios.

Y cuando otros jesuitas se estremecen de pánico porque cualquier noche de éstas algún iroqués puede soñar que mata un cura, Ragueneau recuerda que eso ha ocurrido ya, varias veces, y que entonces basta con permitir que el soñador destripe una sotana mientras danza su sueño en una inofensiva pantomima.

—Éstas son costumbres tontas —opina el padre Ragueneau—, pero no son costumbres criminales.

(153 y 222)

Una historia iroquesa

Nieva en el mundo y en el centro de la casa grande habla el viejo narrador, de cara al fuego. Sentados sobre pieles de animales, todos escuchan mientras cosen la ropa y reparan las armas.

—En el cielo había crecido el árbol más grandioso —cuenta el viejo—. Tenía cuatro largas raíces blancas, que se extendían en las cuatro direcciones. De ese árbol nacieron todas las cosas...

Cuenta el viejo que un día el viento arrancó el árbol de cuajo. Por el agujero que se abrió en el cielo cayó la mujer del gran jefe, llevando en la mano un puñado de semillas. Una tortuga le trajo tierra sobre el caparazón, para que ella plantara las semillas, y así brotaron las primeras plantas que nos dieron de comer. Después esa mujer tuvo una hija, que creció y se hizo esposa del viento del oeste. El viento del oeste le sopló ciertas palabras al oído...

El buen narrador cuenta su historia y hace que ocurra. El viento del oeste está soplando, ahora, sobre la casa grande; se mete por la chimenea y la humareda vela las caras.

El hermano lobo, que enseñó a los iroqueses a reunirse y a escuchar, aúlla desde los montes. Es hora de dormir.

Una mañana cualquiera, el viejo narrador no despertará. Pero alguno de los que han escuchado sus historias las contará a otros. Y después ese alguno también morirá, pero las historias continuarán vivas mientras haya casas grandes y gentes reunidas en torno al fuego.

(37)

Canto del canto de los iroqueses

Cuando yo canto,
puedo ayudarla.
¡Sí, puedo, sí!
¡Fuerte es el canto!
Cuando yo canto,
puedo levantarla.
¡Sí, puedo, sí!
¡Fuerte es el canto!
Cuando yo canto,
enderezo sus brazos.
¡Sí, puedo, sí!
¡Fuerte es el canto!

Cuando yo canto,
enderezo su cuerpo.
¡Sí, puedo, sí!
¡Fuerte es el canto!

(197)

1650
Ciudad de México

Los vencedores y los vencidos

El escudo familiar se alza, pomposo, sobre el encaje de hierro del portón, labrado como un altar. En carroza de caoba entra el dueño de casa, con su séquito de libreas y caballos. Adentro, calla el clavicordio; se oyen crujidos de gorgoranes y tisúes, voces de hijas casaderas, pasos en las alfombras de suave pisar. Después, tintinean en la porcelana las cucharitas de plata labrada.

Esta ciudad de México, ciudad de palacios, es una de las mayores del mundo. Aunque está muy lejos de la mar, aquí vienen a parar la flota de España, la nao de China y la gran carreta de plata del norte. El poderoso consulado de comerciantes rivaliza con el de Sevilla. Desde aquí fluyen mercancías hacia el Perú, Manila y el Lejano Oriente.

Los indios, que hicieron esta ciudad para los vencedores sobre las ruinas de su Tenochtitlán, acuden trayendo alimentos en las canoas. Pueden trabajar aquí durante el día, pero a la caída de la noche los desalojan, bajo pena de azotes, hacia sus arrabales del otro lado de las murallas.

Algunos indios se ponen medias y zapatos y hablan castellano, a ver si los dejan quedarse y pueden escapar, así, del tributo y el trabajo forzado.

(148)

Del canto náhuatl sobre la vida efímera

De una sola vez se va nuestra vida.
En un día nos vamos, en una noche bajamos
a la región del misterio.
Aquí hemos venido nomás a conocernos.
Sólo estamos de paso en la tierra.

En paz y placer pasemos la vida.
¡Venid y gocemos!
Que no lo hagan los que viven enojados:
ancha es la tierra.
¡Ojalá viviera siempre,
ojalá nunca tuviera que morir!

Mientras vivimos, con el alma rota,
aquí nos acechan, aquí nos espían.
Pero a pesar de las desdichas,
a pesar de las heridas del alma,
¡no hay que vivir en vano!
¡Ojalá viviera siempre,
ojalá nunca tuviera que morir!

(77)

1654
Oaxaca

Medicina y brujería

Los indios zapotecas, que antes de caer a la tierra eran pájaros muy coloridos y cantores, han contado algunos secretos a Gonzalo de Balsalobre. Después de vivir un tiempo entre ellos, y tras mucho averiguar misterios de religión y medicina, don Gonzalo está escribiendo en Oaxaca un detallado informe que enviará a la ciudad de México. El informe denuncia a los indios ante la Santa Inquisición y pide que se castiguen las curanderías que los frailes y la justicia ordinaria no han sido capaces de suprimir. Hace algún tiempo, el bachiller Alarcón compartió durante nueve años la vida de la comunidad de los indios cohuixcas. Conoció las hierbas sagradas que sanan a los enfermos, y después denunció a los indios por prácticas demoníacas.

En la primera época de la conquista, sin embargo, la medicina indígena despertaba gran curiosidad en Europa y se atribuían maravillas a las plantas de América. Fray Bernardino de Sahagún recogió y publicó las sabidurías de ocho médicos aztecas y el rey Felipe II envió a México a su médico de cámara, Francisco Hernández, para que estudiara a fondo la medicina nativa.

Para los indios, las hierbas hablan, tienen sexo y curan. Son las plantitas, ayudadas por la palabra humana, las que arrancan la enfermedad del cuerpo, revelan misterios, enderezan destinos y provocan el amor o el olvido. Estas voces de la tierra suenan a voces del infierno a los oídos de la España del siglo XVII, ocupada en inquisiciones y exorcismos, que para curarse confía en la magia de las oraciones, los conjuros y los talismanes más que en los jarabes, las purgas y las sangrías.

(4)

1655
San Miguel de Nepantla

Juana a los cuatro

Anda Juana charla que te charla con el alma, que es su compañera de adentro, mientras camina por la orilla de la acequia. Se siente de lo más feliz porque está con hipo y Juana crece cuando tiene hipo. Se detiene y se mira la sombra, que crece con ella, y con una rama la va midiendo después de cada saltito que le pega la barriga. También los volcanes crecían con el hipo, antes, cuando estaban vivos, antes de que los quemara su propio fuego. Dos de los volcanes humean todavía, pero ya no tienen hipo. Ya no crecen. Juana tiene hipo y crece. Crece.

Llorar, en cambio, encoge. Por eso tienen tamaño de cucarachas las viejitas y las lloronas de los entierros. Esto no lo dicen los libros del abuelo, que Juana lee, pero ella sabe. Son cosas que sabe de tanto platicar con el alma. También con las nubes conversa Juana. Para

charlar con las nubes, hay que trepar a los cerros o a las ramas más altas de los árboles.
—Yo soy nube. Las nubes tenemos caras y manos. Pies, no.

1656
Santiago de la Vega

Gage

En una hamaca tendida entre dos palmeras, muere en Jamaica el pastor anglicano Thomas Gage.

Había soñado con ser el primer virrey inglés de México desde los viejos días en que peregrinó por tierras de América con sotana de fraile católico, predicando y espiando y disfrutando el chocolate y el dulce de guayaba. En Londres se pasó de iglesia y convenció a lord Cromwell de que era preciso y posible armar una buena flota de conquista contra las colonias españolas.

El año pasado, las tropas del almirante William Penn invadieron esta isla de Jamaica. Inglaterra arrancó a España el primer jirón de su imperio americano, y los herederos de Colón, marqueses de Jamaica, perdieron lo mejor de sus rentas. Entonces el pastor Thomas Gage pronunció un patriótico sermón protestante, desde el púlpito de la capilla mayor de Santiago de la Vega, mientras el gobernador español llegaba en brazos de sus esclavos a entregar la espada.

(145)

1658
San Miguel de Nepantla

Juana a los siete

Por el espejo ve entrar a la madre y suelta la espada, que se derrumba con estrépito de cañón, y pega Juana tal respingo que le queda toda la cara metida bajo el aludo sombrero.

—No estoy jugando —se enoja, ante la risa de su madre. Se libera del sombrero y asoman los bigotazos de tizne. Mal navegan las piernitas de Juana en las enormes botas de cuero; trastabilla y cae al suelo y patalea, humillada, furiosa; la madre no para de reír.

—¡No estoy jugando! —protesta Juana, con agua en los ojos—. ¡Yo soy hombre! ¡Yo iré a la universidad, porque soy hombre!

La madre le acaricia la cabeza.

—Mi hija loca, mi bella Juana. Debería azotarte por estas indecencias.

Se sienta a su lado y dulcemente dice: «Más te valía haber nacido tonta, mi pobre hija sabihonda», y la acaricia mientras Juana empapa de lágrimas la vasta capa del abuelo.

(16 y 75)

Un sueño de Juana

Ella deambula por el mercado de sueños. Las vendedoras han desplegado sueños sobre grandes paños en el suelo.

Llega al mercado el abuelo de Juana, muy triste porque hace mucho tiempo que no sueña. Juana lo lleva de la mano y lo ayuda a elegir sueños, sueños de mazapán o de algodón, alas para volar durmiendo, y se marchan los dos tan cargados de sueños que no habrá noche que alcance.

1663
Guatemala Antigua

Llega la imprenta

El obispo Payo Enríquez de Ribera es uno de los más fervorosos partidarios del trabajo forzado de los indios. Sin los repartimientos de indios, razona el obispo, ¿quién cultivará los campos? Y si no hay quien cultive los campos, ¿quién cultivará los espíritus?

Está redactando el obispo un documento sobre el tema, cuando recibe desde Puebla la primera imprenta que llega a Guatemala. El docto jefe espiritual de esta diócesis ha hecho traer la prensa y las cajas de letras de molde, con tipógrafo y todo, para que se imprima aquí su tratado de teología *Explicatio Apologetica*.

El primer libro que se edita en Guatemala no está escrito en lenguas mayas ni en castellano, sino en latín.

(135)

1663
Orillas del río Paraíba

La libertad

Hace mucho que se han apagado los ladridos de la jauría y las trompetas de los cazadores de esclavos.

El fugitivo atraviesa el pajonal, pajas bravas más altas que él, y corre hacia el río.

Se arroja en el pasto, boca abajo, brazos abiertos, piernas abiertas. Escucha voces cómplices de grillos y cigarras y ranitas. «No soy una cosa. Mi historia no es la historia de las cosas.» Besa la tierra, la muerde. «He sacado el pie de la trampa. No soy una cosa.» Pega su cuerpo desnudo a la tierra mojada por el relente y escucha el rumor de las plantitas que atraviesan la tierra, ganosas de nacer. Está loco de hambre y por primera vez el hambre le da alegría. Tiene el cuerpo todo atravesado de tajos y no los siente. Se vuelve hacia el cielo, como abrazándolo. La luna se remonta y fulgura y lo golpea, violentos golpes de luz, ramalazos de luz de la luna llena y las estrellas jugosas, y él se alza y busca rumbo.

Ahora, hacia la selva. Ahora, hacia los grandes abanicos verdes.

—¿Tú también vas a Palmares? —pregunta el fugitivo a la hormiga que le anda por la mano, y le pide:

—Guíame.

(43)

Canción de Palmares

Descansa, negro.
El blanco no viene acá.
Si viene,
el diablo lo llevará.
Descansa, negro.
El blanco no viene acá.
Si viene,
a garrotazos saldrá.

(69)

1663
Serra da Barriga

Palmares

Algunas noches, a la luz de los relámpagos, se puede ver la cresta incandescente de esta sierra desde la costa de Alagoas. En las estribaciones de esta sierra, los portugueses han exterminado a los indios caetés, que el Papa había excomulgado a perpetuidad por haberse comido al primer obispo brasileño; y aquí es donde los esclavos negros fugitivos encuentran refugio, desde hace ya muchos años, en los pueblos escondidos de Palmares.

Cada población es una fortaleza. Más allá de las altas empalizadas de madera y las trampas de púas, se extienden los vastos sembradíos. Los labradores trabajan con las armas al alcance de la mano; y por las noches, cuando regresan a la ciudadela, se cuentan por si alguno falta.

Brotan aquí dos cosechas anuales de maíz y también frijoles, mandioca, azúcar, papa, tabaco, legumbres, frutas; y se crían cerdos y gallinas. Mucho más y mejor comen los negros de Palmares que los habitantes de la costa, donde la devoradora caña de azúcar, producida para Europa, usurpa todo el tiempo y todo el espacio de todos.

Como en Angola, la palma reina en estas comunidades negras: con fibra de palma se tejen ropas, canastas y abanicos; las hojas sirven de

Los nacimientos

techo y de cama; del fruto se come la pulpa, se hace vino y se extrae aceite que da luz; y el carozo se convierte en aceite de freír y pipa de fumar. Como en Angola, los jefes ejercen el noble oficio de la herrería, y la forja ocupa el lugar de honor en la plaza donde el pueblo celebra sus asambleas.

Pero Angola es múltiple; y más el África entera. Los palmarinos provienen de mil comarcas y mil lenguas. Su única lengua común es la que han escuchado de boca de los amos, acompañando las órdenes del látigo en los barcos negreros y en los cañaverales. Salpicada de palabras africanas y guaraníes, la lengua portuguesa vincula y comunica, ahora, a quienes antes humilló.

Folga nêgo.
Branco não vem cá.

Desde que los holandeses fueron expulsados de Pernambuco, los portugueses han lanzado más de veinte expediciones militares contra esta tierra de libres. Escribe un informante desde el Brasil a Lisboa: *Nuestro ejército, que pudo domar el orgullo de Holanda, no ha conseguido ningún resultado contra estos bárbaros en varias y repetidas entradas que hizo en Palmares...*

No habían tenido mejor suerte los holandeses. También sus expediciones fueron jornadas sin gloria. Holandeses y portugueses han incendiado pueblos vacíos y se han perdido en la floresta dando vueltas, como locos, bajo las lluvias violentas. Unos y otros han hecho la guerra contra la sombra, sombra que muerde y huye; y han cantado, cada vez, victoria. Ni unos ni otros han conseguido aplastar a Palmares ni han logrado evitar las fugas de esclavos que dejan sin brazos al rey Azúcar y a toda su corte, aunque los holandeses crucificaban negros rebeldes y los portugueses los azotan y mutilan para meter miedo y dar ejemplo.

Una de las expediciones portuguesas contra Palmares acaba de regresar, con las manos vacías, a Recife. La encabezó un capitán negro, Gonçalo Rebelo, que tenía a sus órdenes doscientos soldados negros. Han degollado a los pocos prisioneros negros que pudieron atrapar.

(69)

1665
Madrid

Carlos II

El nuevo monarca se balancea y llora. Desde atrás lo sostienen con tirantes atados a las axilas y la cintura. A los cuatro años, no sabe hablar ni caminar y lo han arrancado de las tetas de sus catorce nodrizas para sentarlo en el trono de España.

Llora porque lo lastima la corona, hundida hasta los ojos, y porque quiere volver a jugar con los duendes y a beber la tibia leche de las hadas.

El enclenque sobrevive de milagro; o gracias a que no lo han bañado ni cuando nació, aunque tiene la cabeza y el cuello cubiertos de costras purulentas. (Nadie se baña en la corte, desde que Domingo Centurión murió de resfrío hace nueve años.)

—*Arrorró* —balbucea el rey, y acuna su propio pie contra la oreja.

(201)

1666
Nueva Amsterdam

Nueva York

De un par de cañonazos, los ingleses abaten la bandera que flamea sobre el fortín y arrancan la isla de Manhattan de manos de los holandeses, que la habían comprado a los indios delaware por sesenta florines.

Dicen los delaware, recordando la llegada de los holandeses hace más de medio siglo: *El gran hombre quería sólo una tierra pequeña, pequeña, para sembrar las verduras de su sopa, apenitas el espacio que una piel de toro podría cubrir. Debimos advertir entonces su espíritu fraudulento.*

Nueva Amsterdam, el mercado de esclavos más importante de América del Norte, pasa a llamarse, ahora, Nueva York; y Wall

Street es el nombre de la calle de la muralla construida para que no se fuguen los negros.

(136)

1666
Londres

Los sirvientes blancos

Tres barcos llenos de sirvientes blancos se deslizan por el Támesis rumbo a la mar. Cuando abran sus compuertas, en la remota isla de Barbados, los vivos marcharán a las plantaciones de azúcar, algodón y tabaco, y los muertos al fondo de la bahía.

Espíritus se llaman los traficantes de sirvientes blancos, muy magos en el arte de evaporar gente: ellos envían a las Antillas a las putas y los vagabundos secuestrados en los barrios bajos de Londres, a los jóvenes católicos cazados en Irlanda y Escocia y a los presos que esperaban la horca en la cárcel de Bristol por haber matado un conejo en tierras privadas. Almacenados bajo llave, en las bodegas de los barcos, despiertan los borrachos atrapados en los muelles, y con ellos viajan hacia las Américas algunos niños atraídos con golosinas y muchos aventureros engañados por la promesa de fortuna fácil. Allá en las plantaciones de Barbados o Jamaica o Virginia les sacarán el jugo hasta que hayan pagado su precio y el precio del pasaje.

Los sirvientes blancos sueñan con convertirse en dueños de tierras y de negros. Cuando recuperan su libertad, al cabo de los años de dura penitencia y trabajo sin sueldo, lo primero que hacen es comprarse un negro que los abanique a la hora de la siesta.

Hay cuarenta mil esclavos africanos en Barbados. Los nacimientos se registran en los libros de contabilidad de las plantaciones. Al nacer, un negrito vale media libra.

(11 y 224)

1666
Isla Tortuga
Retablo de los piratas

Jean David Nau, llamado el Olonés, viene de saquear Remedios y Maracaibo. Su alfanje ha hecho tajadas a muchos españoles. Las fragatas regresan a media marcha por el peso de la riqueza robada.

Desembarca el Olonés. Entre sus botas, agita el rabo y ladra su único amigo y confidente, compañero de aventuras y desventuras; y detrás asoma una jauría de hombres recién desprendidos de los hilos de araña de los velámenes, ávidos de tabernas y mujeres y tierra firme bajo los pies.

En estas arenas ardientes, donde los huevos de tortuga se cocinan solos, los piratas soportan una larga misa parados y en silencio. Cuerpos zurcidos, casacas duras de mugre, grasientas barbas de profeta, caras de cuchillos mellados por los años: si durante la misa alguien osa toser o reír, lo bajan de un tiro y se persignan. Cada pirata es un arsenal. En vainas de piel de caimán lleva a la cintura cuatro cuchillos y una bayoneta, dos pistolas desnudas, el sable de abordaje golpeando la rodilla y el mosquete terciado al pecho.

Después de la misa, se reparte el botín. Los mutilados, primero. Quien ha perdido el brazo derecho recibe seiscientos pesos o seis esclavos negros. El brazo izquierdo vale quinientos pesos o cinco esclavos, que es también el precio de cualquiera de las piernas. El que ha dejado un ojo o un dedo en las costas de Cuba o Venezuela tiene derecho a cobrar cien pesos o un esclavo.

La jornada se estira en largos tragos de ron con pimienta y culmina en la apoteosis del bucán de tortuga. Bajo la arena, cubierto de brasas, se ha ido asando lentamente, en el carapacho, el picadillo de carne de tortuga, yemas de huevo y especias, que es la fiesta suprema de estas islas. Los piratas fuman en pipa, echados en la arena, y se dejan ir en humos y melancolías.

Cuando cae la noche, cubren de perlas el cuerpo de una mulata y le susurran horrores y maravillas, historias de ahorcados y abordajes y tesoros, y le juran al oído que no habrá próximos viajes. Beben y aman sin sacarse las botas: las botas que mañana pulirán las piedras del puerto buscando nave para otro zarpazo.

(61 y 65)

1667
Ciudad de México

Juana a los dieciséis

En los navíos, la campana señala los cuartos de la vela marinera. En los socavones y en los cañaverales, empuja al trabajo a los siervos indios y a los esclavos negros. En las iglesias da las horas y anuncia misas, muertes y fiestas.

Pero en la torre del reloj, sobre el palacio del virrey de México, hay una campana muda. Según se dice, los inquisidores la descolgaron del campanario de una vieja aldea española, le arrancaron el badajo y la desterraron a las Indias, hace no se sabe cuántos años. Desde que el maese Rodrigo la creó en 1530, esta campana había sido siempre clara y obediente. Tenía, dicen, trescientas voces, según el toque que dictara el campanero, y todo el pueblo estaba orgulloso de ella. Hasta que una noche su largo y violento repique hizo saltar a todo el mundo de las camas. Tocaba a rebato la campana, desatada por la alarma o la alegría o quién sabe qué, y por primera vez nadie la entendió. Un gentío se juntó en el atrio mientras la campana sonaba sin cesar, enloquecida, y el alcalde y el cura subieron a la torre y comprobaron, helados de espanto, que allí no había nadie. Ninguna mano humana la movía. Las autoridades acudieron a la Inquisición. El tribunal del Santo Oficio declaró nulo y sin valor alguno el repique de la campana, que fue enmudecida por siempre jamás y expulsada al exilio en México.

Juana Inés de Asbaje abandona el palacio de su protector, el virrey Mancera, y atraviesa la plaza mayor seguida por dos indios que cargan sus baúles. Al llegar a la esquina, se detiene y vuelve la mirada hacia la torre, como llamada por la campana sin voz. Ella le conoce la historia. Sabe que fue castigada por cantar por su cuenta.

Juana marcha rumbo al convento de Santa Teresa la Antigua. Ya no será dama de corte. En la serena luz del claustro y la soledad de la celda, buscará lo que no puede encontrar afuera. Hubiera querido estudiar en la universidad los misterios del mundo, pero nacen las mujeres condenadas al bastidor de bordar y al marido que les eligen.

Juana Inés de Asbaje se hará carmelita descalza, se llamará sor Juana Inés de la Cruz.

(58 y 213)

1668
Isla Tortuga

Los perros

Ya no quedan indios en esta islita al norte de Haití. Pero quedan los perros que los españoles habían traído para perseguirlos y castigarlos. Los mastines, que se han multiplicado y andan en manadas devorando jabalíes, disputan a los filibusteros franceses el dominio de esta tierra. Noche a noche llegan los aullidos desde la floresta. Dentro de las murallas, los piratas duermen temblando.

La isla Tortuga pertenece a la empresa creada por el ministro Colbert para el tráfico de esclavos y la piratería. La empresa ha nombrado gobernador a Bertrand d'Ogeron, gentilhombre de brillante prestigio entre bucaneros y filibusteros.

Desde Francia, el gobernador trae un cargamento de veneno. Matará unos cuantos caballos y los diseminará por la isla, con el vientre lleno de ponzoña. Así piensa poner fin al peligro de los perros monteses.

(65)

1669
Villa de Gibraltar

Toda la riqueza del mundo

Los hombres de Henry Morgan andan escarbando las costas del lago de Maracaibo. Buscan los tesoros enterrados que el Olonés no pudo llevarse. Por mucho que madruguen y trabajen los piratas, no hay tiempo que alcance ni bodega que no se desborde.

Los nacimientos

Después de los cañonazos, el desembarco. Saltan los piratas de los esquifes y entran a sable en la aldea humeante.

No hay nadie, no hay nada.

En el centro de la plaza, un muchacho, destartalado, en harapos, los recibe riendo. El enorme sombrero, que le tapa los ojos, tiene un ala rota, caída sobre el hombro.

—¡Secreto! ¡Secreto! —grita. Mueve los brazos como aspas, espantando moscas imaginarias, y ríe sin cesar.

Cuando la punta de un sable le rasca la garganta, susurra: «No duermas con los pies desnudos, que te los comen los murciélagos».

Arde el aire, espeso de vapores y humo y polvo. Morgan hierve de calor y de impaciencia. Atan al muchacho. «¿Dónde escondieron las alhajas?» Lo golpean. «¿Dónde está el oro?» Le abren los primeros tajos en las mejillas y en el pecho.

—¡Yo soy Sebastián Sánchez! —grita—. ¡Yo soy hermano del gobernador de Maracaibo! ¡Muy señor y principal!

Le cortan media oreja.

Lo llevan a rastras. El muchacho conduce a los piratas a una cueva, a través del bosque, y revela su tesoro. Escondidos bajo las ramas, hay dos platos de barro, una punta de ancla tapada de herrumbre, un caracol vacío, varias plumas y piedras de colores, una llave y tres moneditas.

—¡Yo soy Sebastián Sánchez! —dice y repite el dueño del tesoro, mientras lo matan.

(65 y 117)

1669

Maracaibo

Reventazón

Al alba, Morgan descubre que las naves españolas, brotadas de la noche, cierran la boca del lago.

Decide embestir. A la cabeza de su flota, envía una balandra a toda vela, de proa contra la nave capitana de los españoles. La balandra lleva el estandarte de guerra desplegado en desafío y contiene toda la pez, el alquitrán y el azufre que Morgan ha encontrado en Maracaibo, y varios cartuchos de pólvora escondidos en cada rincón. La tripulan unos cuantos muñecos de madera, vestidos de camisa y sombrero. El almirante español, don Alonso del Campo y Espinoza, vuela por los aires sin enterarse de que sus cañones han disparado contra un polvorín.

Detrás, arremete toda la flota de los piratas. Las fragatas de Morgan rompen el candado español a cañonazos y ganan la mar. Navegan repletas de oro y joyas y esclavos.

A la sombra de los velámenes se alza Henry Morgan, vestido de la cabeza a los pies con el botín de Maracaibo. Lleva catalejo de oro y botas amarillas, de cuero de Córdoba; los botones de su chaqueta son esmeraldas engarzadas por joyeros de Amsterdam. El viento levanta la espuma de encajes de la camisa de seda blanca; y trae la lejana voz de la mujer que espera a Morgan en Jamaica, la mulata lanzallamas que le advirtió en los muelles, cuando le dijo adiós:

—Si te mueres, te mato.

(65 y 117)

1670
Lima

«Duélete de nosotros»,

le habían dicho, sin palabras, los indios de las minas de Potosí. Y el año pasado el conde de Lemos, virrey del Perú, escribió al rey de España: *No hay nación en el mundo tan fatigada. Yo descargo mi conciencia con informar a Vuestra Majestad con esta claridad: no es plata lo que se lleva a España, sino sangre y sudor de indios.*

El virrey ha visto el cerro que come hombres. De las comunidades traen indios ensartados a los ramales con argolleras de hierro, y cuantos más traga el cerro más le crece el hambre. Se vacían de hombres los pueblos.

Después del informe al rey, el conde de Lemos prohibió las jornadas de toda la semana en los socavones asfixiantes. Golpes de tambor,

pregón de negro: en lo sucesivo, dispuso el virrey, trabajarán los indios desde la salida hasta la puesta del sol, porque *no son esclavos para pernoctar en las galerías.*
Nadie le hizo caso.
Y ahora recibe, en su austero palacio de Lima, una respuesta del Consejo de Indias, desde Madrid. El Consejo se niega a suprimir el trabajo forzado en las minas de plata y azogue.

(121)

1670
San Juan Atitlán

Un intruso en el altar

A media mañana, el padre Marcos Ruiz se deja llevar por el burrito hacia el pueblo de San Juan Atitlán. Quién sabe si viene del pueblo o del sueño la dulce música de agua y campanas que la brisa trae. El fraile no apura el paso, el balanceo dormilón, y bosteza.

Hay que andar mucha vuelta y recoveco para llegar a San Juan Atitlán, pueblo muy entrañado en las asperezas de la tierra; y bien se sabe que los indios tienen sus cultivos en los rincones más intrincados del monte para rendir homenaje, en esos escondites, a sus dioses paganos.

Empieza a despertar fray Marcos en las primeras casas. Está el pueblo vacío; nadie sale a recibirlo. Parpadea fuerte al llegar a la iglesia, desbordada por el gentío, y le pega un feroz brinco el corazón cuando consigue abrirse paso y se restriega los ojos y ve lo que está viendo: en la iglesia, florida y perfumosa como nunca, los indios están adorando al bobo del pueblo. Sentado en el altar, cubierto de pies a cabeza con las vestiduras sagradas, el idiota recibe, babeándose, bizqueando, las ofrendas de incienso y frutas y comida caliente, en medio de una lloradera de oraciones y cánticos entreverados. Nadie escucha los gritos de indignación de fray Marcos, que huye corriendo en busca de soldados.

El espectáculo enfurece al piadoso sacerdote, pero muy poco le ha durado la sorpresa. Al fin y al cabo, ¿qué puede esperarse de estos idólatras que piden perdón al árbol cuando lo van a cortar y no cavan un pozo sin antes dar explicaciones a la tierra? ¿No confunden a Dios, acaso, con cualquier piedrita, rumor de arroyo o llovizna? ¿Acaso no llaman *juego* al pecado carnal?

(71)

1670
Masaya

«El Güegüence»

El sol rompe las nubes, se asoma y vuelve al escondite, arrepentido o asustado por lo mucho que aquí abajo brilla la gente, que está la tierra incendiada de alegría: danza conversada, teatro bailado, sainete bailete musicalero y respondón: a la orilla de las palabras, el Güegüence desata la fiesta. Los personajes, enmascarados, hablan una lengua nueva, ni náhuatl ni castellano, lengua mestiza que ha crecido en Nicaragua. La han alimentado los mil modos populares de decir desafiando y de inventar diciendo, ají picante de la imaginación del pueblo burlón de sus amos.

Un indio vejete, engañador y deslenguado, ocupa el centro de la obra. Es el Güegüence o Macho-Ratón un burlador de prohibiciones, que nunca dice lo que habla ni escucha lo que oye, y así consigue evitar que lo aplasten los poderosos: lo que el pícaro no gana, lo empata; lo que no empata, lo enreda.

(9)

1670
Cuzco

El Lunarejo

Las paredes de la catedral, hinchadas de oro, abruman a la Virgen. Humillada parece la sencilla imagen de esta Virgen morena, con su negra melena brotando del sombrero de paja y una llamita en brazos, rodeada como está por un mar de oro espumoso de infinitas filigranas. La catedral del Cuzco quisiera vomitar de su vientre opulento a esta Virgen india, Virgen del desamparo, como no hace mucho echaron sus porteros a una vieja descalza que pretendía entrar:

—¡Déjenla! —gritó el sacerdote desde el púlpito—. ¡Dejen entrar a esa india, que es mi madre!

El sacerdote se llama Juan de Espinosa Medrano, pero todos lo conocen por el Lunarejo, porque Dios le ha sembrado la cara de lunares.

Cuando el Lunarejo predica, acude el gentío a la catedral. No tiene mejor orador la Iglesia peruana. Además, enseña teología, en el seminario de San Antonio, y escribe teatro. *Amar su propia muerte,* su comedia en lengua castellana, la lengua de su padre, se parece al púlpito donde pronuncia sus sermones: pomposos versos retorcidos en mil arabescos, ostentosos y derrochones como las iglesias coloniales. En cambio, ha escrito en quechua, lengua de su madre, un auto sacramental sencillo en la estructura y despojado en el decir. En el auto, sobre el tema del hijo pródigo, el Diablo es un latifundista peruano, el vino es chicha y el bíblico becerro, un chancho gordo.

(18)

1671
Ciudad de Panamá

Sobre la puntualidad en las citas

Hace más de dos años que Henry Morgan llegó en canoa a Panamá, y a la cabeza de un puñado de hombres saltó las murallas de Portobelo llevando el cuchillo entre los dientes. Con muy escasa tropa y sin culebrinas ni cañones, venció a ese bastión invulnerable; y por no incendiarlo cobró en rescate una montaña de oro y plata. El gobernador de Panamá, derrotado y deslumbrado ante la impar hazaña, mandó pedir a Morgan una pistola de las que había usado en el asalto.

—Que la guarde por un año —dijo el pirata—. Volveré a buscarla.

Ahora entra en la ciudad de Panamá, avanzando entre las llamas, con la bandera inglesa flameando en una mano y el sable en la otra. Lo siguen dos mil hombres y varios cañones. En plena noche, el incendio es una luz de mediodía, otro verano que agobia al eterno verano de estas costas: el fuego devora casas y conventos, iglesias y hospitales, y llamea la boca del corsario que clama:

—*¡Vine en busca de dinero, no de plegarias!*

Después de mucho quemar y matar, se aleja seguido por una infinita caravana de burritos cargados de oro, plata y piedras preciosas.

Morgan manda pedir perdón al gobernador, por la demora.

(61 y 65)

1672
Londres

La carga del hombre blanco

El duque de York, hermano del rey de Inglaterra, fundó hace nueve años la Compañía de los Reales Aventureros. Los cultivadores ingleses de las Antillas compraban sus esclavos a los negreros holandeses; y la Corona no podía permitir que adquirieran artículos tan valiosos a los extranjeros. La nueva empresa, nacida para el comercio con África, tenía prestigiosos accionistas: el rey Carlos II, tres duques, ocho condes, siete lores, una condesa y veintisiete caballeros. Como homenaje al duque de York, los capitanes marcaban al rojo vivo las letras DY en el pecho de los tres mil esclavos que cada año conducían a Barbados y Jamaica.

Ahora, la empresa ha pasado a llamarse Real Compañía Africana. El rey inglés, que tiene la mayoría de las acciones, estimula en sus colonias la compra de los esclavos, seis veces más caros que lo que cuestan en África.

Los tiburones hacen el viaje hasta las islas, detrás de los buques, esperando los cadáveres que caen desde la borda. Muchos mueren porque no alcanza el agua y los más fuertes beben la poca que hay, o por culpa de la disentería o la viruela, y muchos mueren de melancolía: se niegan a comer y no hay modo de abrirles los dientes.

Yacen en hileras, aplastados unos contra otros, con el techo encima de la nariz. Llevan esposadas las muñecas, y los grilletes les dejan en carne viva los tobillos. Cuando el mar agitado o la lluvia obligan a cerrar las troneras, el muy poco aire es una fiebre, pero con las troneras abiertas también huele la bodega a odio, a odio fermentado, peor que el peor tufo de los mataderos, y está el piso siempre resbaloso de sangre, flujos y mierda.

Los marineros, que duermen en cubierta, escuchan los gemidos incesantes que suenan desde abajo durante toda la noche; y al amanecer los gritos de los que han soñado que estaban en su país.

(127, 160 y 224)

Canción del pájaro del amor, del pueblo mandinga

Pero déjame, ¡oh, Dyamberé!
Tú que llevas la banda de franjas largas,
déjame cantar a los pájaros,
los pájaros que escuchan a la princesa que parte
y reciben sus últimas confidencias.
Y ustedes, doncellas, canten, canten
dulcemente
«lah, lah» —el bello pájaro.
Y tú, Dueño-del-fusil-formidable,
déjame contemplar al pájaro del amor,
el pájaro que mi amigo y yo amamos.
Déjame, dueño-de-la-túnica-espléndida,
amo de las vestiduras más brillantes
que la claridad del día.
¡Déjame amar al pájaro del amor!

(134)

1674
Port Royal

Morgan

Era casi un niño cuando lo vendieron, en Bristol, a un traficante. El capitán que lo trajo a las Antillas lo cambió por unas monedas en Barbados.

En estas islas aprendió a romper de un hachazo la rama que te golpea la cara; y supo que no hay fortuna que no tenga el crimen por padre y por madre la infamia. Pasó años desvalijando galeones y haciendo viudas. Cortaba de un tajo los dedos que llevaban anillos de oro. Se convirtió en el caudillo de los piratas. *Corsarios,* corrige. *Almirante de corsarios.* De su cuello de sapo cuelga siempre la patente de corso, que legaliza la faena y evita la horca.

Hace tres años, después del saqueo de Panamá, lo llevaron preso a Londres. El rey le quitó las cadenas, lo armó caballero de la corte y lo designó lugarteniente general de Jamaica.

El filósofo John Locke ha redactado las instrucciones para el buen gobierno de esta isla, que es el cuartel general de los filibusteros ingleses. Morgan cuidará de que nunca falten biblias ni perros para cazar negros fugados, y ahorcará a sus hermanos piratas cada vez que su rey decida quedar bien con España.

Recién desembarcado en Port Royal, Henry Morgan se quita el plumoso sombrero, bebe un trago de ron y a modo de brindis vacía el cuenco sobre su peluca de muchos rulos. Los filibusteros gritan y cantan, alzando sables.

Tiene herraduras de oro el caballo que conduce a Morgan al palacio de gobierno.

(11 y 169)

1674
Potosí

Claudia, la hechicera

Con la mano movía las nubes y desataba o alejaba tormentas. En un abrir y cerrar de ojos traía gente desde tierras lejanísimas y también desde la muerte. A un corregidor de las minas de Porco le hizo ver a Madrid, su patria, en un espejo; y a don Pedro de Ayamonte, que era de Utrera, le sirvió a la mesa tortas recién hechas en un horno de allá. Hacía brotar jardines en los desiertos y convertía en vírgenes a las amantes más sabidas. Salvaba a los perseguidos que buscaban refugio en su casa, transformándolos en perros o gatos. Al mal tiempo, buena cara, decía, y a las hambres, guitarrazos: tañía la vihuela y agitaba la pandereta y así resucitaba a los tristes y a los muertos. Podía dar a los mudos la palabra y quitarla a los charlatanes. Hacía el amor a la intemperie, con un demonio muy negro, en pleno campo. A partir de medianoche, volaba.

Había nacido en Tucumán, y murió, esta mañana, en Potosí. En agonía llamó a un padre jesuita y le dijo que sacara de una gavetilla ciertos bultos de cera y les quitara los alfileres que tenían clavados, que así sanarían cinco curas que ella había enfermado.

El sacerdote le ofreció confesión y misericordia divina, pero ella se rió y riendo murió.

(21)

1674
Yorktown

Los corceles del Olimpo

James Bullocke, un sastre de Yorktown, ha desafiado a una carrera de caballos a Mathew Slader. El tribunal del condado le aplica una multa, por presumido, y le advierte que *es contrario a la ley que un trabajador participe en una carrera, siendo un deporte de caballeros.* Bullocke deberá pagar doscientas libras de tabaco en toneles.

Pueblo de a pie, nobleza de a caballo: el halo de la aristocracia es la nube de polvo que los cascos levantan en el camino. Las patas de los caballos hacen y deshacen fortunas. Para correr carreras los sábados de tarde, o para hablar de caballos en las noches, salen de la soledad del latifundio los caballeros del tabaco, ropas de seda, primeras pelucas ruludas; y en torno a jarras de sidra o brandy discuten y apuestan mientras rueden los dados sobre la mesa. Apuestan dinero o tabaco o esclavos negros o sirvientes blancos de esos que pagan con años de trabajo la deuda del viaje desde Inglaterra; pero sólo en grandes noches de gloria o ruina apuestan caballos. Un buen caballo da la medida del valor de su dueño, fumócrata de Virginia que de a caballo vive y manda y de a caballo entrará en la muerte, vuelo de viento hacia las puertas del cielo.

En Virginia no queda tiempo para otra cosa. Hace tres años, el gobernador William Berkeley pudo decir, orgulloso: *Agradezco a Dios que no haya escuelas gratuitas ni imprenta, y espero que no las tengamos en cien años; porque la instrucción ha traído al mundo la desobediencia, la herejía y las sectas, y la imprenta las ha divulgado.*

(35)

1676
Valle de Connecticut

El hacha de la guerra

Cuando caen las primeras nieves, se alzan los indios wampanoag. Están hartos de que la frontera de Nueva Inglaterra corra hacia el sur y hacia el oeste, frontera de pies ágiles, y al fin del invierno ya los indios han arrasado el valle de Connecticut y pelean a menos de veinte millas de Boston.

El caballo lleva a rastras, preso del estribo, un jinete muerto de un flechazo. Los despojados, guerreros veloces, golpean y desaparecen; y así van empujando a los invasores hacia la costa donde desembarcaron hace años.

(153 y 204)

1676
Plymouth

Metacom

La mitad de la población india ha muerto en la guerra. Doce villas inglesas yacen en cenizas.

Al fin del verano, los ingleses traen a Plymouth la cabeza de Metacom, el jefe de los wampanoag: Metacom, o sea, Satanás, el que quiso arrebatar a los colonos puritanos las tierras que Dios les había otorgado.

Discute la Corte Suprema de Plymouth: *¿Qué hacemos con el hijo de Metacom? ¿Lo ahorcamos o lo vendemos como esclavo?* Tomando en cuenta el Deuteronomio (24.16), el Libro Primero de los Reyes (11,17), el Libro Segundo de las Crónicas (25.4) y los Salmos (137.8,9), los jueces resuelven vender al hijo de Metacom, que tiene nueve años, en los mercados de esclavos de las Antillas.

Dando otra prueba de generosidad, los vencedores ofrecen a los indios un pedacito de todo lo que antes tenían: en lo sucesivo, las comunidades indias de la región, hayan peleado o no hayan peleado junto a Metacom, serán encerradas en cuatro reservas en la bahía de Massachusetts.

(153 y 204)

1677
Old Road Town

Mueren acá, renacen allá

No lo sabe el cuerpo, que poco sabe, ni lo sabe el alma que respira, pero lo sabe el alma que sueña, que es la que más sabe: el negro que se mata en América resucita en África. Muchos esclavos de esta isla de Saint Kitts se dejan morir negándose a comer o comiendo no más que tierra, ceniza y cal; y otros se atan una cuerda al pescuezo. En los bosques, entre las lianas que penden de los grandes árboles llorones, cuelgan esclavos que no solamente matan, al matarse, su memoria de dolores: al matarse también inician, en blanca canoa, el viaje de regreso a las tierras de origen.

Un tal Bouriau, dueño de plantaciones, anda en la fronda, machete en mano, decapitando ahorcados:

—¡Cuélguense, si quieren! —advierte a los vivos—. ¡Allá en sus países no tendrán cabeza y no podrán ver, ni oír, ni hablar, ni comer!

Y otro propietario, el mayor Crips, el más duro castigador de hombres, entra al bosque con una carreta cargada de pailas de azúcar y piezas de molinos. Busca y encuentra a sus esclavos fugados, que se han reunido y están atando nudos y eligiendo ramas, y les dice:

—Continúen, continúen. Yo me ahorcaré con ustedes. Voy a acompañarlos. He comprado en el África un gran ingenio de azúcar, y allá ustedes trabajarán para mí.

El mayor Crips elige el árbol mayor, una ceiba inmensa; enlaza la cuerda alrededor de su propio cuello y enhebra el nudo corredizo. Los negros lo miran, aturdidos, pero su cara es una pura sombra bajo el sombrero de paja, sombra que dice:

—¡Vamos, todos! ¡De prisa! ¡Necesito brazos en Guinea!

(101)

1677
Pôrto Calvo

El capitán promete tierras, esclavos y honores

En la madrugada, sale el ejército desde Pôrto Calvo. Los soldados, voluntarios y enganchados, marchan contra los negros libres de Palmares, que andan incendiando cañaverales en todo el sur de Pernambuco. Fernão Carrilho, capitán mayor de la guerra de Palmares, arenga a la tropa después de la misa:

—*Por grande que sea la multitud de los enemigos, es una multitud de esclavos. La naturaleza los ha creado más para obedecer que para resistir. Si los destruimos, tendremos tierras para nuestras plantaciones, negros para nuestro servicio y honor para nuestros nombres. Los negros pelean como fugitivos. ¡Nosotros los perseguiremos como señores!*

(69)

1678
Recife

Ganga Zumba

Misa de acción de gracias en la iglesia matriz: el gobernador de Pernambuco, Aires de Sousa de Castro, recoge los faldones de su casaca recamada y se hinca ante el trono del Santísimo. A su lado, cubierto por una amplia capa de seda roja, se hinca también Ganga Zumba, jefe supremo de la federación de los Palmares.

Vuelo de campanas, alborozo de artillería y tambores: el gobernador otorga a Ganga Zumba el título de maese de campo, y en prueba de amistad adopta a dos de sus hijos más pequeños, que se llamarán Sousa de Castro. Al cabo de las conversaciones de paz celebradas en Recife entre los delegados del rey de Portugal y los representantes de Palmares, se celebra el acuerdo: los santuarios de Palmares serán desalojados. Se declara libres a todos los individuos allí nacidos, y quienes llevan la marca del hierro candente volverán a manos de sus propietarios.

—Pero yo no me rindo —dice Zumbí, sobrino de Ganga Zumba.

Zumbí se queda en Macacos, capital de Palmares, sordo a los sucesivos bandos que le ofrecen perdón.

De los treinta mil palmarinos, sólo cinco mil acompañan a Ganga Zumba. Para los demás, es un traidor que merece muerte y olvido.

—No creo en la palabra de mis enemigos —dice Zumbí—. Mis enemigos no se creen ni entre ellos.

(43 y 69)

Sortilegio yoruba contra el enemigo

*Cuando intentan atrapar a un camaleón
bajo una estera,
el camaleón toma el color de la estera
y se confunde con ella.
Cuando intentan atrapar a un cocodrilo
en el lecho del río,*

el cocodrilo toma el color del agua
y se confunde con la corriente.
Cuando intente atraparme el Hechicero,
¡que pueda yo cobrar la agilidad del viento
y escapar de un soplo!

(134)

1680
Santa Fe de Nuevo México

La cruz roja y la cruz blanca

Los nudos de una cuerda de maguey anuncian la revolución y señalan los días que faltan. Los más ágiles mensajeros llevan la cuerda de pueblo en pueblo, por todo Nuevo México, hasta que llega el domingo de la ira.

Se alzan los indios de veinticuatro comunidades. Son las que quedan, de las sesenta y seis que había en estas tierras del norte cuando los conquistadores llegaron. Los españoles consiguen aplastar a los rebeldes en un pueblo o dos:

—Ríndete.

—Prefiero la muerte.

—Irás al infierno.

—Prefiero el infierno.

Pero los vengadores del dolor avanzan arrasando iglesias y fortines y al cabo de unos días se hacen dueños de toda la región. Para borrar los óleos del bautismo y quitarse los nombres cristianos, los indios se sumergen en los ríos y se frotan con amole. Disfrazados de frailes, beben celebrando la recuperación de sus tierras y de sus dioses. Anuncian que nunca más trabajarán para otros y que por todas partes brotarán las calabazas y quedará nevado el mundo de tanto algodón.

El cerco se cierra en torno a la ciudad de Santa Fe, último reducto de España en estas apartadas comarcas. El jefe de los indios llega de un galope al pie de la muralla. Viene armado de arcabuz, daga y espada, y luce una faja de tafeta encontrada en un convento. Arroja dos cruces, una blanca y una roja, al pie de la muralla.

—La cruz roja es resistencia. La blanca, rendición. ¡Levanten la que elijan!

Entonces da la espalda a los sitiados y se desvanece en una ráfaga de polvo.

Los españoles resisten. Pero al cabo de unos días, alzan la cruz blanca. Habían llegado hace mucho tiempo, en busca de las legendarias ciudades doradas de Cíbola. Ahora emprenden la retirada hacia el sur.

(88)

1681
Ciudad de México

Juana a los treinta

Después de rezar los maitines y los laudes, pone a bailar un trompo en la harina y estudia los círculos que el trompo dibuja. Investiga el agua y la luz, el aire y las cosas. ¿Por qué el huevo se une en el aceite hirviente y se despedaza en el almíbar? En triángulos de alfileres, busca el anillo de Salomón. Con un ojo pegado al telescopio, caza estrellas.

La han amenazado con la Inquisición y le han prohibido abrir los libros, pero sor Juana Inés de la Cruz estudia *en las cosas que Dios crió, sirviéndome ellas de letras y de libro toda esta máquina universal.*

Entre el amor divino y el amor humano, entre los quince misterios del rosario que le cuelga del cuello y los enigmas del mundo, se debate sor Juana; y muchas noches pasa en blanco, orando, escribiendo, cuando recomienza en sus adentros la guerra inacabable entre la pasión y la razón. Al cabo de cada batalla, la primera luz del día entra en su celda del convento de las jerónimas y a sor Juana le ayuda recordar lo que dijo Lupercio Leonardo, aquello de que bien se puede filosofar y aderezar la cena. Ella crea poemas en la mesa y en la cocina hojaldres; letras y delicias para regalar, músicas del arpa de David sanando a Saúl y sanando también a David, alegrías del alma y de la boca condenadas por los abogados del dolor.

—Sólo el sufrimiento te hará digna de Dios —le dice el confesor, y le ordena quemar lo que escribe, ignorar lo que sabe y no ver lo que mira.

(55, 58 y 190)

1681
Ciudad de México

Sigüenza y Góngora

Desde fines del año pasado, un cometa incendia el cielo de México. ¿Qué males anuncia el colérico profeta? ¿Qué penas traerá? ¿Se derrumbará el sol sobre la tierra? ¿El sol como gran puño de Dios? ¿Se secará la mar y no quedará ni gota de los ríos?

—Por ninguna razón han de ser infaustos los cometas —responde el sabio a los despavoridos.

Carlos de Sigüenza y Góngora publica su *Manifiesto filosófico contra los cometas despojados del imperio que tenían sobre los tímidos*, formidable alegato contra la superstición y el miedo. Se desata la polémica entre la astronomía y la astrología, entre la curiosidad humana y la revelación divina. El jesuita alemán Eusebio Francisco Kino, que anda por estas tierras, se apoya en seis fundamentos bíblicos para afirmar que casi todos los cometas *son precursores de siniestros, tristes y calamitosos sucesos*. Desdeñoso, Kino pretende enmendar la plana de Sigüenza y Góngora, que es hijo de Copérnico y Galileo y otros herejes; y le responde el sabio criollo:

—*Podrá usted reconocer, al menos, que hay también matemáticos fuera de Alemania, aunque metidos entre los carrizales y espadañas de la mexicana laguna.*

Cosmógrafo mayor de la Academia, Sigüenza y Góngora ha intuido la ley de gravedad y cree que otras estrellas han de tener, como el sol, planetas volando alrededor. Valiéndose del cálculo de los eclipses y los cometas, ha conseguido situar las fechas de la historia indígena de México; por ser la tierra su oficio tanto como el cielo, también ha fijado exactamente la longitud de esta ciudad (283° 23' al oeste de Santa Cruz de Tenerife), ha dibujado el primer mapa completo de esta región y ha contado sus sucesos, en verso y prosa, en obras de títulos extravagantes, al uso del siglo.

(83)

1682
Accra

Toda Europa vende carne humana

No lejos de los fortines de Inglaterra y Dinamarca, a la distancia de un balazo, se alza la flamante factoría prusiana. Una nueva bandera flamea en estas costas, sobre el techo de tronco del almacén de esclavos y en los mástiles de los navíos que parten repletos. A través de la Compañía de África, los alemanes se han incorporado al negocio más jugoso de la época.

Los portugueses cazan y venden negros por medio de la Compañía de Guinea. La Real Compañía Africana opera en provecho de la corona inglesa. El pabellón francés navega en los barcos de la Compañía del Senegal. Prospera la Compañía Holandesa de las Indias Occidentales. La empresa danesa especializada en el tráfico de esclavos se llama también Compañía de las Indias Occidentales; y la Compañía de la Mar del Sur da de ganar a los suecos.

España no tiene ninguna empresa negrera. Pero hace un siglo, en Sevilla, la Casa de Contratación envió al rey un documentado informe explicando que los esclavos eran las mercancías más lucrativas de cuantas entraban en América; y así sigue siendo. Por el derecho de vender esclavos en las colonias españolas, las empresas extranjeras pagan fortunas a las arcas reales. Con esos fondos se han construido, entre otras cosas, los alcázares de Madrid y de Toledo. La Junta de Negros se reúne en la sala mayor del Consejo de Indias.

(127, 129, 160 y 224)

1682
Remedios

Por orden del Diablo

Tiembla, se retuerce, ruge, se babea. Hace vibrar las piedras de la iglesia. Alrededor humea la bermeja tierra de Cuba.

—¡Satanás, perro! ¡Perro borracho! ¡Habla o te meo! —amenaza el inquisidor José González de la Cruz, párroco de esta villa de Remedios, mientras revuelca y patea a la negra Leonarda ante el altar mayor. Bartolomé del Castillo, notario público, aguarda sin respirar: aprieta un grueso manojo de papeles con una mano, y con la otra tiene en vilo una pluma de ave.

El Diablo retoza, feliz, en el cuerpo saleroso de la negra Leonarda.

El inquisidor voltea a la esclava de un golpe y ella cae de bruces y muerde el polvo y rebota, alzándose, y gira y flamea, sangrante, bella, sobre el ajedrez de las baldosas.

—¡Satanás! ¡Lucifer! ¡Mandinga! ¡Habla de una vez, mierda apestosa!

De la boca de Leonarda salen fuegos y espumarajos. También vocifera estrépitos que nadie entiende, salvo el padre José, que traduce y dicta al escribano:

—¡Dice que es Lucifer! ¡Dice que hay ochocientos mil demonios en Remedios!

Otros ruidos truena la negra.

—¿Qué más? ¿Qué más, perro? —exige el cura, y levanta a Leonarda por las motas.

—¡Habla, mierda!

No le insulta a la madre porque el Diablo no tiene.

Antes de que la esclava se desmaye, el cura grita y el notario escribe:

—¡Dice que Remedios se hundirá! ¡Está confesando todo! ¡Lo tengo agarrado por el pescuezo! ¡Dice que nos tragará la tierra!

Y aúlla:

—¡Una boca del infierno! ¡Dice que Remedios es una boca del infierno!

Todos gritan. Todos los vecinos de Remedios patalean y chillan y gritan. Más de una se desmaya.

Los nacimientos 299

El cura, bañado en sudor, transparente la piel y tembleques los labios, afloja los dedos que oprimen el cuello de Leonarda. La negra se desploma.
Nadie la abanica.

(161)

1682
Remedios

Pero se quedan

Ochocientos mil demonios. Así que tiene el aire de Remedios más demonios que mosquitos: mil trescientos cinco diablos atormentan a cada vecino.
 Los demonios son cojos, desde aquella caída que todo el mundo sabe. Tienen barba y cuernos de chivo, alas de murciélago, rabo de rata y piel negra. Por ser negros andan gustosos en el cuerpo de Leonarda.
 Leonarda llora y se niega a comer.
 —Si Dios quiere limpiarte —le dice el padre José—, te blanqueará la piel.
 De las almas en pena sale el canto quejumbroso de las chicharras y los grillos. Los cangrejos son pecadores condenados a caminar torcido. En los pantanos y los ríos, moran los duendes robaniños. Cuando llueve, resuena en cuevas y grietas la bronca de los demonios, furiosos porque se les mojan los rayos y las centellas que han encendido para incendiar el cielo. Con voz ronca, gangosa, croa el sapo en la grieta del Boquerón. ¿Pronostica lluvia o maldice? ¿Viene del cocuyo la luz que brilla en la oscuridad? Esos ojos, ¿son de la lechuza? ¿Contra quién silba el majá? Nocturnoso, ciego, zumba el murciélago: si te roza con el ala, vas a parar al infierno, que está allá abajo, abajo de Remedios: allá las llamas queman pero no alumbran y el hielo eterno hace tiritar a quienes aquí en la tierra han pecado de calentones.
 —¡Tente atrás!
 A la menor alarma, el cura se mete de un salto en la pila de agua bendita.

—Satanás, ¡tente atrás!

Con agua bendita se lavan las lechugas. Se bosteza con la boca cerrada.

—¡Jesús! ¡Jesús! —se persignan los vecinos.

No hay casa que no adornen las ristras de ajos, ni aire que no impregne el humo de la albahaca.

—*Que pies traigan y no me alcancen, hierro y no me hieran, nudos y no me aten...*

Pero se quedan. Ninguno se va. Nadie abandona la villa de Remedios.

(161)

1682
Remedios

Por orden de Dios

Las campanas de la iglesia, recortadas contra el cielo, tocan a reunión.

Toda Remedios acude.

El escribano ocupa su sitio a la derecha del altar. La multitud se apretuja hasta mucho más allá de las puertas abiertas.

Corre el rumor de que el padre José tomará declaración a Dios. Se espera que Cristo desclave su mano derecha y jure que dirá la verdad, toda la verdad y nada más que la verdad.

El padre José avanza hacia el tabernáculo del altar mayor y abre el sagrario. Alza el cáliz y la hostia; y ante la carne y la sangre del Señor, de rodillas, formula su requerimiento. El notario toma nota. Dios alumbrará el paraje donde los habitantes de Remedios han de vivir.

Si el Diablo habló por boca de Leonarda, Leonardo será el intérprete de su invencible enemigo.

El cura cubre con una venda los ojos de Leonardo, un niño que no le llega a la cintura, y Leonardo hunde la mano en el copón de plata donde yacen, revueltos, unos cuantos papelitos con nombres de lugares.

El niño elige uno. El cura lo desdobla y en voz muy alta lee:
—¡Santa María de Guadalupe! ¡Tome nota el escribano!
Y añade, triunfal:
—¡El Señor ha tenido piedad de nosotros! ¡Él, en su infinita misericordia, nos ofrece amparo! ¡Arriba, remedianos! ¡Ha llegado la hora de partir!
Y se va.
Mira hacia atrás. Pocos lo siguen.
El padre José se lleva todo: el cáliz y las hostias, la lámpara y los candeleros de plata, las imágenes y las tallas de madera. Pero apenitas un puñado de beatas y unos pocos asustados lo acompañan hacia la tierra prometida.
A lomo y rastra de esclavos y caballos, cargan sus trastos. Llevan muebles y ropas, arroz y frijoles, sal, aceite, azúcar, carne seca, tabaco y también libros de París, algodones de Ruán y encajes de Malinas entrados de contrabando en Cuba.
Es largo el viaje hasta Santa María de Guadalupe. Allá está el Hato del Cupey. Esas tierras pertenecen al padre José. Hace años que el cura no encuentra quien las compre.

(161)

1688
La Habana

Por orden del rey

No se habla de otra cosa en toda Cuba. En los mentideros de la capital, se hacen apuestas.
¿Obedecerán los de Remedios?
El padre José, abandonado por sus fieles, quedó solito y tuvo que volverse a Remedios. Pero sigue dando guerra, tozuda guerra santa que ha encontrado eco hasta en el palacio real. Desde Madrid, Carlos II ha ordenado que la población de Remedios se traslade a las tierras del Hato del Cupey, en Santa María de Guadalupe.
El capitán general de la gobernación y el obispo de La Habana anuncian que de una buena vez debe cumplirse la voluntad del rey.

Se acaba la paciencia.
Los de Remedios siguen haciéndose los sordos.

(161)

1691
Remedios

Pero de aquí no se mueven

Al amanecer, llega desde La Habana el capitán Pérez de Morales, con cuarenta hombres bien armados.

Se detienen en la iglesia. Uno por uno, comulgan los soldados. El padre José bendice los mosquetes y las hachas.

Preparan las antorchas.

Al mediodía, la villa de Remedios es una gran hoguera. Desde lejos, camino de sus tierras en el Hato del Cupey, el padre José mira la azulosa humareda alzándose de los escombros en llamas.

A la caída de la noche, cerquita de las ruinas, emergen de la fronda los escondidos.

Sentados en rueda, los ojos fijos en la humazón que no cesa, maldicen y recuerdan. Muchas veces los piratas habían saqueado esta villa. Hace años se llevaron hasta la custodia del Santísimo Sacramento y del disgusto se murió, dicen, un obispo —y menos mal que llevaba el escapulario en el pecho—. Pero nunca ningún pirata había incendiado Remedios.

A la luz de la luna, debajo de una ceiba, los escondidos celebran cabildo. Ellos, que pertenecen a este rojo barrial abierto entre los verdores, resuelven que Remedios será reconstruida.

Las mujeres estrujan a sus cachorros contra el pecho y miran con ojos de fiera dispuesta a saltar.

El aire huele a quemado. No huele a azufre ni a mierda de diablo.

Se escuchan las voces de los que discuten y el llanto de un recién nacido, que pide leche y nombre.

(161)

1691
Ciudad de México

Juana a los cuarenta

Un chorro de luz blanca, luz de cal, acribilla a sor Juana Inés de la Cruz, arrodillada en el centro del escenario. Ella está de espaldas y mira hacia lo alto. Allá arriba un enorme Cristo sangra, abiertos los brazos, sobre la empinada tarima, forrada de terciopelo negro y erizada de cruces, espadas y estandartes. Desde la tarima, dos fiscales acusan.

Todo el mundo es negro, y negras son las capuchas que enmascaran a los fiscales. Sin embargo, uno lleva hábito de monja y bajo la capucha asoman los rojizos rulos de la peluca: es el obispo de Puebla, Manuel Fernández de Santa Cruz, en el papel de sor Filotea. El otro, Antonio Núñez de Miranda, confesor de sor Juana, se representa a sí mismo. Su nariz aguileña, que abulta la capucha, se mueve como si quisiera soltarse del dueño.

SOR FILOTEA *(Bordando en un bastidor).*—Misterioso es el Señor. ¿Para qué, me pregunto, habrá puesto cabeza de hombre en el cuerpo de sor Juana? ¿Para que se ocupe de las rastreras noticias de la tierra? A los Libros Sagrados, ni se digna asomarse.

EL CONFESOR *(Apuntando a sor Juana con una cruz de madera).*—¡Ingrata!

SOR JUANA *(Clavados los ojos en Cristo, por encima de los fiscales).*—Mal correspondo a la generosidad de Dios, en verdad. Yo sólo estudio por ver si con estudiar, ignoro menos, y a las cumbres de la Sagrada Teología dirijo mis pasos; pero muchas cosas he estudiado y nada, o casi nada, he aprendido. Lejos de mí las divinas verdades, siempre lejos... ¡Tan cercanas las siento a veces, y tan lejanas las sé! Desde que era muy niña... A los cinco o seis años buscaba en los libros de mi abuelo esas llaves, esas claves... Leía, leía. Me castigaban y leía, a escondidas, buscando...

EL CONFESOR *(A sor Filotea).*—Jamás aceptó la voluntad de Dios. Ahora, hasta letra de hombre tiene. ¡Yo he visto sus versos manuscritos!

SOR JUANA.—Buscando... Muy temprano supe que las universidades no son para mujeres, y que se tiene por deshonesta a la que sabe más que el Padrenuestro. Tuve por maestros libros mudos, y por todo condiscípulo, un tintero. Cuando me prohibieron los libros, como más de una vez ocurrió en este convento, me puse a estudiar en las cosas del mundo. Hasta guisando se pueden descubrir secretos de la naturaleza.

SOR FILOTEA.—¡La Real y Pontificia Universidad de la Fritanga! ¡Por sede, una sartén!

SOR JUANA.—¿Qué podemos saber las mujeres sino filosofías de cocina? Pero si Aristóteles hubiera guisado, mucho más habría escrito. Os causa risa, ¿verdad? Pues reíd, si os complace. Muy sabios se sienten los hombres, sólo por ser hombres. También a Cristo lo coronaron de espinas por rey de burlas.

EL CONFESOR *(Se le borra la sonrisa; golpea la mesa con el puño).*—¡Habráse visto! ¡La pedante monjita! Como sabe hacer villancicos, se compara con el Mesías.

SOR JUANA.—También Cristo sufrió esta ingrata ley. ¿Por signo? ¡Pues muera! ¿Señalado? ¡Pues padezca!

EL CONFESOR.—¡Vaya humildad!

SOR FILOTEA.—Vamos, hija, que escandaliza a Dios tan vocinglero orgullo...

SOR JUANA.—¿Mi orgullo? *(Sonríe, triste.)* Tiempo ha que se ha gastado.

EL CONFESOR.—Como celebra el vulgo sus versos, se cree una elegida. Versos que avergüenzan a esta casa de Dios, exaltación de la carne... *(Tose.)* Malas artes de macho...

SOR JUANA.—¡Mis pobres versos! Polvo, sombra, nada. La vana gloria, los aplausos... ¿Acaso los he solicitado? ¿Qué revelación divina prohíbe a las mujeres escribir? Por gracia o maldición, ha sido el Cielo quien me hizo poeta.

EL CONFESOR *(Mira al techo y alza las manos, suplicando).*—¡Ella ensucia la pureza de la fe y la culpa la tiene el Cielo!

SOR FILOTEA *(Hace a un lado el bastidor de bordar y entrelaza los dedos sobre el vientre).*—Mucho canta sor Juana a lo humano, y poco, poco a lo divino.

SOR JUANA.—¿No nos enseñan los evangelios que en lo terrenal se expresa lo celestial? Una fuerza poderosa me empuja la mano...

Los nacimientos

EL CONFESOR *(Agitando la cruz de madera, como para golpear a sor Juana desde lejos).*—¿Fuerza de Dios o fuerza del rey de los soberbios?
SOR JUANA.—... y escribiendo seguiré, me temo, mientras me dé sombra el cuerpo. Huía de mí cuando tomé los hábitos, pero, ¡miserable de mí!, trájeme a mí conmigo.
SOR FILOTEA.—Se baña desnuda. Hay pruebas.
SOR JUANA.—¡Apaga, Señor, la luz de mi entendimiento! ¡Deja sólo la que baste para guardar Tu Ley! ¿No sobra lo demás en una mujer?
EL CONFESOR *(Chillando, ronco, voz de cuervo).*—¡Avergüénzate! ¡Mortifica tu corazón, ingrata!
SOR JUANA.—Apágame. ¡Apágame, Dios mío!
La obra continúa, con diálogos semejantes, hasta 1693.

(55 y 75)

1691

Placentia

Adario, jefe de los indios hurones, habla al barón de Lahontan, colonizador francés de Terranova

No, ya bastante miserables son ustedes; no imagino cómo podrían ser peores. ¿A qué especie de criaturas pertenecen los europeos, qué clase de hombres son? Los europeos, que sólo hacen el bien por obligación, y no tienen otro motivo para evitar el mal que el miedo al castigo...
    ¿Quién les ha dado los países que ahora habitan? ¿Con qué derecho los poseen? Estas tierras han pertenecido desde siempre a los algonquinos. En serio, mi querido hermano, siento pena de ti desde el fondo de mi alma. Sigue mi consejo y hazte hurón. Veo claramente la diferencia que hay entre mi condición y la tuya. Yo soy mi amo, y el amo de mi condición. Yo soy el amo de mi propio cuerpo, dispongo de mí, hago lo que me place, soy el primero y el último de mi nación, no tengo miedo de nadie y sólo dependo del Gran Espíritu. En cambio, tu cuerpo y tu alma están condenados, dependen del gran capi-

tán, el virrey dispone de ti, no tienes la libertad de hacer lo que se te ocurra; vives con miedo de los ladrones, de los falsos testigos, de los asesinos; y debes obediencia a una infinidad de personas que están encima de ti. ¿Es verdad o no es verdad?

(136)

1692
Salem Village

Las brujas de Salem

—¡Cristo sabe cuántos demonios hay aquí! —ruge el reverendo Samuel Parris, pastor de la villa de Salem, y habla de Judas, el demonio sentado a la mesa del Señor, que se vendió por treinta dineros, 3,15 en libras inglesas, irrisorio precio de una esclava.

En la guerra de los corderos contra los dragones, clama el pastor, no hay neutralidad posible ni refugio seguro. Los demonios se han metido en su propia casa: una hija y una sobrina del reverendo Parris han sido las primeras atormentadas por el ejército de diablos que ha tomado por asalto esta puritana villa. Las niñas acariciaron una bola de cristal, queriendo ver la suerte, y vieron la muerte. Desde que eso ocurrió, son muchas las jovencitas de Salem que sienten el infierno en el cuerpo: la maligna fiebre las quema por dentro y se revuelcan y se retuercen, ruedan por tierra echando espuma y chillando blasfemias y obscenidades que el Diablo les dicta.

El médico, William Griggs, diagnostica maleficio. Ofrecen a un perro una torta de harina de centeno mezclada con orina de las poseídas, pero el perro se sirve, menea el rabo, agradecido, y se marcha a dormir en paz. El Diablo prefiere la vivienda humana.

Entre convulsión y convulsión, las víctimas acusan.

Son mujeres, y mujeres pobres, las primeras condenadas a la horca. Dos blancas y una negra: Sarah Osborne, una vieja postrada que años atrás llamó a gritos a su sirviente irlandés, que dormía en el establo, y le hizo un lugarcito en su cama; Sarah Good, una mendiga turbulenta, que fuma en pipa y responde refunfuñando a las limosnas; y Tituba, esclava negra de las Antillas, enamorada de un demonio todo

Los nacimientos

peludo y de larga nariz. La hija de Sarah Good, joven bruja de cuatro años de edad, está presa en la cárcel de Boston, con grillos en los pies.

Pero no cesan los aullidos de agonía de las jovencitas de Salem, y se multiplican las acusaciones y las condenas. La cacería de brujas sube de la suburbana Salem Village al centro de Salem Town, de la villa al puerto, de los malditos a los poderosos: ni la esposa del gobernador se salva del dedo que señala culpables. Cuelgan de la horca prósperos granjeros y mercaderes, dueños de barcos que comercian con Londres, privilegiados miembros de la Iglesia que disfrutaban del derecho a la comunión.

Se anuncia una lluvia de azufre sobre Salem Town, el segundo puerto de Massachusetts, donde el Diablo, trabajador como nunca, anda prometiendo a los puritanos ciudades de oro y zapatos franceses.

(34)

1692
Guápulo

La nacionalización del arte colonial

En el santuario de Guápulo, un pueblo recostado a las espaldas de Quito, se inauguran los lienzos de Miguel de Santiago.

En homenaje a la Virgen de aquí, que es muy milagrera, Miguel de Santiago ofrece esta sierra y este llano, esta cordillera y este cielo, paisajes que no estarían del todo vivos si no los encendiera la gente que los atraviesa: gente de aquí, que anda por lugares de aquí en procesión o a solas. El artista ya no copia grabados venidos de Madrid o Roma sobre la vida de san Agustín. Ahora pinta la luminosa ciudad de Quito, rodeada de volcanes, las torres de estas iglesias, los indios de Pujilí y el cañón de Machángara, la loma de Bellavista y el valle del Guápulo; y son de aquí los soles detrás de las montañas, la humareda de fogatas de las nubes alzándose y los neblinosos ríos que cantan sin callarse nunca.

Y no es solamente Miguel de Santiago. Manos anónimas de artesanos indígenas o mestizos deslizan de contrabando llamas en lugar de camellos en los retablos de Navidad y piñas y palmeras y choclos y aguacates en los follajes de las fachadas de las iglesias; y hasta soles con vincha cerquita de los altares. Por todas partes hay Vírgenes embarazadas y Cristos que se duelen como hombres, como hombres de aquí, por la desdicha de esta tierra.

(215)

1693
Ciudad de México

Juana a los cuarenta y dos

Lágrimas de toda la vida, brotadas del tiempo y de la pena, le empapan la cara. En lo hondo, en lo triste, ve nublado el mundo: derrotada, le dice adiós.

Varios días le ha llevado la confesión de los pecados de toda su existencia ante el impasible, implacable padre Antonio Núñez de Miranda, y todo el resto será penitencia. Con tinta de su sangre escribe una carta al Tribunal Divino, pidiendo perdón.

Ya no navegarán *sus velas leves y sus quillas graves* por la mar de la poesía. Sor Juana Inés de la Cruz abandona los estudios humanos y renuncia a las letras. Pide a Dios que le regale olvido y elige el silencio, o lo acepta, y así pierde América a su mejor poeta.

Poco sobrevivirá el cuerpo a este suicidio del alma. *Que se avergüenza la vida de durarme tanto...*

(16, 55 y 58)

1693
Santa Fe de Nuevo México

Trece años duró la independencia

Trece años han pasado desde que se enloquecieron las campanas de Santa Fe de Nuevo México celebrando la muerte del Dios de los cristianos y de María, su madre.

Trece años han demorado los españoles en reconquistar estas bravías tierras del norte. Mientras duró esa tregua de independencia, los indios recuperaron su libertad y sus nombres, su religión y sus costumbres, pero además incorporaron a sus comunidades el arado y la rueda y otros instrumentos que los españoles habían traído.

Para las tropas coloniales, no ha sido fácil la reconquista. Cada *pueblo* de Nuevo México es una gigantesca fortaleza cerrada a cal y canto, con anchos muros de piedra y adobe, alta de varios pisos. En el valle del río Grande viven hombres no acostumbrados a la obediencia ni al trabajo servil.

(88)

Canto a la imagen que se va de la arena, de los indios de Nuevo México

Para que yo me cure,
el hechicero pintó,
en el desierto, tu imagen:
tus ojos son de arena dorada,
de arena roja es ahora tu boca,
de arena azul son tus cabellos
y mis lágrimas son de arena blanca.
Todo el día pintó.
Crecías como diosa
sobre la inmensidad de la tela amarilla.
El viento de la noche dispersará tu sombra
y los colores de tu sombra.
Según la ley antigua, nada me quedará.
Nada, a no ser el resto de mis lágrimas,
las arenas de plata.

(63)

1694

Macacos

La última expedición contra Palmares

El cazador de indios, matador de muchas leguas de indios, nació de madre india. Habla guaraní y portugués casi nada. Domingos Jorge Velho es capitán de *mamelucos* de San Pablo, mestizos que han sembrado el terror en medio Brasil en nombre de los señores coloniales y para feroz exorcismo de la mitad de su sangre.

En los últimos seis años, el capitán Domingos alquiló sus servicios a la corona portuguesa contra los indios janduim, alzados en el sertón de Pernambuco y en Rio Grande do Norte. Después de larga carnicería llega a Recife, victorioso, y allí lo contratan para arrasar Palmares. Le ofrecen un buen botín en tierras y negros para vender en Río de Janeiro y Buenos Aires, y además le prometen infinitas amnistías, cuatro hábitos de órdenes religiosas y treinta grados militares para repartir entre sus hombres.

Con el catalejo en bandolera sobre el pecho desnudo, abierta la casaca grasienta, el capitán Domingos desfila a caballo por las calles de Recife, a la cabeza de sus oficiales mestizos y sus soldados indios degolladores de indios. Cabalga entre nubes de polvo y olores de pólvora y aguardiente, atravesando ovaciones y bandadas de pañuelos blancos: este mesías nos salvará de los negros alzados, cree o quiere la gente, convencida de que los cimarrones tienen la culpa de la falta de brazos en los ingenios y también tienen la culpa de las pestes y las sequías que están asolando al nordeste, porque no enviará Dios la salud ni la lluvia mientras no cese el escándalo de Palmares.

Y se organiza la gran cruzada. De todas partes acuden voluntarios, empujados por el hambre, en busca de ración segura. Se vacían las cárceles: hasta los presos se incorporan al mayor ejército hasta ahora reunido en el Brasil.

Los exploradores indios marchan adelante y los changadores negros a la retaguardia. Nueve mil hombres atraviesan la selva, llegan a la sierra y suben hacia la cumbre donde se alzan las fortificaciones de Macacos. Esta vez llevan cañones.

Varios días dura el asedio. Los cañones aniquilan la triple muralla de madera y piedra. Se pelea cuerpo a cuerpo, al borde del abismo.

Los nacimientos 311

Son tantos los muertos que no hay donde caer, y continúa la degollatina entre las breñas. Muchos negros intentan huir y resbalan al vacío por los despeñaderos; y muchos se arrojan eligiendo el precipicio.

Las llamas devoran la capital de Palmares. Desde la lejana ciudad de Porto Calvo se ven los resplandores de la gigantesca fogata, que arde durante toda la noche. *Quemar hasta la memoria.* Los cuernos de caza no cesan de anunciar el triunfo.

El jefe Zumbí, herido, ha conseguido escapar. Desde los altos picos llega a la selva. Deambula por los túneles verdes, en la espesura, buscando a los suyos.

(38, 43 y 69)

Lamento del pueblo azande

El niño ha muerto;
cubrámonos las caras
con tierra blanca.
Cuatro hijos he parido
en la choza de mi esposo.
Solamente el cuarto vive.
Quisiera llorar,
pero en esta aldea
está prohibida la tristeza.

(134)

1695
Serra Dois Irmãos

Zumbí

Honduras del paisaje, hondones del alma. Fuma en pipa Zumbí, perdida la mirada en las altas piedras rojas y en las grutas abiertas como heridas, y no ve que nace el día con luz enemiga ni ve que huyen los pájaros, asustados, en bandadas.

No ve que llega el traidor. Ve que llega el compañero, António Soares, y se levanta y lo abraza. António Soares le hunde varias veces el puñal en la espalda.

Los soldados clavan la cabeza en la punta de una lanza y la llevan a Recife, para que se pudra en la plaza y aprendan los esclavos que Zumbí no era inmortal.

Ya no respira Palmares. Había durado un siglo y había resistido más de cuarenta invasiones este amplio espacio de libertad abierto en la América colonial. El viento se ha llevado las cenizas de los baluartes negros de Macacos y Subupira, Dambrabanga y Obenga, Tabocas y Arotirene. Para los vencedores, el siglo de Palmares se reduce al instante de las puñaladas que acabaron con Zumbí. Caerá la noche y nada quedará bajo las frías estrellas. Pero, ¿qué sabe la vigilia comparado con lo que sabe el sueño?

Sueñan los vencidos con Zumbí; y el sueño sabe que mientras en estas tierras un hombre sea dueño de otro hombre, su fantasma andará. Cojeando andará, porque Zumbí era rengo por culpa de una bala; andará tiempo arriba y tiempo abajo y cojeando peleará en estas selvas de palmeras y en todas las tierras del Brasil. Se llamarán Zumbí los jefes de las incesantes rebeliones negras.

(69)

1695
San Salvador de Bahía

La capital del Brasil

En esta radiante ciudad hay una iglesia para cada día del año y una fiesta para cada día. Fulgor de torres y campanas y altas palmas, fulgor de cuerpos, aires pegajosos de aceite de *dendê:* hoy se celebra a un santo y mañana a una amante en la Bahía de Todos los Santos y los no tan santos. San Salvador de Bahía, morada del virrey y el arzobispo, es la ciudad portuguesa más habitada después de Lisboa, y envidia Lisboa sus monasterios monumentales y sus iglesias de oro, sus mujeres incendiarias y sus fiestas y mascaradas y procesiones. Aquí andan

Los nacimientos

las rameras mulatas ataviadas de reinas y los esclavos pasean en litera a sus señores por las frondosas alamedas, entre palacios dignos de la región del delirio. Gregório de Matos, nacido en Bahía, retrata así a los nobles señores de las plantaciones de azúcar:

> *En Brasil las hidalguías*
> *no están en la buena sangre*
> *ni en el buen procedimiento:*
> *¿Dónde, pues, pueden estar?*
> *Están en el mucho dinero...*

Los esclavos negros son los cimientos de estos castillos. Desde el púlpito de la catedral, el padre António Vieira exige gratitud al reino de Angola, porque sin Angola no habría Brasil y sin Brasil no habría Portugal, *pudiéndose decir, con mucha razón, que el Brasil tiene el cuerpo en América y el alma en África:* Angola, que vende esclavos bantú y colmillos de elefante; Angola, proclama el sermón del padre Vieira, *con cuya triste sangre y negras pero felices almas, el Brasil es nutrido, animado, sostenido, servido y preservado.*

Al filo de sus noventa años, este sacerdote jesuita sigue siendo el peor enemigo de la Inquisición, el abogado de los indios esclavizados y los judíos y el más porfiado acusador de los señores coloniales, que creen que el trabajo es cosa de bestias y escupen la mano que les da de comer.

(33 y 226)

1696
Regla

Virgen negra, diosa negra

A los muelles de Regla, parienta pobre de La Habana, llega la Virgen, y llega para quedarse. La talla de cedro ha venido desde Madrid, envuelta en un saco, en brazos de su devoto Pedro Aranda. Hoy, 8 de septiembre, está de fiesta este pueblito de artesanos y marinos, siempre oloroso a mariscos y a brea: come el pueblo manjares de carne y maíz y frijoles y yuca, platos cubanos, platos africanos, ecó, olelé, ecrú, quimbombó, fufú, mientras ríos de ron y terremotos de tambores dan la bienvenida a la Virgen negra, *la negrita,* patrona protectora de la bahía de La Habana.

Se cubre la mar de cáscaras de coco y ramas de albahaca y un viento de voces canta, mientras cae la noche:

> *Opa ule, opa ule,*
> *opa é, opa é,*
> *opa, opa, Yemayá.*

La Virgen negra de Regla es también la africana Yemayá, plateada diosa de los mares, madre de los peces y madre y amante de Shangó, el dios guerrero mujeriego y buscabronca.

(68 y 82)

1697

Cap Français

Ducasse

Escudos de oro contantes y sonantes, doblones, dobledoblones, oro del mandamás y del mandamenos, alhajas y vajillas de oro, oro de los cálices y las coronas de vírgenes y santos: han llegado llenas de oro las bodegas de los galeones de Jean-Baptiste Ducasse, gobernador de Haití y jefe de los filibusteros franceses en las Antillas. A cañonazos ha humillado Ducasse a Cartagena de Indias; ha hecho polvo las murallas-acantilados de la fortaleza, colosales leones de roca alzados sobre la mar, y ha dejado a la iglesia sin campana y sin anillos al gobernador.

Hacia Francia marcha el oro de la colonia española saqueada. Desde Versalles recibe Ducasse el título de almirante y una frondosa peluca de rulos de nieve, digna del rey.

Antes de ser gobernador de Haití y almirante de la marina real, Ducasse operaba por su cuenta, robando esclavos a los barcos negreros holandeses y tesoros a los galeones de la flota española. Desde 1691, trabaja para Luis XIV.

(11 y 61)

1699
Madrid

El Hechizado

Aunque no ha sido anunciada por el heraldo trompetero, por las calles de Madrid vuela la noticia. Los inquisidores han descubierto a la culpable del embrujo del rey Carlos. La hechicera Isabel será quemada viva en la plaza Mayor.

Toda España rezaba por Carlos II. Al despertar, el monarca bebía su pócima de polvo de víbora, infalible para dar fuerzas, pero en vano: el pene seguía embobado, incapaz de hacer hijos, y por la boca del rey continuaban saliendo babas y aliento inmundo y ni una palabra que valiera la pena.

El maleficio no venía de cierta taza de chocolate con polvos de testículos de ahorcado, como habían dicho las brujas de Cangas, ni del propio talismán que el rey llevaba colgado al cuello, como creyó el exorcista fray Mauro. Hubo quien dijo que el monarca había sido hechizado por su madre, con tabaco de América o pastillas de benjuí; y hasta se rumoreó que el maestresala, el duque de Castellflorit, había servido a la mesa real un jamón mechado con uñas de mujer mora o judía quemada por la Inquisición.

Los inquisidores han encontrado, por fin, el revoltijo de agujas, horquillas, carozos de cereza y rubios cabellos de Su Majestad, que la hechicera Isabel había escondido cerquita de la alcoba real.

Cuelga la nariz, cuelga el labio, cuelga el mentón; pero ahora que el rey ha sido desembrujado, parece que los ojos se le han encendido un poquito. Un enano alza el cirio, para que contemple el retrato que hace años le pintó Carreño.

Mientras tanto, fuera de palacio faltan el pan y la carne, el pescado y el vino, como si fuera Madrid una ciudad sitiada.

(64 y 201)

1699
Macouba

Una demostración práctica

Para que trabajen con ganas sus esclavos en esta tierra de sopores y lentitudes, el padre Jean-Baptiste Labat les cuenta que él era negro antes de venir a la Martinica, y que Dios lo volvió blanco en recompensa por el fervor y la sumisión con que había servido a sus amos en Francia.

Está el carpintero negro de la iglesia intentando tallar en una viga la espiga de una ensambladura difícil, y no acierta el sesgo. El padre Labat traza unas líneas con regla y compás y ordena:

—Corta ahí.

El corte es exacto.

—Ahora le creo —dice su esclavo, mirándolo a los ojos—. No hay hombre blanco que pueda hacer eso.

(101)

1700
Ouro Preto

Todo el Brasil hacia el sur

En los viejos días, los mapas mostraban a Bahía cerquita de las recién descubiertas minas de Potosí, y el gobernador general informaba a Lisboa que *esta tierra del Brasil y la del Perú son todo una.* Para convertir a las montañas de Paranapiacaba en cordillera de los Andes, los portugueses llevaron a San Pablo doscientas llamas y se sentaron a esperar que brotaran la plata y el oro.

Un siglo y medio después, el oro ha llegado. Están llenos de piedras refulgentes los lechos de los ríos y los arroyos, en los flancos de la serra do Espinhaço. Encontraron el oro los *mamelucos* de San Pablo, cuando andaban en plena cacería de indios cataguazes.

El viento desparramó la noticia por todo Brasil, llamando multitudes: para conseguir oro en la región de Minas Gerais, basta con re-

Los nacimientos 317

coger un puñado de arena o arrancar un manojo de hierba y sacudirlo.

Con el oro ha llegado el hambre. Por un gato o un perro pagan en los campamentos 115 gramos de oro, que es lo que un esclavo recoge en dos días de trabajo.

(33 y 38)

1700
Isla de Santo Tomás

El que hace hablar a las cosas

Lúgubres campanas y melancólicos tambores están sonando en esta islita danesa de las Antillas, centro de contrabando y piratería: un esclavo camina hacia el quemadero. Vanbel, el mandamás, lo ha condenado porque este negro desata la lluvia cuando se le ocurre, hincándose ante tres naranjas, y porque tiene un ídolo de barro que le contesta todas las preguntas y lo salva de todas las dudas.

Marcha el condenado con una sonrisa de oreja a oreja y los ojos clavados en el poste rodeado de leña. Vanbel le sale al cruce:

—¡Ya no harás hablar a tu monigote de barro, negro brujo!

Sin mirarlo, contesta el esclavo suavemente:

—Puedo hacer hablar a ese bastón.

—¡Deténganse! —grita Vanbel a los guardias—. ¡Desátenlo!

Y ante la muchedumbre que espera, le arroja su bastón.

—Sea —dice.

El negro se arrodilla, abanica con las manos el bastón clavado en tierra, da unas vueltas alrededor, vuelve a arrodillarse y lo acaricia.

—Quiero saber —dice el amo— si ha partido ya el galeón que debe venir. Cuándo llegará, quiénes viajan, qué ha ocurrido...

El esclavo retrocede unos pasos.

—Acérquese, señor —propone—. Él dirá.

Con el oído pegado al bastón, escucha Vanbel que el navío ha partido hace tiempo del puerto de Helsingør, en Dinamarca, pero que al llegar al trópico una tempestad le rompió la gavia pequeña y se llevó la vela de mesana. El pescuezón de Vanbel tiembla como buche de sapo. El público lo ve palidecer.

—No oigo nada —dice Vanbel, mientras el bastón le va dando los nombres del capitán y los marineros.

—¡Nada! —chilla.

El bastón le secretea: *El barco llegará dentro de tres días. Te alegrará su carga,* y Vanbel estalla, se arranca la peluca, vocifera:

—¡Quemen a ese negro!

Ruge:

—¡Que lo quemen!

Aúlla:

—¡Quemen a ese brujo!

(101)

Canto del fuego, del pueblo bantú

Fuego que contemplan los hombres en la noche,
en la noche profunda.
Fuego que ardes sin quemar, que brillas
sin arder.
Fuego que vuelas sin cuerpo.
Fuego sin corazón, que no conoces
hogar ni tienes choza.
Fuego transparente de palmeras:
un hombre te invoca sin miedo.
Fuego de los hechiceros, tu padre, ¿dónde está?
Tu madre, ¿dónde está?
¿Quién te ha alimentado?
Eres tu padre, eres tu madre.
Pasas y no dejas rastros.
La leña seca no te engendra,
no tienes por hijas a las cenizas.
Mueres y no mueres.
El alma errante se transforma en ti, y nadie
lo sabe.

*Fuego de los hechiceros, Espíritu
de las aguas inferiores y los aires superiores.
Fuego que brillas, luciérnaga que iluminas
el pantano.
Pájaro sin alas, cosa sin cuerpo, Espíritu
de la Fuerza del Fuego.
Escucha mi voz:
un hombre te invoca
sin miedo.*

(134)

1700
Madrid

Penumbra de otoño

Nunca pudo vestirse solo, ni leer de corrido, ni pararse por su cuenta. A los cuarenta años, es un viejito sin herederos, que agoniza rodeado de confesores, exorcistas, cortesanos y embajadores que disputan el trono.

Los médicos, vencidos, le han quitado de encima las palomas recién muertas y las entrañas de cordero. Las sanguijuelas ya no cubren su cuerpo. No le dan de beber aguardiente ni el agua de la vida traída de Málaga, porque sólo resta esperar la convulsión que lo arrancará del mundo. A la luz de los hachones, un Cristo ensangrentado asiste, desde la cabecera de la cama, a la ceremonia final. El cardenal salpica agua bendita con el hisopo. La alcoba huele a cera, a incienso, a mugre. El viento golpea los postigos del palacio, mal atados con cordeles.

Lo llevarán al pudridero de El Escorial, donde lo espera, desde hace años, la urna de mármol que lleva su nombre. Ése era su viaje preferido, pero hace tiempo que no visita su propia tumba ni asoma la nariz a la calle. Está Madrid lleno de baches y basuras y vagabundos armados; y los soldados, que malviven de la sopa boba de los conventos, no se molestan en defender al rey. Las últimas veces que se atrevió a salir, las lavanderas del Manzanares y los muchachos de la calle persiguieron el carruaje y lo acribillaron a insultos y pedradas.

Carlos II, rojos los ojos saltones, tiembla y delira. Él es un pedacito de carne amarilla que huye entre las sábanas, mientras huye también el siglo y acaba, así, la dinastía que hizo la conquista de América.

(201 y 211)

(Fin del primer volumen de
Memoria del fuego)

Las fuentes

1. Abbad y Lasierra, Agustín Íñigo, *Historia geográfica civil y natural de la isla de San Juan Bautista de Puerto Rico,* Río Piedras, Universidad, 1979.
2. Acosta Saignes, Miguel, *Vida de los esclavos negros en Venezuela,* La Habana, Casa de las Américas, 1978.
3. Acuña, René, *Introducción al estudio del Rabinal Achí,* México, UNAM, 1975.
4. Aguirre Beltrán, Gonzalo, *Medicina y magia. El proceso de aculturación en la estructura colonial,* México, Instituto Nacional Indigenista, 1980.
5. Alegría, Fernando, *Lautaro, joven libertador de Arauco,* Santiago de Chile, Zig-Zag, 1978.
6. Alemán, Mateo, *Guzmán de Alfarache* (Ed. de Benito Brancaforte), Madrid, Cátedra, 1979.
7. Alonso, Dámaso, *Cancionero y romancero español,* Estella, Salvat, 1970.
8. Alvarado, Pedro de, *Cartas de relación,* BAE, tomo XXII, Madrid, M. Rivadeneyra, 1863.
9. Álvarez Lejarza, Emilio (versión), *El Güegüence,* Managua, Distribuidora Cultural, 1977.
10. Amaral, Álvaro do, *O Padre José de Anchieta e a fundação de São Paulo,* San Pablo, Secretaría de Cultura, 1971.
11. Arciniegas, Germán, *Biografía del Caribe,* Buenos Aires, Sudamericana, 1951.
12. — *Amerigo y el Nuevo Mundo,* México, Hermes, 1955.
13. — *El Caballero de El Dorado,* Madrid, Revista de Occidente, 1969.
14. Arguedas, José María (versión, incluye texto de Pierre Duviols), *Dioses y hombres de Huarochirí,* México, Siglo XXI, 1975.
15. — (Con F. Izquierdo), *Mitos, leyendas y cuentos peruanos,* Lima, Casa de la Cultura, 1970.
16. Arias de la Canal, Fredo, *Intento de psicoanálisis de Juana Inés,* México, Frente de Afirmación Hispanista, 1972.
17. Armellada, Cesáreo de, y Carmela Bentivenga de Napolitano, *Literaturas indígenas venezolanas,* Caracas, Monte Ávila, 1975.
18. Arrom, José Juan, *El teatro hispanoamericano en la época colonial,* La Habana, Anuario Bibliográfico Cubano, 1956.
19. — *Certidumbre de América,* La Habana, Anuario Bibliográfico Cubano, 1959.

20. Arteche, José de, *Elcano*, Madrid, Espasa-Calpe, 1972.
21. Arzáns de Orsúa y Vela, Bartolomé, *Historia de la Villa Imperial de Potosí* (Ed. de Lewis Hanke y Gunnar Mendoza), Providence, Brown University, 1965.
22. Asturias, Miguel Ángel, *Leyendas de Guatemala*, Madrid, Salvat, 1970.
23. Balboa, Silvestre de, *Espejo de paciencia* (Prólogo de Cintio Vitier), La Habana, Arte y Literatura, 1975.
24. Ballesteros Gaibrois, Manuel, *Vida y obra de fray Bernardino de Sahagún*, León, Inst. Sahagún, 1973.
25. Barrera Vázquez, Alfredo y Silvia Rendón (versión e introducción), *El Libro de los Libros de Chilam Balam*, México, Fondo de Cultura Económica, 1978.
26. Bascuñán, Francisco Núñez de Pineda y, *Cautiverio feliz*, Santiago de Chile, Editorial Universitaria, 1973.
27. Bataillon, Marcel y André Saint-Lu, *El Padre Las Casas y la defensa de los indios*, Barcelona, Ariel, 1976.
28. Benítez, Fernando, *Los primeros mexicanos. La vida criolla en el siglo XVI*, México, Era, 1962.
29. — *La ruta de Hernán Cortés*, México, FCE, 1974.
30. — *Los indios de México* (tomo v), México, Era, 1980.
31. Bowser, Frederick P., *El esclavo africano en el Perú colonial (1524/1650)*, México, Siglo XXI, 1977.
32. Boxer, C. R., *Race relations in the Portuguese colonial empire (1415/1825)*, Oxford, Clarendon, 1963.
33. — *The golden age of Brazil (1695/1750)*, Berkeley, University of California, 1969.
34. Boyer, Paul y Stephen Nissenbaum, *Salem possessed. The social origins of witchcraft*, Cambridge, Harvard University, 1978.
35. Breen, T. H., *Puritans and adventurers. Change and persistence in early America*, Nueva York/Oxford, Oxford University, 1980.
36. Bridenbaugh, Carl, *Jamestown 1544/1699*, Nueva York/Oxford, Oxford University, 1980.
37. Bruchac, Joseph, *Stone giants and flying heads*, Nueva York, The Crossing, 1979.
38. Buarque de Holanda, Sérgio, «A época colonial», en la *História Geral da Civilização Brasileira (I)*, Río de Janeiro/San Pablo, Difel, 1977.
39. Cabeza de Vaca, Álvar Núñez, *Naufragios y comentarios*, Madrid, Espasa Calpe, 1971.
40. Cadogan, León (Versión), *La literatura de los guaraníes*, México, Joaquín Mortiz, 1965.
41. Carande, Ramón, *Carlos V y sus banqueros*, Barcelona, Crítica, 1977.
42. Cardenal, Ernesto, *Antología de poesía primitiva*, Madrid, Alianza, 1979.
43. Carneiro, Edison, *O quilombo dos Palmares*, Río de Janeiro, Civilização Brasileira, 1966.
44. Carpentier, Alejo, *El arpa y la sombra*, Madrid, Siglo XXI, 1979.

45. Carvajal, Gaspar de, *Relación del nuevo descubrimiento del famoso río Grande de las Amazonas,* México, FCE, 1955.
46. Cervantes Saavedra, Miguel de, *El ingenioso hidalgo don Quijote de la Mancha,* Barcelona, Sopena, 1978.
47. Cieza de León, Pedro de, *La crónica del Perú,* BAE, tomo XXVI, Madrid, M. Rivadeneyra, 1879.
48. Civrieux, Marc de, *Watunna. Mitología makiritare,* Caracas, Monte Ávila, 1970.
49. Colón, Cristóbal, *Diario del descubrimiento* (Anotado por Manuel Alvar), Las Palmas, Cabildo de Gran Canaria, 1976.
50. — *Los cuatro viajes del Almirante y su testamento,* Madrid, Espasa Calpe, 1977.
51. Cora, María Manuela de, *Kuai-Mare. Mitos aborígenes de Venezuela,* Caracas, Monte Ávila, 1972.
52. Corona Núñez, José, *Mitología tarasca,* México, FCE, 1957.
53. Cossío del Pomar, Felipe, *El mundo de los incas,* México, FCE, 1975.
54. Cortés, Hernán, *Cartas de relación,* BAE, tomo XXII, Madrid, M. Rivadeneyra, 1863.
55. Cruz, Juana Inés de la, *Páginas escogidas* (Selección de Fina García Marruz), La Habana, Casa de las Américas, 1978.
56. Chacón Torres, Mario, *Arte virreinal en Potosí,* Sevilla, Escuela de Estudios Hispanoamericanos, 1973.
57. Chang-Rodríguez, Raquel, *Prosa hispanoamericana virreinal* (Incluye texto de Mogrovejo de la Cerda), Barcelona, Hispam, 1978.
58. Chávez, Ezequiel A., *Ensayo de psicología de Sor Juana Inés de la Cruz,* Barcelona, Araluce, 1931.
59. D'Ans, André Marcel, *La verdadera Biblia de los cashinahua,* Lima, Mosca Azul, 1975.
60. Davies, Nigel, *Los aztecas,* Barcelona, Destino, 1977.
61. Deschamps, Hubert, *Piratas y filibusteros,* Barcelona, Salvat, 1956.
62. Díaz del Castillo, Bernal, *Verdadera historia de los sucesos de la conquista de la Nueva España,* BAE, tomo XXVI, Madrid, M. Rivadeneyra, 1879.
63. Di Nola, Alfonso M., *Canti erotici dei primitivi,* Roma, Lato Side, 1980.
64. Elliott, J. H., *La España imperial,* Barcelona, V. Vives, 1978.
65. Exquemelin, Alexandre O., *Piratas de América,* Barcelona, Barral, s/f.
66. Eyzaguirre, Jaime, *Historia de Chile,* Santiago, Zig-Zag, 1977.
67. — *Ventura de Pedro de Valdivia,* Madrid, Espasa-Calpe, 1967.
68. Franco, José Luciano, *La diáspora africana en el Nuevo Mundo,* La Habana, Ciencias Sociales, 1975.
69. Freitas, Decio, *Palmares, la guerrilla negra,* Montevideo, Nuestra América, 1971.
70. Friede, Juan, *Bartolomé de las Casas: precursor del anticolonialismo,* México, Siglo XXI, 1976.
71. Fuentes y Guzmán, Francisco Antonio de, *Obras históricas,* Madrid, BAE, 1969 y 1972.

72. Gage, Thomas, *Viajes en la Nueva España,* La Habana, Casa de las Américas, 1980.
73. Gandía, Enrique de, *Indios y conquistadores en el Paraguay,* Buenos Aires, García Santos, 1932.
74. — *Historia de la conquista del río de la Plata y del Paraguay (1535/1556),* Buenos Aires, García Santos, 1932.
75. Garcés, Jesús Juan, *Vida y poesía de Sor Juana Inés de la Cruz,* Madrid, Cultura Hispánica, 1953.
76. Garcilaso de la Vega, Inca, *Comentarios reales de los incas,* Madrid, BAE, 1960.
77. Garibay K., Ángel María (Selección y versiones), *Poesía indígena de la altiplanicie,* México, UNAM, 1972.
78. Gerbi, Antonello, *La naturaleza de las Indias Nuevas,* México, FCE, 1978.
79. Gibson, Charles, *Los aztecas bajo el dominio español (1519/1810),* México, Siglo XXI, 1977.
80. Godoy, Diego, *Relación a Hernán Cortés,* BAE, tomo XXII, Madrid, M. Rivadeneyra, 1863.
81. Gómara, Francisco López de, *Primera y segunda parte de la Historia General de las Indias,* BAE, tomo XXII, Madrid, M. Rivadeneyra, 1863.
82. Gómez Luaces, Eduardo, *Historia de Nuestra Señora de Regla* (Folleto), La Habana, Valcayo, 1945.
83. Gortari, Eli de, *La ciencia en la historia de México,* México, FCE, 1963.
84. Gow, Rosalind y Bernabé Condori, *Kay Pacha,* Cuzco, Centro de Estudios Rurales Andinos, 1976.
85. Graham, R. B. Cunningham, *Pedro de Valdivia,* Buenos Aires, Inter-Americana, 1943.
86. Granada, Daniel, *Supersticiones del río de la Plata,* Buenos Aires, Guillermo Kraft, 1947.
87. Gridley, Marion E., *The story of the Haida,* Nueva York, Putnam's, 1972.
88. Hackett, Charles Wilson, «The revolt of the Pueblo Indians of New Mexico in 1680», en *The Quarterly of the Texas State Historical Association,* vol. XV, núm. 2, octubre de 1911.
89. Hammond, George P. y Agapito Rey, *The rediscovery of New Mexico (1580/1594),* Albuquerque, University of New Mexico, 1966.
90. Hanke, Lewis, *Bartolomé de Las Casas,* Buenos Aires, EUDEBA, 1968.
91. Harris, Olivia, y Kate Young (recopilación), *Antropología y feminismo,* Barcelona, Anagrama, 1979.
92. Henestrosa, Andrés, *Los hombres que dispersó la danza,* La Habana, Casa de las Américas, 1980.
93. Hernández Sánchez-Barba, M., *Historia de América,* Madrid, Alhambra, 1981.
94. Jara, Álvaro, *Guerra y sociedad en Chile,* Santiago de Chile, Editorial Universitaria, 1961.
95. — «Estructuras coloniales y subdesarrollo en Hispanoamérica», en *Journal de la Société des Américanistes,* tomo LXV, París, 1978.

96. Jerez, Francisco de, *Verdadera relación de la conquista del Perú y provincia del Cuzco*, BAE, tomo XXVI, Madrid, M. Rivadeneyra, 1879.
97. Kirkpatrick, F. A., *Los conquistadores españoles*, Madrid, Espasa-Calpe, 1970.
98. Konetzke, Richard, *América Latina (II). La época colonial*, Madrid, Siglo XXI, 1978.
99. — *Descubridores y conquistadores de América*, Madrid, Gredos, 1968.
100. Krickeberg, Walter, *Mitos y leyendas de los aztecas, incas, mayas y muiscas*, México, FCE, 1971.
101. Labat, Jean-Baptiste, *Viajes a las islas de la América* (selección de Francisco de Oraá), La Habana, Casa de las Américas, 1979.
102. Las Casas, Bartolomé de, *Brevísima relación de la destrucción de las Indias*, Barcelona, Fontamara, 1979.
103. — *Historia de las Indias*, México, FCE, 1951.
104. — *Apologética historia de las Indias*, México, UNAM, 1967.
105. Lafone Quevedo, Samuel A., «El culto de Tonapa», en Fernando de Santillán, Blas Valera y Joan de Santacruz Pachacuti, *Tres relaciones de antigüedades peruanas*, Asunción, Guarania, 1950.
106. Leal, Rine, *La selva oscura*, La Habana, Arte y Literatura, 1975.
107. León-Portilla, Miguel, *El reverso de la Conquista. Relaciones aztecas, mayas e incas*, México, Joaquín Mortiz, 1964.
108. — *Los antiguos mexicanos*, México, FCE, 1977.
109. — *Culturas en peligro*, México, Alianza Editorial Mexicana, 1976.
110. — *La filosofía náhuatl*, México, UNAM, 1958.
111. Lévi-Strauss, Claude, *Lo crudo y lo cocido (Mitológicas, I)*, México, FCE, 1978.
112. — *De la miel a las cenizas (Mitológicas, II)*, México, FCE, 1978.
113. — *El origen de las maneras de mesa (Mitológicas, III)*, México, Siglo XXI, 1976.
114. — *El hombre desnudo (Mitológicas, IV)*, México, Siglo XXI, 1976.
115. Lewin, Boleslao, *La Inquisición en Hispanoamérica*, Buenos Aires, Proyección, 1962.
116. Lewis, D. B. Wyndhan, *Carlos de Europa, emperador de Occidente*, Madrid, Espasa-Calpe, 1962.
117. Leydi, Roberto, Arrigo Polillo y Tommaso Giglio, *Piratas, corsarios y filibusteros*, Barcelona, Maucci, 1961.
118. Lipschutz, Alejandro, *El problema racial en la conquista de América*, México, Siglo XXI, 1975.
119. — *Perfil de Indoamérica de nuestro tiempo*, Santiago de Chile, Andrés Bello, 1968.
120. Lockhart, James y Enrique Otte, *Letters and people of the Spanish Indies. The sixteenth century*, Cambridge, Cambridge University, 1976.
121. Lohmann Villena, Guillermo, *El conde de Lemos, virrey del Perú*, Madrid, Escuela de Estudios Hispanoamericanos, 1946.
122. — *El arte dramático en Lima durante el Virreinato*, Madrid, Escuela de Estudios Hispanoamericanos, 1945.
123. López, Casto Fulgencio, *Lope de Aguirre, el Peregrino*, Barcelona, Plon, 1977.

124. López-Baralt, Mercedes, «Guamán Poma de Ayala y el arte de la memoria en una crónica ilustrada del siglo XVII», en *Cuadernos Americanos*, México, mayo/junio de 1979.
125. — *La crónica de Indias como texto cultural: policulturalidad y articulación de códigos semióticos múltiples en el arte de reinar de Guamán Poma de Ayala* (inédito).
126. — *El mito taíno: Raíz y proyecciones en la Amazonia continental*, Río Piedras, Huracán, 1976.
127. Mannix, Daniel P. y M. Cowley, *Historia de la trata de negros*, Madrid, Alianza, 1970.
128. Marañón, Gregorio, *El conde-duque de Olivares (La pasión de mandar)*, Madrid, Espasa-Calpe, 1936.
129. Marchant, Alexander, *From barter to slavery*, Baltimore, Johns Hopkins, 1942.
130. Mariño de Lobera, Pedro, *Crónica del Reino de Chile*, Santiago de Chile, Editorial Universitaria, 1979.
131. Marmolejo, Lucio, *Efemérides guanajuatenses* (t. I), Guanajuato, Universidad, 1967.
132. Marriott, Alice y Carol K. Rachlin, *American Indian mythology*, Nueva York, Apollo, 1968.
133. Martínez, José Luis, *El mundo antiguo, VI. América antigua*, México, Secretaría de Educación, 1976.
134. Martínez Fivee, Rogelio (selección), *Poesía anónima africana*, Madrid, Miguel Castellote, s/f.
135. Martínez Peláez, Severo, *La patria del criollo*, San José de Costa Rica, EDUCA, 1973.
136. McLuhan, T. C. (compilador), *Touch the Earth (A self-portrait of Indian existence)*, Nueva York, Simon and Schuster, 1971.
137. Medina, José Toribio, *Historia del Tribunal de la Inquisición de Lima (1569/1820)*, Santiago de Chile, Fondo Histórico y Bibliográfico J. T. Medina, 1956.
138. — *Historia del Tribunal del Santo Oficio de la Inquisición en Chile*, Santiago, Fondo J. T. Medina, 1952.
139. — *Historia del Tribunal del Santo Oficio de la Inquisición en México*, Santiago, Elzeviriana, 1905.
140. — *El Tribunal del Santo Oficio de la Inquisición en las provincias del Plata*, Santiago, Elzeviriana, 1900.
141. Mendoza, Diego de, *Chronica de la Provincia de S. Antonio de los Charcas...*, Madrid, s/e, 1664.
142. Méndez Pereira, Octavio, *Núñez de Balboa*, Madrid, Espasa-Calpe, 1975.
143. Montoya, Antonio Ruiz de, *Conquista espiritual hecha por los religiosos de la Compañía de Jesús en las provincias del Paraguay, Paraná, Uruguay y Tape*, Bilbao, El Mensajero, 1892.
144. Morales, Ernesto, *Leyendas guaraníes*, Buenos Aires, El Ateneo, 1929.
145. Morales Padrón, Francisco, *Jamaica española*, Sevilla, Escuela de Estudios Hispanoamericanos, 1952.

146. More, Thomas, *Utopía* (Ed. bilingüe. Introducción de Joaquim Mallafré Gabaldá), Barcelona, Bosch, 1977.
147. Mörner, Magnus, *Historia social latinoamericana (Nuevos enfoques)*, Caracas, Universidad Católica Andrés Bello, 1979.
148. — *La Corona española y los foráneos en los pueblos de indios de América*, Estocolmo, Instituto de Estudios Ibero-Americanos, 1970.
149. Mousnier, Roland, *Historia general de las civilizaciones. Los siglos XVI y XVII*, Barcelona, Destino, 1974.
150. Murra, John V., *La organización económica del Estado inca*, México, Siglo XXI, 1978.
151. — *Formaciones económicas y políticas del mundo andino*, Lima, Instituto de Estudios Peruanos, 1975.
152. Nabokov, Peter (selección), *Native American Testimony*, Nueva York, Harper and Row, 1978.
153. Nash, Gary B., *Red, white and black. The peoples of early America*, Nueva Jersey, Prentice-Hall, 1974.
154. Nebrija, Elio Antonio de, *Vocabulario español-latino* (Edición facsimilar), Madrid, Real Academia Española, 1951.
155. Oberem, Udo, «Notas y documentos sobre miembros de la familia del Inca Atahualpa en el siglo XVI», en *Estudios etno-históricos del Ecuador*, Casa de la Cultura Ecuatoriana, Núcleo del Guayas, 1976.
156. — *Los quijos*, Otavalo, Instituto Otavaleño de Antropología, 1980.
157. Ocaña, Diego de, *Un viaje fascinante por la América hispana del siglo XVI* (anotado por fray Arturo Álvarez), Madrid, Stvdivm, 1969.
158. Oliva de Coll, Josefina, *La resistencia indígena ante la conquista*, México, Siglo XXI, 1974.
159. Ortiz, Fernando, *Contrapunteo cubano del tabaco y el azúcar*, La Habana, Consejo Nacional de Cultura, 1963.
160. — *Los negros esclavos*, La Habana, Ciencias Sociales, 1975.
161. — *Historia de una pelea cubana contra los demonios*, La Habana, Ciencias Sociales, 1975.
162. Ortiz Rescaniere, Alejandro, *De Adaneva a Inkarrí*, Lima, Retablo de Papel, 1973.
163. Otero, Gustavo Adolfo, *La vida social del coloniaje*, La Paz, La Paz, 1942.
164. Otero Silva, Miguel, *Lope de Aguirre, príncipe de la libertad*, Barcelona, Seix Barral, 1979.
165. Oviedo y Baños, José de, *Los Bélzares. El tirano Aguirre. Diego de Losada*, Caracas, Monte Ávila, 1972.
166. Oviedo y Valdés, Gonzalo Fernández de, *Historia general y natural de las Indias*, Madrid, Real Academia de la Historia, 1851.
167. Palma, Ricardo, *Tradiciones peruanas* (primera y segunda selección), Buenos Aires, Espasa-Calpe, 1938 y 1940.
168. Pané, Ramón, *Relación acerca de las antigüedades de los indios* (Ed. de José Juan Arrom), México, Siglo XXI, 1974.

169. Parry, J. H. y Philip Sherlock, *Historia de las Antillas*, Buenos Aires, Kapelusz, 1976.
170. Paz, Ramón, *Mitos, leyendas y cuentos guajiros*, Caracas, Instituto Agrario Nacional, 1972.
171. Peixoto, Afrânio, *Breviário da Bahia*, Río de Janeiro, Agir, 1945.
172. Pereira Salas, Eugenio, *Apuntes para la historia de la cocina chilena*, Santiago de Chile, Editorial Universitaria, 1977.
173. —*Juegos y alegrías coloniales en Chile*, Santiago, Zig-Zag, 1947.
174. Péret, Benjamin, *Anthologie des mythes, légendes et contes populaires d'Amérique*, París, Albin Michel, 1960.
175. Pérez Embid, Florentino, *Diego de Ordás, compañero de Cortés y explorador del Orinoco*, Sevilla, Escuela de Estudios Hispanoamericanos, 1950.
176. Phelan, John Leddy, *The kingdom of Quito in the seventeenth century*, Madison, University of Wisconsin, 1967.
177. — *The millennial kingdom of the Franciscans in the New World*, Berkeley, University of California, 1970.
178. Plath, Oreste, *Geografía del mito y la leyenda chilenos*, Santiago de Chile, Nascimento, 1973.
179. Poma de Ayala, Felipe Guamán, *Nueva corónica y buen gobierno* (edición facsimilar), París, Institut d'Ethnologie, 1936.
180. Portigliotti, Giuseppe, *Los Borgia*, Madrid, J. Gil, 1936.
181. Portuondo, Fernando, *El segundo viaje del descubrimiento* (cartas de Michele de Cúneo y Álvarez Chanca), La Habana, Ciencias Sociales, 1977.
182. Prado, Juan José, *Leyendas y tradiciones guanajuatenses*, Guanajuato, Prado Hnos., 1953.
183. Quevedo, Francisco de, *Obras completas*, Madrid, Aguilar, 1974.
184. Quintana, Manuel J., *Los conquistadores*, Buenos Aires, Suma, 1945.
185. — *Vida de Francisco Pizarro*, Madrid, Espasa-Calpe, 1959.
186. Ramos Smith, Maya, *La danza en México durante la época colonial*, La Habana, Casa de las Américas, 1979.
187. Real, Cristóbal, *El corsario Drake y el imperio español*, Madrid, Editora Nacional, s/f.
188. Recinos, Adrián (versión), *Popol Vuh. Las antiguas historias del Quiché*, México, FCE, 1976.
189. Reichel-Dolmatoff, Gerardo y Alicia, *Estudios antropológicos*, Bogotá, Inst. Colombiano de Cultura, 1977.
190. Reyes, Alfonso, *Medallones*, Buenos Aires, Espasa-Calpe, 1952.
191. Rivet, Paul, *Etnographie ancienne de l'Équateur*, París, Gauthier-Villars, 1912.
192. Roa Bastos, Augusto (comp.), *Las culturas condenadas*, México, Siglo XXI, 1978.
193. Rodrigues, Nina, *Os africanos no Brasil*, San Pablo, Cía. Editora Nacional, 1977.
194. Rodríguez Fresle, Juan, *El carnero de Bogotá*, Bogotá, Ed. Colombia, 1926.

195. Rodríguez Marín, Francisco, *El Quijote. Don Quijote en América*, Madrid, Hernando, 1911.
196. — *Cantos populares españoles*, Sevilla, Álvarez, 1882/3.
197. Rothenberg, Jerome, *Shaking the Pumpkin. Traditional Poetry of the Indian North Americas*, Nueva York, Doubleday, 1972.
198. Rowse, A. L., *The England of Elizabeth*, Londres, Cardinal, 1973.
199. Rubio Mañé, J. Ignacio, *Introducción al estudio de los virreyes de Nueva España (1535/1746)*, México, UNAM, 1959.
200. Sahagún, Bernardino de, *Historia general de las cosas de la Nueva España* (anotado por Ángel M.ª Garibay K.), México, Porrúa, 1969.
201. Salas, Horacio, *La España barroca*, Madrid, Altalena, 1978.
202. Salazar Bondy, Sebastián (selección), *Poesía quechua*, Montevideo, Arca, 1978.
203. Sapper, Karl, «El infierno de Masaya», en AA. VV., *Nicaragua en los cronistas de Indias*, Managua, Banco de América, 1975.
204. Segal, Charles M. y David C. Stineback, *Puritans, Indians and manifest destiny*, Nueva York, Putnam's, 1977.
205. Sejourné, Laurette, *América Latina, I. Antiguas culturas precolombinas*, Madrid, Siglo XXI, 1978.
206. — *Pensamiento y religión en el México antiguo*, México, FCE, 1957.
207. Sheehan, Bernard, *Savagism and Civility*, Cambridge, Cambridge University, 1980.
208. Sodi, Demetrio, *La literatura de los mayas*, México, Mortiz, 1964.
209. Teitelboim, Volodia, *El amanecer del capitalismo y la conquista de América*, La Habana, Casa de las Américas, 1979.
210. Tibón, Gutierre, *Historia del nombre y de la fundación de México*, México, FCE, 1975.
211. Tizón, Héctor, *La España borbónica*, Madrid, Altalena, 1978.
212. Toscano, Salvador, *Cuauhtémoc*, México, FCE, 1975.
213. Valle-Arizpe, Artemio de, *Historia de la ciudad de México según los relatos de sus cronistas*, México, Jus, 1977.
214. Vargas, José María, *Historia del Ecuador. Siglo XVI*, Quito, Universidad Católica, 1977.
215. — (coordinador), *Arte colonial de Ecuador*, Quito, Salvat Ecuatoriana, 1977.
216. Velasco, Salvador, *San Martín de Porres*, Villava, Ope, 1962.
217. Vianna, Helio, *História do Brasil*, San Pablo, Melhoramentos, 1980.
218. Vicens Vives, J. (director), *Historia de España y América*, Barcelona, Vicens Vives, 1977.
219. Von Hagen, Víctor W., *El mundo de los mayas*, México, Diana, 1968.
220. — *Culturas preincaicas*, Madrid, Guadarrama, 1976.
221. Wachtel, Nathan, *Los vencidos. Los indios del Perú frente a la conquista española (1530/1570)*, Madrid, Alianza, 1976.
222. Wallace, Anthony F. C., «Dreams and the wishes of the soul: a type of psychoanalytic theory among the seventeenth century Iroquois», en *The American Anthropologist*, 60 (2), 1958.

223. Watt, Montgomery, *Historia de la España islámica,* Madrid, Alianza, 1970.
224. Williams, Eric, *Capitalismo y esclavitud,* Buenos Aires, Siglo XX, 1973.
225. Wolf, Eric, *Pueblos y culturas de Mesoamérica,* México, Era, 1975.
226. Zavala, Silvio, *El mundo americano en la época colonial,* México, Porrúa, 1967.
227. — *Ideario de Vasco de Quiroga,* México, El Colegio de México, 1941.

Índice de nombres

A

Accra, 297
Acla, 73, 74
Acoma, 180
Achocalla, 234
Adán, 56, 263
Adario, 305
África, 159, 179, 201, 275, 286, 291, 292, 313
Agüeynaba, 65, 66
Aguirre, Francisco de, 119
Aguirre, Lope de, 153, 154, 156, 157
Agustín, san, 70, 244, 307
Alacranes, islas de los, 92
Alagoas, 201, 274
Albuquerque, Rodrigo de, 188, 189
Alejandro VI, 56
Alemán, Mateo, 205
Alemania, 73, 108, 296
Alfarache, Guzmán de, 206
Alfinger, Ambrosio, 95
Alfonso el Sabio, 207
Alhambra, 62
Almagro, Diego de, 106, 125, 133
Altamirano, obispo, 204, 205
Álvar el Milagrero. *Véase* Cabeza de Vaca, Álvar Núñez
Alvarado, Miguel de, 151
Alvarado, Pedro de, 90, 91, 106, 107, 120, 121, 173, 245
Álvarez, Alonso, 167

Amadís, 79
Amazonas, 122, 123, 154, 155
Amberes, 72
Amonio, 228, 229
Amsterdam, 236, 282
Ana, santa, 221
Anchieta, José de, 185, 186
Andalucía, 56, 68, 113
Andes, cordillera de los, 18, 106, 127, 193, 316
Angola, 197, 274, 275, 313
Angulo, Isabel de, 185
Antillas, 59, 76, 159, 277, 286, 288, 291, 306, 314, 317
Antonio, san, 221, 285
Aquiles, 205
Arabia, 197
Aranda, Pedro, 313
Arauco, 158
Árbol de la Vida, 61
Archidona, 174
Arequipa, 202, 234
Argel, 108, 187, 254
Arias de Ávila, Pedro, 74
Arica, 197, 202, 203, 235
Arobe, Francisco de, 192
Arotirene, 312
Arzáns de Orsúa y Vela, Bartolomé, 188, 261
Asbaje, Juana Inés de. *Véase* Cruz, sor Juana Inés de la
Asia, 63, 64, 201

Asmodeo, 228
Asunción del Paraguay, 144, 145, 175
Atahualpa, Alonso, 183
Atahualpa, Francisco, 175, 182, 183
Atahualpa, Inca, 101, 102, 103, 104, 105, 107, 108, 109, 110, 112, 126, 133, 174, 182, 183, 206
Atocha, 165
Augsburgo, 94
Austria, 73
Ávila, 166
Ávila, Alonso de, 112, 164
Ávila, Francisco de, 207, 208, 257
Ayamonte, Pedro de, 289
Aylmer, John, 251
Aymaco, 66

B

Babalú, 221
Baco, 219
Bacon, Francis, 176
Bahía, 256, 312, 313, 316
Bahía de Todos los Santos. *Véase* Bahía
Balboa, Silvestre de, 204, 205
Balsalobre, Gonzalo de, 269
Barbados, 277, 286, 288
Bárbara, santa, 221
Barbablanca, 115
Barbanegra, 115
Barbarroja, 108, 115
Barcelona, 55, 108
Barquisimeto, 137, 157
Bascuñán, 238
Beatriz, 120, 121
Bebeagua, 48
Becerrillo, 66, 67, 69
Belén, 182
Bellavista, 307

Benalcázar, Sebastián de, 107, 116, 117
Bergantines, villa de los, 153
Berkeley, William, 290
Bermudas, 209
Bernal, Lorenzo, 159
Beto, 174, 175
Bezerra, Bartolomeu, 201
Biblia, 72, 102, 177
Bío-Bío, 194, 202, 239
Bogotá, 115, 116, 160
Bolena, Ana, 176
Bonda, 194
Bopé-joku, 37
Boquerón, 299
Borgia, Rodrigo, 56
Bosco, El, 73
Boston, 290, 307
Botoque, 25
Brasil, 121, 185, 186, 201, 221, 256, 257, 258, 264, 275, 310, 312, 313, 316
Bravo, Francisco, 242
Bristol, 277, 288
Bruselas, 81
Buenos Aires, 144, 175, 310
Bullocke, James, 289
Buría, minas de, 137
Buritaca, 194

C

Cabeza de Vaca, Álvar Núñez, 96, 113, 114, 121, 123, 124
Cabo Verde, 197
Cabrera, Alonso, 175
Cabrera, Nuño de, 145
Cacaria, 217
Cachapoal, 118
Cádiz, 121, 259
Cáicihu, 48
Cajamarca, 101, 103, 104, 126

Calderón, Francisca de, 205
Calibán, 209
Cam, 221
Cambridge, 251
Campeche, 125, 126, 250
Campo, Alonso del, 282
Canaán, 251
Canadá, 9, 266
Cangas, 315
Cangrejeras, Las, 238
Cañaribamba, 183
Cañete, 147
Cañete, marqués de, 156
Caonabó, 59, 60
Cap Français, 314
Cápac Huanca, 207, 208
Caparra, 66
Caribe, 30, 63-64, 109, 194, 209, 225, 249
Caricari, 234
Carlomagno, 73
Carlos I. *Véase* Carlos V
Carlos II, 276, 286, 301, 315, 320
Carlos V, emperador, 72, 73, 82, 94, 102, 103, 143, 149, 150
Carrilho, Fernão, 292
Cartagena, 101, 160, 195, 213, 314
Carvajal, Francisco de, 126, 127, 131, 132, 133
Casa de Contratación, 109, 297
Castellflorit, duque de, 315
Castilla, 54, 59, 60, 95, 115, 143, 150, 211, 236, 240, 259
Castillo, Alonso del, 113
Castillo, Bartolomé del, 298
Castillo, Blas del, 117
Castillo, María del, 243, 244
Castro del Río, 187
Catalina, santa, 183, 253
Cauillaca, 24
Caupolicán, 138, 147, 148
Cauri, 182
Ceilán, 197

Cempoala, 76
Centeno, Diego, 131
Centurión, Domingo, 276
Cervantes, Miguel de, 188, 212
Cibao, 60
Cíbola, 120, 180, 295
Cid, 119
Ciénaga, 194
Cinto, 194
Cisneros, arzobispo, 62
Cisneros, Bernardo, 217
Ciudad de los Reyes, 161
Claudia, 288
Colhuacan, 152
Colón, Bartolomé, 60
Colón, Cristóbal, 54, 55, 56, 58, 59, 60, 61, 63, 64, 74, 84, 124, 271
Colón, Diego, 85
Cominca, 194
Compañía de África, 297
Compañía de Guinea, 297
Compañía de Jesús, 257
Compañía de Virginia, 209, 218
Compañía del Senegal, 297
Compañía de la Mar del Sur, 297
Compañía de las Indias Occidentales, 297
Compañía de los Reales Aventureros. *Véase* Real Compañía Africana
Compañía Holandesa de las Indias Occidentales, 297
Concepción, La, 60
Coniraya, 24
Conlapayara, 122, 123
Connecticut, 252, 290
Consejo de Indias, 99, 152, 164, 180, 248, 283, 297
Constantinopla, 108
Copacabana, 177, 178
Copérnico, Nicolás, 296
Córdoba, 206, 254, 282
Coro, 116
Corona, Mateo de la, 151

Corpus Christi, 56, 210
Cortés, Hernán, 76, 80, 81, 82, 89, 93, 113, 120, 127, 152, 164, 166, 167, 173
Cortés, Martín, 166
Cortés, Martín (marqués del Valle de Oaxaca), 164, 167
Cotton, John, 251
Criolla, Fabiana, 220
Cristo. *Véase* Jesucristo
Cromwell, lord, 271
Cruz, sor Juana Inés de la, 270, 271, 272, 279, 280, 295, 303, 304, 305, 308
Cruz del Sur, 64
Cuareca, 69
Cuauhcapolca, 88
Cuauhtémoc, 79, 83, 84, 93
Cuba, 67, 76, 82, 96, 204, 221, 236, 278, 298, 301
Cubagua, 124
Cubilete, cerro del, 134
Cuchacique, 194
Culiacán, 113
Cuneo, Miquele de, 58, 59
Cupido, 190
Cuyes, 183
Cuzapa, 161
Cuzco, 46, 58, 87, 88, 103, 104, 105, 106, 110, 112, 119, 128, 139, 141, 142, 169, 170, 184, 198, 206, 208, 234, 284, 285

CH

Chaco, 87
Chagres, río, 193
Chapman, George, 209
Chapultepec, 78, 90
Chaves, Diego de, 151
Chengue, 194
Chesapeake, bahía de, 260
Chiapas, 125, 126, 128, 235
Chilam Balam, 49
Chile, 87, 129, 130, 131, 135, 138, 139, 146, 147, 176, 193, 194, 204, 207, 238, 241, 263
Chilipirco, 147
Chillán, 238
Chiloé, 36
China, 54, 197, 221, 254, 268
Chinchón, conde de, 243
Chipre, 197
Chonea, 194
Choquenca, 194

D

Dale, Thomas, 218
Dambrabanga, 312
Daodama, 194
Daona, 194
David, 252, 296
Dávila, Benito, 117-118
Demonio. *Véase* Satanás
Devon, 160
Diablo. *Véase* Satanás
Dias, Henrique, 264
Díaz, Alonso, 156
Díaz del Castillo, Bernal, 77
Dibocaca, 194
Diego, Juan, 98
Diluvio, 19, 20
Dinamarca, 297, 317
Dios del Miedo, 65
Dorantes, Andrés, 113
Donne, John, 209
Dorado, El, 116, 117, 122, 153
Drake, Francis, 176
Ducasse, Jean-Baptiste, 314
Durama, 194
Durango, 217
Durero, Alberto, 81, 82
Dursino, 194

E

Elcano, Juan Sebastián de, 85
Elegguá, 221
Enrique VIII, 176
Enríquez, Juan, 132
Enríquez, Pedro Luis, 185
Enríquez de Ribera, Payo, 272
Escobedo, Rodrigo de, 54
Escocia, 277
Escorial, El, 188, 319
Esmeraldas, río, 192
España, 62, 73, 74, 82, 98, 129, 130, 135, 136, 144, 145, 149, 151, 153, 156, 157, 161, 164, 167, 169, 172, 175, 176, 183, 197, 199, 200, 203, 204, 206, 207, 211, 212, 219, 223, 237, 242, 258, 259, 262, 268, 270, 271, 276, 282, 288, 294, 297, 315
Españarrí, 170
Espejo, Antonio de, 180, 181
Espinhaço, 316
Espinosa Medrano, Juan de, 285
Esquivel, Diego de, 140, 141, 142, 143
Estebanico, 113
Europa, 72, 73, 88, 102, 110, 127, 150, 197, 199, 201, 206, 270, 274, 297
Extremadura, 79, 98, 102, 139, 149
Exû, 221

F

Federmann, Nicolás de, 116, 117
Felipe II, 103, 128, 149, 152, 154, 155, 156, 157, 169, 179, 187, 199, 211, 259, 270
Felipe III, 212, 223, 224
Fernández de Enciso, Martín, 70, 71
Fernández de Oviedo, Gonzalo, 67, 71, 94, 114, 115
Fernández de Santa Cruz, Manuel, 303
Fernando II, 54, 56, 68, 70, 71
Filipinas, 87, 254
Flandes, 197
Florencia, 63
Florida, La, 84, 96, 113, 259
Francfort, 72
Francia, 95, 197, 259, 280, 314, 316
Francisca, 120
Franco, Miguel, 171
Frío, cabo, 121
Függer, 73
Furor Dómine. *Véase* Arias de Ávila, Pedro

G

Gaboto, Sebastián, 175
Gabriel, arcángel, 203
Gage, Thomas, 232, 233, 235, 247, 249, 250, 271
Gairaca, 194
Galilei, Galileo, 296
Ganga Zumba, 293
Garay, Juan de, 175, 176
García, Juana, 160, 161
García Óñez de Loyola, Martín, 193
Garcilaso de la Vega, Inca, 206
Garona, 259
Génova, 200
Gibraltar, villa de, 280
Giron, Gilbert, 204, 205
Gluskabe, 6, 7
Goa, 197
González de Ávila, Gil, 88
González de Cellorigo, Martín, 199
González de la Cruz, José, 298, 299, 300, 301, 302
González de Nájera, Alonso, 204
Good, Sarah, 306, 307
Gran Kahn, 54
Granada, 62, 172

Grande, río, 309
Gravesend, 219
Gregorio, san, 169
Griggs, William, 306
Grillo, Diego, 249, 250
Guachaca, 194
Guadalquivir, 53, 229
Guahaba, 67
Guaicaipuro, 166
Guami, 174, 175
Guanahaní, 54
Guanajuato, 134, 172
Guápulo, 307
Guarapari, 185
Guarinea, 194
Guatemala, 90, 91, 106, 120, 121, 152, 233, 242, 244, 247, 272, 273
Guauravo, 65
Guayana, 187
Guayrá, 258
Güegüence, 284
Guerrero, Gonzalo, 112, 113
Guevara, Isabel de, 144
Guiomar, reina, 137
Guinea, 159, 192, 292
Gutenberg, J. G., 72
Guzmán, Fernando de, 153, 155
Guzmán, Juan de, 247

H

Habana, La, 167, 183, 250, 301, 302, 313, 314
Haití, 29, 60, 67, 280, 314
Hato del Cupey, 301, 302
Hatuey, 67
Hawkins, John, 159, 160, 172
Hechizado, El. *Véase* Carlos II
Heliogábalo, 189
Helsingør, 317
Hernández, Alonso, 109
Hernández, Francisco, 270

Herodiano, 189
Heyn, Piet, 236
Hythloday, Rafael, 72
Holanda, 207, 236, 250, 265, 275
Huaina Cápac, Inca, 87, 88, 129, 170
Huancavélica, 198
Huánuco, 211
Huaquechula, 81
Huarochirí, 39
Huáscar, 104, 112
Huelén, 118
Huémac, 78
Huexotzingo, 57, 82, 151, 152, 179
Huitzilopochtli, 47, 83

I

Iglesia, 73, 103, 127, 203, 254, 285, 307
Iguazú, 22, 123
Imperial, río, 240
Imperial, La, 146, 193, 194
India, 197, 221
Inglaterra, 209, 218, 250, 251, 271, 286, 290, 297
Inkarrí, 170, 171
Inocencio IV, 168
Inquisición, 62, 171, 179, 185, 199, 205, 237, 243, 247, 254, 269, 279, 295, 313, 315
Irala, gobernador, 144
Irlanda, 277
Isabel I de Castilla, 54, 56, 61
Isabel I de Inglaterra, 159, 176
Isabela, La, 59
Isidoro, san, 70
Isidro, san, 223
Islam, 108
Israel, 251
Itapicurú, río, 201
Izmachí, 46

J

Jacobo I de Inglaterra, VI de Escocia, 217, 218
Jalisco, 152
Jamaica, 95, 271, 277, 282, 286, 288
Jamestown, 219, 259
Japón, 54, 254
Jerez de la Frontera, 250
Jeriboca, 194
Jerónimo, san, 221
Jerusalén, 251
Jesucristo, 60, 62, 73, 88, 108, 126, 158, 168, 185, 215, 218, 221, 230, 300, 304, 306,
Jesús. *Véase* Jesucristo
Jesús, Mariana de, 260, 261
Jiménez de Quesada, Gonzalo, 115, 116, 117
Jorge, san, 221
Juan, san, 122
Juan Bautista, san, 221
Juana I la Loca, 70, 73
Juana, *Véase* Cruz, sor Juana Inés de la
Junta de Hospitales, 223
Junta de Negros, 297
Junta de Teólogos, 259
Juruá, 42
Jurupari, 10, 11

K

Kanaima, 45
Kino, Eusebio Francisco, 296
Kumokums, 38

L

La Gasca, Pedro de, 131
Labat, Jean-Baptiste, 316

Lagares, Bartolomé de, 185
Lahontan, barón de, 305
Lampridio, 189
Landa, Diego de, 157
Languedoc, 259
Las Casas, Bartolomé de, 68, 99, 125, 126, 128, 143, 144, 164, 165, 169
Lautaro, 138, 139, 147
Lázaro, san, 177, 221
Leicester, conde de, 160
Lemos, conde de, 282
León Mullohuamani, Cristóbal de, 208
Leonardo, Lupercio, 295
Leoncico, 69
Lima, 122, 126, 127, 130, 135, 142, 146, 161, 178, 179, 184, 188, 192, 202, 203, 208, 210, 211, 220, 222, 226, 227, 228, 229, 243, 244, 253, 254, 257, 282, 283
Limoges, 183
Lisboa, 275, 312, 316
Locke, John, 288
Londres, 160, 176, 186, 209, 217, 218, 219, 271, 277, 286, 288, 307
Lope de Vega, F., 223
Lorenzo, san, 190
Losada, Diego de, 137
Loyola, Ignacio de, 185, 193
Luanda, 220, 221, 264
Luis XIV, 315
Lunarejo, El. *Véase* Espinosa Medrano, Juan de
Lurín, 32
Lurín, río, 161
Lutero, Martín, 73, 108, 156

M

Mabodamaca, 66
Macacos, 293, 310, 312

Macouba, 316
Machángara, 307
Macho-Ratón. Véase Güegüence
Machu Picchu, 112, 124, 125
Madrid, 94, 164, 165, 168, 169, 180, 183, 192, 212, 223, 236, 247, 248, 259, 276, 283, 289, 297, 301, 307, 313, 315, 319
Magallanes, Fernando de, 86, 87
Magdalena, río, 115
Mal Hado, isla del, 96, 113
Malaca, 197
Málaga, 243, 319
Maldonado, Juan, 233, 243, 244
Maldonado, Juana, 244, 245
Maldonado de Saavedra, Melchor, 254
Malinche, la, 76, 80, 89, 166
Mamatoco, 194
Mamazaca, 194
Mancera, virrey, 279
Manco Cápac. *Véase* Manco Inca
Manco Inca, 105, 110, 112, 124, 125
Manhattan, 276
Mani, 35
Maní, 157
Manila, 268
Manzanares, 259, 320
Manzanillo, 204, 205
Maquiavelo, Nicolás, 73
Maracaibo, 278, 280, 281, 282
Maravilla, Hernando, 178, 179
Marcial, san, 183
Margarita, isla, 154
María, Virgen, 88
María de Guadalupe, santa, 301
Mariño de Lobera, Pedro, 146
Maroma, 194
Martínez, Domingo, 145
Martinica, 316
Masabo, 205
Masaca, 194
Masanga, 194

Masaya, 117, 284
Masinga, 194
Masinguilla, 194
Massachusetts, 251, 291, 307
Matanzas, 236
Matoaka. *Véase* Pocahontas
Matos, Gregório de, 313
Maulicán, 238, 239, 240, 241
Mauracataca, 194
Mbororé, 258
Mediterráneo, 108, 201, 209, 259
Méndez, Diego, 125
Mendieta, Jerónimo de, 173
Mendiguaca, 194
Mendoza, Felipe de, 144, 151
Mendoza, Pedro de, 175
Menéndez de Avilés, Pedro, 259
Meneses, Hernando de, 151
Metacom, 291
México, 47, 75, 76, 81, 89, 119, 120, 127, 148, 152, 172, 174, 176, 179, 180, 200, 205, 219, 236, 259, 270, 271, 279, 297
México, ciudad de, 98, 110, 111, 134, 143, 150, 164, 166, 167, 168, 171, 173, 177, 199, 231, 232, 268, 269, 279, 295, 296, 303, 308
Mezquino, 42
Mezquital, 217
Michmaloyan, 148
Michoacán, 152, 153
Miel, 31
Miguel, san, 221
Miguel Ángel, 73
Milán, 131
Minas Gerais, 316
Mixco, 247
Moctezuma, 64, 75, 76, 77, 78, 79, 82, 164
Mogrovejo de la Cerda, Juan de, 228, 229
Moisés, 156

Los nacimientos

Molina, Alonso de, 95
Molucas, 86
Montesinos, Antonio de, 68
Morga, Antonio de, 248, 249
Morgan, Henry, 280, 281, 282, 285, 286, 288
Moro, Tomás, 72, 152, 153
Motocintle, 242, 243
Motolinía, fray Toribio de, 110, 111
Mujica, Martín de, 263
Mystic Fort, 252

N

Nabía, Antonia, 178
Nahuanje, 194
Nápoles, 73, 197
Narváez, Pánfilo de, 96
Nasuk, 15
Nau, Jean David, 278, 280
Nebrija, Elio Antonio de, 59
Negro, río, 10
Neptuno, 204
Nevada, sierra, 194
Nicaragua, 235, 284
Nicaragua, cacique, 88, 89
Nochistlán, peñón de, 119
Noé, 221
Nombre de Dios, 191
Nube, 6
Nuestra Señora de Guanajuato, 172
Nuestra Señora de la Candelaria, 178
Nuestra Señora del Socorro, 119
Nueva Amsterdam, 276. *Véase también* Nueva York
Nueva Cádiz, 124
Nueva España, 171
Nueva Inglaterra, 290
Nueva Valencia del Rey, 154, 156
Nueva York, 276
Nuevo México, 294, 309
Nuevo Mundo, 68, 71, 72, 73, 94, 128, 206
Núñez de Balboa, Vasco, 69, 70, 74
Núñez de Miranda, Antonio, 303, 308
Núñez de Pineda y Bascuñán, Francisco, 238, 239, 240
Núñez Vela, Blasco, 133

Ñ

Ñeambiú, 22

O

Oaxaca, 19, 152, 164, 167, 269
Obatalá, 221
Obenga, 312
Ocaña, Diego de, 193
Océlotl, Martín, 148
Ochoa, Juan, 222
Ogeron, Bertrand d', 280
Ogum, 221
Ojeda, Alonso de, 60
Old Road Town, 291
Olimpo, 289
Olinda, 264
Olivares, conde-duque de, 259
Olonés, el. *Véase* Nau, Jean David
Omapacha, 208
Opechancanough, 219, 259, 260
Ordaz, Diego de, 97
Orellana, Francisco de, 122, 123
Oriente, 56, 61, 268
Origua, 194
Orinoco, río, 44, 61, 97
Osborne, Sarah, 306
Oshún, 221
Ouro Preto, 316
Oxalá, 221
Oxley, Henry, 184
Ozama, río, 61

P

Pablo, san, 114, 221
Pacífico, 69, 113, 176, 193
Pachacamac, 32
Padre Primero, 12, 13, 14, 21
Painala, 89
Países Bajos, 73
Palmares, 200, 201, 264, 273, 274, 275, 292, 293, 310, 311, 312
Palos, 113
Panamá, 69, 109, 129, 154, 193, 228, 285
Panamá, ciudad de, 191, 286, 288
Pané, fray Ramón, 60
Pánuco, 152
Paraguay, 145, 258
Paraguay, río, 23
Paraíba, río, 273
Paraíso, 61, 62, 105, 116, 179, 187
Paraná, 34, 144, 258
Paranapiacaba, 316
Paria, golfo de, 32, 61
Pariacaca, 208
París, 301
Parris, Samuel, 306
Pasto, 57
Pata de Palo, 250
Patagonia, 209
Patiño, Francisco, 263
Paullo, 112
Paulo III, 114, 168
Pavía, 95, 127
Paz, La, 177, 213, 234
Pedrarias el Enterrado. *Véase* Arias de Ávila, Pedro
Pedrarias el Galán. *Véase* Arias de Ávila, Pedro
Pedro, san, 70, 114
Pedro, maese, 134
Pembroke, conde de, 160
Penn, William, 271
Peña, Lorenzo de la, 185
Pequeño Dios Purulento, 5
Pérez de Montalbán, Juan, 244
Pérez de Morales, 302
Pernambuco, 275, 292, 293, 310
Persia, 197
Perú, 24, 39, 109, 127, 129, 130, 131, 133, 134, 154, 155, 175, 182, 184, 193, 197, 200, 202, 207, 210, 211, 212, 218, 228, 234, 235, 236, 257, 262, 268, 282, 316
Pichincha, 260
Pidepán, 222
Pinel, Juan, 129, 130
Pinola, 246, 247
Pío V, 165
Pizarro, Francisco, 74, 95, 101, 102, 103, 104, 105, 106, 110, 112, 122, 125, 127, 133, 184, 206
Pizarro, Gonzalo, 122, 127, 131, 133
Placentia, 305
Plymouth, 159, 251, 291
Pocahontas, 218, 219
Poma de Ayala, Guamán, 211, 212
Ponce de León, Juan, 65, 66, 84
Popocatépetl, 80, 97
Porco, 289
Porres, Martín de, 253
Port Royal, 288
Portilla, Juan de la, 185
Pôrto Calvo, 292, 311
Portobelo, 193, 228, 285
Portugal, 199, 293, 313
Potosí, 128, 129, 136, 139, 141, 154, 176, 178, 188, 190, 193, 197, 198, 214, 215, 234, 255, 256, 261, 262, 263, 282, 288, 289, 316
Powhatan, 218, 219
Prieto, Juan, 136
Proserpina, 215, 219
Próspero, duque, 209

Puebla, 273, 303
Puerto Príncipe, 204
Puerto Rico, 65, 66
Puerto Viejo, 106
Pujilí, 307
Puná, 184
Putapichun, 239, 240

Q

Quetzalcóalt, 77, 79
Quetzaltenango, 90
Quevedo y Villegas, Francisco de, 199, 200, 230
Quintero, rada de, 134
Quito, 87, 88, 104, 106, 107, 109, 116, 122, 174, 175, 182, 183, 192, 248, 260, 307

R

Ragueneau, 265, 266
Raleigh, Walter, 186, 187
Rávena, 127
Raymi, 210
Real Audiencia, 127, 233
Real Compañía Africana, 286, 297
Rebelo, Gonçalo, 275
Recife, 200, 201, 264, 275, 293, 310, 312
Regla, 313, 314
Remedios, 278, 298, 299, 300, 301, 302
Repocura, 240, 241
Reyes, Gaspar de los, 171
Reyes Católicos. *Véase* Isabel I de Castilla y Fernando II de Aragón
Ribeira, Bernardino de, 179
Ribera, Alonso de, 202
Rímac, 227
Rin, 73

Río de Janeiro, 310
Río de la Plata, 121, 175
Rio Grande do Norte, 310
Riobamba, 106, 109, 110
Ripa, Cesare, 201
Robles, Martín de, 156
Rodrigo, Martín, 134
Rojas, Alonso de, 260
Roldán, 119
Rolfe, John, 218, 219
Roma, 56, 88, 95, 114, 127, 175, 201, 307
Rosales, Floriana, 188, 189, 190
Rotama, 194
Rotterdam, Erasmo de, 175, 207
Ruán, 301
Ruiz, Marcos, 283
Ruiz, Pedro, 117
Rumiñahui, 107

S

Sacasa, 194
Sacro Imperio, 73, 82
Sahagún, 179
Sahagún, Bernardino de, 179, 180, 270
Saint Kitts, 291
Sainte Marie des Hurons, 265
Salamanca, 59, 76
Salazar, Bernardo de, 235, 236
Salazar, Diego de, 66
Salem, 306, 307
Salomón, 175, 295
Salta, 254
Samayac, 233
San Francisco, iglesia de, 182
San Francisco, convento de, 231, 232, 235
San Gregorio, monasterio de, 169
San Juan Atitlán, 283
San Marcos de Arica. *Véase* Arica
San Miguel, golfo de, 69

San Miguel de Nepantla, 270, 271
San Miguel de Tucumán, 254
San Pablo, región de, 258, 310, 316
San Pedro, río, 136
San Pedro de Omapacha, 208
San Salvador de Bahía, 256, 312
Sánchez, Juan, 118
Sánchez, Sebastián, 281
Sánchez Farfán, Julio, 188, 189, 190
Sánchez Gallque, Andrés, 192
Sanlúcar de Barrameda, 96, 225
Santa Catarina, 217
Santa Cruz, isla de, 58
Santa Cruz de Tenerife, 297
Santa Fe, 294, 308
Santa Lucía, 118
Santa María del Darién, 71
Santa María de los Buenos Aires. *Véase* Buenos Aires
Santa Marta, 95, 115, 194, 195
Santa Sede, 165
Santiago, apóstol, 118, 119, 146, 173, 174, 212
Santiago, 118, 147, 178, 179, 202, 207, 263
Santiago de Cuba, 76, 101
Santiago de la Vega, 271
Santiago del Nuevo Extremo. *Véase* Santiago
Santiago Papasquiaro, 216, 217
Santiago, Miguel de, 307
Santo Domingo, 61, 68, 79, 82, 85, 95, 98, 109, 114, 159, 161, 253
Santo Tomás, isla de, 317
Sarmiento, Juan, 171
Satanás, 15, 98, 128, 157, 174, 195, 219, 221, 222, 224, 253, 266, 285, 291, 298, 300
Saúl, 296
Savona, 58
Sebastián, san, 174
Segura de la Frontera, 81

Señor de los Caracoles, 5
Sepúlveda, Juan Ginés de, 143, 144
Serena, La, 134, 135
Serra da Barriga, 274
Serra de Leguízamo, Mancio, 184
Serra Dois Irmãos, 311
Serrana, isla, 99
Serrano, Pedro, 99, 100, 109
Sevilla, 53, 68, 85, 87, 108, 114, 129, 132, 175, 187, 197, 204, 205, 225, 228, 229, 230, 259, 268, 297
Shakespeare, William, 176, 209, 219
Shangó, 221, 314
Sicilia, 73
Sigüenza y Góngora, Carlos de, 296
Simón, san, 167, 168
Sinaloa, 114
Sinú, 70
Slader, Mathew, 289
Soares, António, 312
Soconusco, 213
Sodoma, 233
Solar, António, 161
Solimán, 108
Soto, Hernando de, 103
Sousa de Castro, Aires de, 293
Southampton, 251
Suárez, Inés, 118, 119, 135
Subupira, 312
Sucre, río, 249
Sycorax, 209

T

Tabasco, 76
Tabocas, 312
Taironaca, 194
Tajo, 259
Tambisa, 174
Támesis, 176, 219, 277
Tarapaya, 263

Tartáreo, 215
Teatro del Globo, 219
Tecayehautzin, 57
Tecum Umán, 90
Tehuantepec, 152
Templo del Sol, 184
Tenochtitlán, 47, 64, 75, 77, 79, 80, 82, 83, 89, 93, 97, 111, 152, 268
Teocalhueyacan, 80
Teotihuacán, 5
Tepeaca, 81
Tepeyac, 98
Teques, Los, 166
Tereupillán, 241
Terranova, 305
Teton, Juan, 148
Teuctepec, 64
Texcoco, 82, 148, 179
Titicaca, lago, 27, 45, 177, 206
Tlatelolco, 75, 83, 179, 180
Tlaxcala, 57, 82, 149
Tlazoltéotl, 78
Tocuyo, 137
Toledo, 94, 183, 297
Tortuga, isla, 278, 280
Torres, Alonso de, 130
Torres, Luis de, 54
Torres, Simón de, 191
Tovar, Hernando del, 217
Trinidad, isla de, 218, 221
Troya, 205
Trujillo, 225
Tucapel, 138, 139
Tucumán, 188, 189, 254, 289
Tula, 21, 179
Tulán, 46
Tumbes, 95, 106, 109
Túnez, 108
Túpac Amaru, Inca, 169, 170, 193
Tuxkahá, 93

U

Ubinas, volcán de, 235
Uceda, duque de, 223
Ulises, 205
Ulm, 117
Ulúa, valle de, 112
Underhill, John, 252
Urquía, 166
Urubamba, 112
Utopía, 72
Utatlán, 91
Utrera, 289

V

Vaca de Castro, Cristóbal, 133
Valderrábano, 69
Valdivia, puerto, 202
Valdivia, Pedro de, 118, 119, 129, 130, 131, 134, 135, 137, 138, 139, 202
Valladolid, 63, 128, 136, 199, 200
Valle, Juan del, 217
Valparaíso, 129, 130, 135
Valverde, Vicente de, 102
Vanbel, 317, 318
Vancouver, 17
Vasco de Quiroga, 152, 153
Vaticano, 56, 73, 114
Vázquez, Juan Bautista, 183
Vázquez, Tomás, 156
Vázquez de Coronado, Francisco, 181
Vázquez de Espinosa, Antonio, 225, 226, 257
Velasco, Luis de. *Véase* Opechancanough
Velázquez, Diego, 76
Velho, Jorge, 310
Venecia, 197
Venezuela, 95, 137, 154, 155, 278

Venus, 209
Veracruz, 76, 111, 120, 242
Verapaz, 233
Verona, 187
Versalles, 314
Vespucio, Américo, 64, 72
Vieira, António, 256, 257, 313
Viena, 108
Vilcabamba, 124, 170
Vinci, Leonardo da, 63
Virgen, 60, 121, 146, 284, 285
Virgen de Atocha, 229
Virgen de Copacabana, 178
Virgen de Guadalupe, 98, 215
Virgen de la Candelaria, 221
Virgen negra, 313, 314
Virgilio, 175
Virginia, 209, 217, 218, 219, 251, 260, 277, 290
Vulcano, 117

W

Wall Street, 276-277
Wanakauri, 45
Welser, 73, 94, 95, 117
Winthrop, John, 251
Wiracocha, 45, 102
Wittenberg, 73

X

Xaquixaguana, 105, 131, 132, 133
Xátiva, 56
Xochimilco, 173, 174

Y

Yanaoca, 234
Yara, 67
Yarutini, 207, 208
Yauyos, 162
Yemayá, 314
Yobuënahuaboshka, 8
York, duque de, 286
Yorktown, 289
Yucatán, 4, 48, 77, 89, 113, 172
Yupanqui, Francisco Tito, 178
Yuste, 149

Z

Zaca, 194
Zacatecas, 134, 216, 217
Zamora, 232
Zape, 217
Zárate, licenciado, 127
Zuazo, Alonso, 92, 93
Zumárraga, obispo, 98
Zumbí, 293, 311, 312